David Motadel
Globale Monarchie

HISTORISCHE GEISTESWISSENSCHAFTEN

Frankfurter Vorträge

Herausgegeben von
Eva Geulen, Julika Griem und Bernhard Jussen

Band 16

Forschungszentrum
Historische Geisteswissenschaften Frankfurt

Kulturwissenschaftliches Institut Essen

Leibniz-Zentrum für
Literatur- und Kulturforschung Berlin

David Motadel

Globale Monarchie

Royale Begegnungen
und die Ordnung der Welt
im imperialen Zeitalter

WALLSTEIN VERLAG

Bibliografische Information der Deutschen Nationalbibliothek
Die Deutsche Nationalbibliothek verzeichnet diese
Publikation in der Deutschen Nationalbibliografie;
detaillierte bibliografische Daten sind im Internet
über http://dnb.d-nb.de abrufbar.

© Wallstein Verlag, Göttingen 2024
www.wallstein-verlag.de
Vom Verlag gesetzt aus der Stempel Garamond und der Frutiger
Umschlaggestaltung: Susanne Gerhards, Düsseldorf
Druck und Verarbeitung: Friedrich Pustet, Regensburg
ISBN 978-3-8353-5664-1

Inhalt

Vorwort 7

Einleitung 13

Kapitel 1:
Welten höfischer Diplomatie 31

Kapitel 2:
Europas Politik des monarchischen Zeremoniells . . 48

Kapitel 3:
Globale Höfe 70

Kapitel 4:
Europäische Hegemonie in der monarchischen Welt 104

Kapitel 5:
Außenseiter in der Welt der Höfe 121

Schlusswort 150

Danksagung 156

Anmerkungen zur Sprache 158

Abbildungsverzeichnis 159

Anmerkungen 162

Vorwort

Am frühen Morgen des 20. Januar 1881 begab sich König Kalākaua von Hawaiʻi unter dem Jubel einer großen Menschenmenge an Bord des Dampfers *City of Sydney*, der im Hafen von Honolulu vor Anker lag, um sich auf Weltreise zu begeben.[1] Kalākaua war der erste regierende Monarch der Geschichte, der die Erde umrundete. Der Verfasser einer hawaiianischen Broschüre, die zur Feier der Reise erschien, notierte: »Ein tiefes Gefühl der Besorgnis und des Interesses durchdrang die Gesellschaft am Vorabend der Abreise des Königs, und alle Klassen und Rassen wetteiferten in ihren Bekundungen des Wohlwollens und der Zuneigung, während sie Seine Majestät verabschiedeten.«[2] Der hawaiianische Monarch reiste in einer Welt mächtiger Kolonialreiche. Der größte Teil der Erdoberfläche wurde von europäischen Großmächten oder, im Falle unabhängiger ehemaliger Siedlerkolonien, von europäischen Eliten beherrscht. Der hawaiianische König war während seiner Reise besonders daran interessiert, Bündnisse mit den Monarchen der außereuropäischen Staaten zu schließen, die – wie sein eigenes Land – ihre Unabhängigkeit bewahrt hatten.[3]

Bei seiner Ankunft in Yokohama am Morgen des 4. März 1881 wurde Kalākaua als erster ausländischer Herrscher, der Japan je besuchte, vom Meiji-Hof mit allen Ehren empfangen. Während seines neunzehntägigen Aufenthalts organisierten die Gastgeber ihm zu Ehren eine Militärparade, feierten ihn bei einem Staatsbankett und unterhielten ihn im kaiserlichen Theater; der hawaiianische Monarch besuchte das Arsenal, die Marineakademie und Fabriken. Bei einer seiner Privataudienzen mit dem charismatischen

28-jährigen Meiji-Kaiser Mutsuhito im Palast von Tokio präsentierte er einen ambitionierten Plan für ein Bündnis unabhängiger nichteuropäischer Staaten, um dem westlichen Imperialismus zu begegnen: »Der Zweck meiner Reisen ist die Förderung von etwas, das mich schon seit vielen Jahren umtreibt: Ein Bündnis der Länder Asiens.«[4] Die europäischen Weltreiche, so führte er aus, seien in ihrer Politik eigensüchtig, desinteressiert an dem Schaden, den sie rund um die Welt anrichteten, und immer bereit, in ihren globalen Strategien miteinander zu kooperieren, während die Länder außerhalb Europas isoliert seien und nicht zusammenhielten. Dies sei der Grund für die globale Vormachtstellung Europas. Um den europäischen Mächten entgegenzutreten, sei es entscheidend, ein Bündnis der noch uneroberten Staaten zu bilden. »Während meiner Reise«, erklärte Kalākaua, »beabsichtige ich, mich mit den Herrschern Chinas, Siams, Indiens, Persiens und anderer Länder zu treffen und mit ihnen die Vor- und Nachteile der Bildung einer solchen Liga zu besprechen.« Japan, so schlug er vor, solle diese Allianz anführen. »Die Zeit zum Handeln ist gekommen«, erklärte er. Der Vorschlag für ein antiimperiales Bündnis war historisch außergewöhnlich und ging vielen späteren globalen antiimperialen Initiativen voraus.[5] Der junge Meiji-Kaiser, beeindruckt von seinem Gast, zeigte Interesse an dem Plan, erklärte jedoch, dass die Zeit für eine solche Allianz noch nicht reif sei. Der chinesisch-japanische Antagonismus – der schließlich zum Japanisch-Chinesischen Krieg von 1895 führte – ließ keinen Raum für solche Vereinbarungen. Als Zeichen der Solidarität bot Kalākaua an, die hawaiianischen Privilegien der Extraterritorialität abzuschaffen – Hawaiʻis Recht auf Gerichtsbarkeit in Japan, das im hawaiianisch-japanischen Vertrag von 1871 verankert worden war – und so Japans territoriale Souveränität vollständig anzuerkennen. Dies, so hoffte er, könnte einen Präzedenzfall für die weltweite Abschaffung des verhassten Systems der Extraterritorialität schaffen. (Das hawaiianische Königreich war 1893 tatsächlich die erste Macht, die ihre Rechte auf Extraterritorialität in Japan aufgab.) Kalākauas Vorschlag für eine dynastische Ehe zwischen seiner Nichte, Prinzessin Kaʻiulani, die erst fünf Jahre alt war, und dem japanischen Prinzen Yamashina Sadamaro, einem Teenager, um so ein Bündnis der beiden Monarchien zu besiegeln, wurde letztlich auch abgelehnt. Die monarchischen Bande wurden jedoch durch den Besuch gestärkt. Geschenke wurden ausgetauscht. Der Meiji-Kaiser verlieh Kalākaua persönlich den *Chrysanthemenorden* (*Dai-kun'i Kikka-shō*), Japans höchste Auszeichnung, während der hawaiianische König dem Kaiser und hochrangigen japanischen Prinzen den *Orden Kamehamehas I.* verlieh.

Die Feierlichkeiten fanden ein abruptes Ende, als die Nachricht vom Attentat auf Zar Alexander II. eintraf. William Armstrong – Sohn amerikanischer Missionare, der als Generalstaatsanwalt und während der Reise als königlicher Einwanderungsbeauftragter in Hawaiʻis Diensten stand – notierte in seinem Tagebuch, dass die Höfe in Trauer verfielen, als die telegrafische Nachricht eintraf.[6] »Der König zog sich, wie es die Etikette verlangte, zurück und trauerte für den Rest des Tages über den Verlust seines königlich-russischen Bruders«, so vermerkte er. Kalākaua war geschockt: »Das Ereignis warf einen andachtsvollen Schatten über den Hof und mehr noch über alle unsere Unternehmungen und Arrangements für den Rest des Tages. Der für den Abend geplante Ball der Freimaurer-Loge in Yokohama wurde ebenso abgesagt wie der Ball im Yenriokwan.«[7] So endete der Besuch mit einer Erklärung globaler monarchischer Solidarität.

Die nächste Station der Haiwaiianer war China. Am 25. März 1881 legte das Schiff der königlichen Gäste im

Hafen von Shanghai an, von wo sie weiter nach Tianjin fuhren, wo Kalākaua von Chinas großem Staatsmann (und damaligen Vizekönig von Zhili) Li Hongzhang willkommen geheißen wurde. Ein geplanter Besuch in Peking wurde aufgrund des Todes der Kaiserinwitwe Ci'an am 8. April 1881 abgesagt. Kalākaua reiste von Shanghai über das britische Hongkong weiter nach Siam. Am Morgen des 26. April 1881 erreichte er Bangkok. Siams König Chulalongkorn (Rama V.) bereitete seinem royalen Besucher einen spektakulären Empfang. Die Hawaiianer wurden auf einem königlichen Dampfschiff den Fluss Chao Phraya hinauf ins Zentrum der Hauptstadt gebracht und von dort auf Seidenstühlen zum Palast getragen. »Seine hawaiianische Majestät wurde in wahrlich königlichem Stile empfangen«, staunte ein zeitgenössischer hawaiianischer Beobachter.[8] Armstrong notierte in seinem Tagebuch, dass der König von Siam, der »noch nie von einem Bruder-Souverän besucht worden war«, über seinen Gast aus dem Pazifik begeistert war. Er richtete für die Reisenden ein großes Staatsbankett aus. In einer feierlichen Zeremonie verliehen sich die Monarchen gegenseitig Orden. Armstrong bemerkte auch die Ehre, die der weltweiten Gemeinschaft der Monarchen im königlichen Palast in Bangkok zuteil wurde: »An den Wänden hingen die Porträts siamesischer Herrscher und auf Sockeln befanden sich viele Büsten ausländischer Souveräne.«[9] Der hawaiianische Hof reiste weiter über Singapur nach Johor, an der Spitze der malaiischen Halbinsel, das zu dieser Zeit noch unabhängig war, wo sie am 10. Mai 1881 von Maharaja Abu Bakar im Palast von Istana Besar empfangen wurden. Abu Bakar und Kalākaua, beide fließend Englisch sprechend, führten lange politische Gespräche. Anschließend reiste Kalākaua weiter nach Kairo, wo Khedive Tewfik einen prächtigen Staatsball für die Hawaiianer organisierte.

Der Aufenthalt in Ägypten, formell einem Vasallenstaat innerhalb des Osmanischen Reiches, bot dem hawaiianischen König auch eine Gelegenheit, seine Beziehungen zum osmanischen Sultan Abdülhamid II. zu stärken, dem er den höchsten Orden Hawaiʻis verlieh. In Ägypten knüpfte Kalākaua zudem bei einem Treffen mit dem äthiopischen Botschafter in Alexandria Beziehungen zum Reich von Kaiser Yohannes IV. Seinen Plan, den Schah von Persien in Teheran zu besuchen, konnte er letzlich nicht mehr verwirklichen. Nach seiner Rückkehr nach Honolulu im Jahr 1886 begannen er und Naser al-Din Schah jedoch eine Korrespondenz und tauschten Orden aus. Auch knüpfte er 1887 Verbindungen zu Königin Ranavalona III. von Madagaskar, ein Zeichen seiner Solidarität mit der Monarchin, die zu dieser Zeit mit der französischen imperialen Aggression konfrontiert war. Insgesamt brachte Kalākauas Weltreise nicht nur ein Gefühl der Solidarität zwischen den Herrschern der noch uneroberten außereuropäischen Staaten zum Vorschein, sondern auch das Bewusstsein einer globalen Gemeinschaft von Monarchen. Am Ende jedoch waren es seine Besuche in den Hauptstädten der Großmächte Europas, die für ihn von größter Bedeutung waren.

Einleitung

Die Monarchie ist eine der globalhistorisch ältesten soziopolitischen Institutionen der Menschheit.[10] Am Vorabend des imperialen Zeitalters wurde die Welt von hereditären Herrschern regiert. Durch die europäische Expansion wurde diese Ordnung radikal umgewälzt. Die meisten außereuropäischen Monarchien fielen dem europäischen Kolonialismus zum Opfer. In vielen Fällen, vom Azteken-Reich bis zum Zulu-Staat, wurden sie durch die europäischen Imperialmächte zerschlagen; ihre Herrscher wurden inhaftiert, getötet oder verbannt.[11] In anderen Fällen integrierten die europäischen Kolonialmächte die unterworfenen Monarchen in Ordnungen indirekter imperialer Herrschaft. Die Liste dieser Marionettenmonarchen ist lang. Sie umfasst die Monarchen Indonesiens, die Herrscher der indischen Fürstenstaaten, die malaiischen Sultane, die Könige und Kaiser Indochinas, die Monarchen Afrikas, die Khane Zentralasiens, die Pazifikmonarchen von Tonga, Tahiti und Samoa und viele mehr. Als Teil der europäischen Weltreiche verkehrten diese Kolonialmonarchen mit dem Adel Europas innerhalb komplexer imperialer Hierarchien.[12] Einige dieser außereuropäischen Herrscher besuchten sogar die Kolonialmetropolen Europas, um ihren neuen imperialen Häuptern Tribut zu zollen. Zudem reisten manche Monarchen der eroberten Königreiche nach Europa, um für die Wiedererlangung ihrer Unabhängigkeit zu kämpfen. Der Bekannteste von ihnen war der exilierte Zulu-König Cetshwayo, der 1882 London besuchte, um Queen Victoria um die Rückgabe seines Reiches zu bitten, ohne Erfolg.[13]

Einige wenige Monarchien jedoch überlebten. Tatsächlich stand jedes Land außerhalb Europas, das im imperialen

Zeitalter seine Unabhängigkeit bewahrte – also nicht direkt oder indirekt von den europäischen Kolonialmächten oder, in den unabhängigen Siedlerkolonien, von europäischen Eliten regiert wurde –, unter monarchischer Herrschaft: Äthiopien, China, Japan, das Osmanische Reich, Persien (Iran) und Siam (Thailand). Das Gleiche gilt auch für Staaten, denen es gelang, sich lange einer imperialen Unterwerfung zu widersetzen, die letztlich aber dennoch ihre Souveränität verloren, wie etwa Hawaiʻi, Johor, Korea, Madagaskar und Marokko. Für die Fürstenhäuser dieser Länder waren die Beziehungen zu Europas Höfen von existentiellem politischem Interesse. Zu einem gewissen Grad bewegten sich die europäischen und die unabhängigen außereuropäischen Monarchen zunehmend in denselben sozialen Welten. Sie bildeten gewissermaßen eine globale Klasse (Abbildung 1). Im Zeitalter der Dampfschifffahrt und Telegrafie knüpften die Monarchen weltweite Kontakte durch royale Korrespondenz, den Austausch von Geschenken und Orden und schließlich auch durch Monarchenbesuche.

Keine Frage, der politische Rahmen, in dem diese Kontakte stattfanden, war gekennzeichnet durch die zunehmende globale Hegemonie der europäischen Großmächte und die relative Schwäche der außereuropäischen Monarchien. Tatsächlich wurden die höfischen Beziehungen – und vor allem Monarchenbesuche – von entscheidender Bedeutung im Ringen um den Erhalt der Souveränität außereuropäischer Staaten. Am deutlichsten wurde dies in den Begegnungen zwischen europäischen und außereuropäischen Herrschern.

Aufenthalte außereuropäischer Monarchen in europäischen Metropolen waren während des neunzehnten Jahrhunderts keine Seltenheit. Es war eine Zeit, in der sich Monarchenbesuche auch innerhalb Europas zu einem wichtigen Bestandteil zwischenstaatlicher Beziehungen entwickelten.[14]

Abbildung 1: Britische Postkarte, die die »Regierenden Monarchen« zeigt, darunter Porträts des Königs von Siam, des osmanischen Sultans, des Meiji-Kaisers von Japan und des Guangxu-Kaisers von China, 1908.

Die Treffen boten Gelegenheit zu politischen Gesprächen. Darüber hinaus verliehen die Monarchen, die ihre Länder auf der internationalen Bühne verkörperten, durch das Zeremoniell der Besuche den Beziehungen zwischen ihren Ländern visuellen Ausdruck. Das Phänomen wurde von Historikern und Historikerinnen als Theatralisierung von Politik beschrieben. Monarchen vertraten nicht nur ihre dynastischen Interessen, sondern infolge der Nationalisierung der Monarchie auch die Interessen des Nationalstaates.[15] Während Monarchenbegegnungen in den bellizistischen Epochen des Mittelalters und der frühen Neuzeit eher selten waren, nahmen sie in den friedlicheren Jahren nach der Restauration, die den Napoleonischen Kriegen folgte, deutlich zu. Moderne Transportmittel vereinfachten dabei das royale Reisen. Es war das Zeitalter der Weltreise, gefeiert in zeitgenössischer Sachliteratur und Belletristik, am prominentesten in Jules Vernes Roman *Reise um die Erde in 80 Tagen* aus dem Jahr 1873.[16]

In der zweiten Hälfte des Jahrhunderts begannen Monarchen aus aller Welt, zunehmend die Höfe Europas zu besuchen. 1846 wurde Ahmad Bey von Tunis, einer der mächtigsten Potentaten im Osmanischen Reich, von Louis Philippe I. in Paris empfangen.[17] Er war der erste muslimische Herrscher, der zu Friedenszeiten das christliche Europa besuchte. 1866 unternahm Abu Bakar, als letzter souveräner Herrscher von Johor, die erste von mehreren Reisen nach Europa.[18] (Er kehrte 1878, 1885–86, 1889–91, 1893 und 1895 zurück.) Ein Jahr später, 1867, fuhr der osmanische Sultan Abdülaziz – in Begleitung seines Sohnes Şehzade Yusuf Izzeddin und seiner beiden Neffen Murad (später Murad V.) und Abdülhamid (später Abdülhamid II.) – zusammen mit dem ägyptischen Khediven Ismail auf seiner königlichen Yacht *Sultaniye* nach Europa, wo sie, begleitet von Napoleon III., die Weltausstellung in Paris besuchten und von Queen Victoria in Windsor, Leopold II. in Lüttich, Wilhelm I. in Koblenz und Franz Joseph I. in Wien empfangen wurden.[19]

Bereits 1824 besuchten Hawai'is König Kamehameha II. und Königin Kamāmalu nach einer sechsmonatigen Seereise, bei der sie Kap Hoorn umsegelten, England.[20] Die beiden verstarben dort noch vor dem geplanten Empfang bei Georg IV. an Masern, gegen die sie keine Immunität besaßen. Auf ihrem Weg nach Europa hatten sie in Rio de Janeiro Halt gemacht, wo sie Pedro I. trafen, den portugiesischen Prinzen, der sich zwei Jahre zuvor zum ersten Kaiser Brasiliens gekrönt hatte. 1849–50 bereisten zwei hawaiianische Prinzen – der künftige König Kamehameha IV. und sein Bruder, der künftige König Kamehameha V. – die monarchische Welt Europas.[21] Die verwitwete hawaiianische Königin Emma begab sich in den Jahren 1865–66 nach Europa.[22] 1881 schließlich kam König Kalākaua von Hawai'i.[23] Er traf den König von Italien, die englische Queen, den König der Belgier und den König von Portugal. Seine Frau, Königin Kapi'olani, und seine Schwester, Prinzessin Lili'uokalani, die später die letzte Königin von Hawai'i wurde, reisten sechs Jahre später anlässlich des goldenen Thronjubiläums von Queen Victoria nach Großbritannien.[24]

König Chulalongkorn von Siam überquerte 1897 die Meere in seiner königlichen Yacht, der *Maha Chakri*, um die Hauptstädte Frankreichs, Großbritanniens, Belgiens, Deutschlands, Österreich-Ungarns, Italiens, Russlands, Dänemarks und Schwedens zu besuchen, und unternahm 1907 eine weitere, diesmal informellere Reise nach Europa.[25] Er wurde von Nikolaus II. in St. Petersburg, Wilhelm II. in Berlin, Franz Joseph I. in Wien, Victoria und (später) Edward VII. in Windsor, Christian IX. und (später) Frederik VIII. in Kopenhagen, Oscar II. in Stockholm, Umberto I.

in Rom, Alfonso XIII. in Madrid und Carlos I. in Lissabon empfangen. Sein Sohn, Kronprinz Vajiravudh, der seine Schulzeit in England verbracht hatte – später der sechste Chakri-Monarch von Siam –, verkehrte auch regelmäßig an den Höfen Europas.[26] Viele andere siamesische Prinzen hielten sich ebenfalls oft für längere Zeit in Europa auf, um dort eine Schule oder Militärakademie zu besuchen.[27] Der berühmteste von ihnen war Prinz Chakrabongse, zweiter in der siamesischen Thronfolge, der ganze acht Jahre am Hof von St. Petersburg lebte, wo er wie ein Familienmitglied behandelt wurde und eine russische Aristokratin heiratete.[28]

Auch der japanische Meiji-Kaiser sandte einige Prinzen nach Europa.[29] Unter ihnen war Prinz Komatsu Akihito, der 1871, als er als Student zum ersten Mal nach England kam, Queen Victoria traf; später, in den Jahren 1886–87, unternahm er eine ausgedehnte Reise durch Großbritannien, Frankreich, Deutschland und Russland, wobei er auch am Goldenen Thronjubiläum Victorias teilnahm, und kehrte 1902 zurück. Prinz Arisugawa Takehito reiste 1881 nach Europa, wo er Victoria in Osborne House besuchte; 1889, als Teil seiner Weltreise; 1897, als er in London das Diamond Jubilee der Queen feierte; und schließlich 1905, auf dem Höhepunkt des Russisch-Japanischen Krieges, als er der Hochzeit des deutschen Kronprinzen Wilhelm in Berlin beiwohnte und den englischen König in London traf. Prinz Fushimi Sadanaru unternahm 1885–1886 eine Reise durch Frankreich, Deutschland, Belgien, Italien, Spanien, Österreich, Dänemark, Schweden und England; er nahm auch an der Krönung von Nikolaus II. 1896 teil, besuchte Edward VII. 1907 und traf sich 1910 mit dem frisch gekrönten Georg V. Erwähnenswert ist zudem, dass bereits 1866–68 Tokugawa Akitake, der jüngere Halbbruder des letzten Tokugawa-Shogun, obwohl kein Monarch, Europa bereiste, wo er Napoleon III., Victoria, Wilhelm II. und Vittorio Emanuele II. traf.[30] Auch die äthiopischen Kaiser schickten Familienmitglieder nach Europa, wenn auch seltener. Das bemerkenswerteste Beispiel ist die Europareise von Rās Makonnen (Haile Selassies Vater) im Jahr 1902 anlässlich der Krönung von Edward VII., bei der er seinen Cousin, Kaiser Menelik II., vertrat.[31]

Am spektakulärsten jedoch waren die Besuche der persischen Schahs.[32] In den Jahren 1873, 1878 und 1889 unternahm Naser al-Din Schah drei ausgedehnte Reisen durch Europa. Der Schah wurde von den Zaren im Winterpalast in Sankt Petersburg empfangen, traf König Leopold II. in Brüssel, besuchte König Vittorio Emanuele II. in Turin und weilte beim österreichischen Kaiser Franz Joseph I. in Wien. Auf dem Programm des Monarchen standen auch die Weltausstellungen in Wien 1873 und Paris 1878 und 1889. Bei seinem ersten Parisbesuch säumten bei seinem Einzug endlose Menschenmassen die Champs Elysées. Nicht weniger glanzvoll waren die Empfänge in Großbritannien, wo die Perser im Buckingham Palace logierten und auf Schloss Windsor Orden mit Queen Victoria austauschten (Abbildung 2). Der Schah besichtigte Stahlwerke in Manchester, nahm an einem großen Marinemanöver im Ärmelkanal teil und besuchte Madame Tussauds Wachsfigurenkabinett. In Berlin diskutierte er mit Bismarck über Weltpolitik, erlebte das Attentat auf Wilhelm I. und nahm an Militärmanövern mit Wilhelm II. teil. Einige Jahre später fuhr auch Naser al-Din Schahs kränklicher Sohn und Nachfolger Mozaffar al-Din Schah nach Europa. Auch er wurde während seiner drei Reisen in den Jahren 1900, 1902 und 1905 an allen großen europäischen Höfen empfangen. Die Besuche der Schahs wurden zu Massenereignissen, die tausende Schaulustige auf die Straßen lockten. Mark Twain, der 1873 für den *New York Herald* vom Besuch in

London berichtete, notierte: »Die Straßen sind meilenweit mit Menschen gefüllt, die stundenlang darauf warten, einen Blick auf den Schah zu erhaschen. Ich habe noch nie einen Mann gesehen, der so viele Menschen auf die Straßen brachte.«[33] Die Schah-Manie schlug sich nieder in Presseartikeln, Postkarten, Fotografien und Karikaturen, aber auch in Groschenromanen über den Schah und sogar in Theater- und Operettenstücken. In Deutschland erschien nach dem Besuch von 1873 beispielsweise *Der Schah von Persien: Grosse historisch, romantische Oper mit Ballet, in 4 Akten*, während in England im gleichen Jahr *Kissi-Kissi; or: The Pa! The Ma! And the Shah!* Premiere feierte.[34] Auch persische Prinzen kamen nun häufiger nach Europa.

Die Europabesuche außereuropäischer Monarchen sind in der Literatur häufig als kostspielige politisch unbedeutende Lustreisen despotischer Potentaten dargestellt worden. In der Tat besteht kein Zweifel daran, dass zu den Beweggründen der Gäste auch das Vergnügen zählte. Und dennoch gibt es plausible Belege dafür, dass die Besuche – selbst wenn in Teilen durch Freizeitaktivitäten und Aufenthalte in Kurbädern geprägt – für die Souveräne auch von politischer Bedeutung waren. Die Monarchen selbst betonten alle den politischen Charakter ihrer Aufenthalte in Europa.[35] Naser al-Din Schah etwa nannte in einem Memorandum zwei Gründe für seine Reisen. Zum einen: »Treffen mit den großen Königen Europas zur Festigung guter Beziehungen und Vertiefung der Freundschaft und Zusammenarbeit«.[36] Zum anderen: »Sammeln von Informationen und Erkenntnissen, die von Wert für die iranische Regierung und Nation sein können.« Der reformorientierte Großwesir des Schahs, Mirza Hoseyn Khan (Moshir al-Dowleh), einer der Initiatoren der Reise, betonte in einem Brief an seinen Monarchen: »Bei diesem royalen Vorhaben handelt es sich nicht nur um Tourismus; es

Abbildung 2: Der Empfang von Naser al-Din Schah auf Schloss Windsor, 20. Juni 1873, Aquarell von Nicholas Chevalier aus dem Jahr 1874.

ist vielmehr Teil des großen Weges, der zum Fortschritt Irans führen wird.«[37] Mozaffar al-Din Schah nannte am Vorabend seiner ersten Europareise ähnliche Gründe.[38] König Chulalongkorn von Siam listete in einem Memorandum drei Beweggründe für seine Europareisen auf: Er wolle freundschaftliche Beziehungen zu den europäischen Fürstenhäusern aufbauen und sein Land in der Welt bekannt machen; die europäischen Fortschritte im Bereich der staatlichen Verwaltung, des Rechts, des Militärs und des Bildungswesens studieren; und die französisch-siamesischen Beziehungen, welche durch militärische Konflikte belastet worden waren, reparieren.[39] Der siamesische Monarch erklärte »die Förderung royaler Freundschaften« zum Grundstein einer neuen globalen Diplomatie seines Landes.[40] Im Privaten machte er deutlich, dass seine Reise von großer Bedeutung für den Erhalt der siamesischen Souveränität sei.[41] Auch der osmanische Sultan Abdülaziz gab an, mit seinem Besuch in Europa politisch-dynastische Interessen und Studienzwecke zu verfolgen.[42] In einer Rede, die er 1867 in London hielt, erklärte er, dass seine Ziele darin bestünden, »in den Zentren der Zivilisation zu erkunden, was in meinem eigenen Land noch getan werden muss, um die Arbeit, die wir begonnen haben, abzuschließen« und »meinem Wunsch Ausdruck zu verleihen, nicht nur unter meinen eigenen Untertanen, sondern auch zwischen meinem Volk und den anderen Nationen Europas ein Band der Brüderlichkeit, welches Grundlage des Fortschritts der Menschheit und des Ruhmes unserer Zeitalters ist, zu spinnen.«[43] Sein Großwesir Ali Pascha, einer der bedeutensten reformorientierten Staatsmänner seiner Zeit, betonte intern, dass die Reise dazu diene, »Vertrautheit und Freundschaft mit den erhabenen Monarchen der höchsten westlichen Staaten aufzubauen, welche Freunde und Verbündete des Erhabenen Staates sind«, also Allianzen zu festigen.[44] Politische Motive wurden auch von König Kalākaua von Hawaiʻi angeführt.[45]

Darüber hinaus waren die Besuche auch innenpolitisch von Bedeutung, da sie es den außereuropäischen Herrschern ermöglichten, ihren Untertanen zu zeigen, dass die mächtigen Monarchen Europas sie als ihnen ebenbürtig ansahen. Ihre Reisen mögen sich zudem auch in gewissem Maße gegenseitig beeinflusst haben. So gibt es Hinweise darauf, dass der Besuch des osmanischen Sultans im Jahr 1867 dem persischen Schah als Inspiration für seine Reise im Jahr 1873 diente.[46] Und schließlich war die gesundheitliche Erholung in den Kurbädern Europas, in einem gemäßigten Klima, ein weiterer Beweggrund, der von manchen der Besucher angeführt wurde, insbesondere von Mozaffar al-Din Schah in den Jahren 1900, 1902 und 1905 und von Chulalongkorn im Jahr 1907.[47]

Während ihrer Aufenthalte in Europa bemühten sich die Besucher, ihre Gastgeber zu politischen Verhandlungen zu bewegen, um völkerrechtliche und militärische Garantien für die Souveränität und territoriale Integrität ihrer Länder zu erhalten. Dies war ein zentrales Anliegen der Gäste, die sich in einer Welt bewegten, die von expandierenden europäischen Großmächten beherrscht wurde, einer Welt, in der die wenigen Länder außerhalb Europas, die nominell unabhängig blieben, der permanenten Bedrohung des europäischen Imperialismus ausgesetzt waren. Die Monarchen nutzten ihre Aufenthalte in Europa häufig auch, um Geschäfte zu machen und ökonomische Konzessionen zu vergeben, um ihre Länder zu modernisieren. Diese Abkommen konnten ihre Staaten natürlich noch stärker von europäischen Mächten abhängig machen.

Doch es gab noch einen weiteren Aspekt der Besuche, der diese für die Gäste so bedeutsam machte – das zeremonielle Ritual eines Monarchenbesuches. Ein offizieller Empfang in einer europäischen Metropole bot außereuropäischen Herrschern die Gelegenheit, sich und ihr Land auf einer Ebene mit den europäischen Monarchen zu präsentieren. Das Zeremoniell – und selbst das Freizeitprogramm – eines Staatsbesuches verliehen der dynastischen Legitimität der Monarchen und der Souveränität des von ihnen repräsentierten Landes symbolischen Ausdruck. Zu einem gewissen Grad konnte das Zeremoniell der Besuche die ansonsten asymmetrischen Machtverhältnisse gar ausgleichen oder zumindest verdecken. Staatsbesuche boten außereuropäischen Potentaten so eine Möglichkeit, sich und ihre Länder in eine von den europäischen Mächten dominierte Ordnung der internationalen Beziehungen zu integrieren.

Um jedoch in diese Ordnung aufgenommen zu werden, mussten die außereuropäischen Monarchen sich im sozialen Raum der europäischen Höfe – mit ihrer Etikette – bewegen. Um als ebenbürtiger Monarch anerkannt zu werden, musste der Besuch äußerlich dem europäischen Standard entsprechen, der, in den Augen der hegemonialen europäischen Mächte, als »Standard der Zivilisation« galt. Diesem Standard gerecht zu werden, war eine grundlegende Voraussetzung, um als legitimes Mitglied der internationalen Gemeinschaft anerkannt zu werden. Wir sollten dabei bedenken, dass die Konzepte der »Zivilisation«, der politischen »Legitimität« und der territorialen »Souveränität« in den meisten zeitgenössischen europäischen Völkerrechtstheorien eng miteinander verknüpft waren. Politiker, Diplomaten und Juristen unterschieden im Umgang mit Ländern außerhalb Europas häufig zwischen verschiedenen Graden von Zivilisiertheit. Oft wurde die Welt dabei in drei Teile gegliedert: die *Zivilisierten* (Europa), die *Unzivilisierten* (deren Länder kolonisiert werden konnten) und die *Halbzivilisierten*. Die unabhängigen außereuropäischen Länder wurden dabei gewöhnlich zu den *Halbzivilisierten* gezählt. Da das Konzept der »Zivilisation« jedoch häufig nicht klar definiert war, folgte die europäische Politik gegenüber den außereuropäischen Staaten meist formell keiner klaren Linie, sondern war vielmehr *ad hoc* und pragmatisch. Und dennoch, trotz dieser Unberechenbarkeit, bot dieses internationale System den wenigen unabhängigen außereuropäischen Souveränen einigen Handlungsspielraum. Die ausgedehnten Europareisen dienten ihnen dabei dazu, ihre Souveränität zu demonstrieren und die außenpolitische Position ihres Landes zu stärken. Die Geschichte ihrer sozialen Klasse war somit eng mit der Geschichte der Weltpolitik ihrer Länder verbunden.

Insgesamt ähnelten die Besuche denen unter europäischen Herrschern der Zeit. Europäische und außereuropäische Monarchen verkehrten im Großen und Ganzen ohne größere Schwierigkeiten in der höfischen Welt Europas. Es würde dabei zu kurz greifen, die Begegnungen zwischen Europäern und Außereuropäern pauschal als einen Prozess der Anpassung der außereuropäischen Souveräne an einen statischen europäischen Standard höfischer Praktiken von Monarchenbesuchen zu verstehen.

Zunächst einmal fanden die Besuche zur gleichen Zeit statt, in der sich auch Besuche innerhalb europäischer Fürstenhäuser zu einem wichtigen Phänomen zwischenstaatlicher Beziehungen entwickelten. Es handelte sich also nicht um zwei getrennte Prozesse. Begegnungen zwischen europäischen und außereuropäischen Monarchien waren integraler Teil der allgemeinen Transformation der höfischen Welt im neunzehnten Jahrhundert.

In einigen Fällen waren die Gäste tatsächlich mit für sie unbekannter höfischer Kultur konfrontiert, die aus einer sehr spezifisch europäischen Entwicklung hervorgegangen war, einer Entwicklung, die Norbert Elias ausführlich im *Prozess der Zivilisation* beschrieben hat.[48] Die außereuropäischen Monarchen passten sich dabei tatsächlich häufig den Gebräuchen ihrer mächtigen Gastgeber an, durch Vorbereitung und *Ad-hoc*-Imitation während der Treffen. Zuweilen jedoch, wenngleich seltener, lehnten sie diese explizit ab. Und bisweilen wurden Kompromisse ausgehandelt, die es den Gästen und Gastgebern erlaubten, miteinander Mittelwege – oder einen »Middle Ground«, wie ihn Richard White beschrieb – zu finden.[49]

In anderen Fällen jedoch teilten europäische und außereuropäische Monarchen die gleichen oder zumindest ähnliche höfische Praktiken, was die Interaktion vereinfachte. Tatsächlich unterschieden sich höfische Kulturen weltweit nicht immer *a priori* voneinander. Im Laufe der Jahrhunderte waren monarchische Kulturen – die sich oft nicht isoliert voneinander, sondern im Austausch miteinander entwickelten – zu einem gewissen Grad weltweit konvergiert. Europäische und außereuropäische Monarchen lebten gewissermaßen in derselben globalen sozialen Welt. Die Ähnlichkeiten machten die Begegnungen überhaupt erst möglich (und für alle kognitiv verständlich).

Allgemeiner betrachtet wäre es daher irreführend, die Monarchentreffen *per se* als interkulturelle Begegnungen zu charakterisieren, da dies voraussetzen würde, dass die Monarchen durch (zwei) unterschiedliche Kulturen getrennt waren. Es wäre falsch, anzunehmen, dass globale räumliche Trennung notwendigerweise auch kulturelle Trennung bedeutet. Kultur ist nicht immer räumlich determiniert. Soziale Milieus, mit ihren eigenen intrinsischen Kulturen, können globale räumliche Grenzen durchdringen. Tatsächlich lassen sich anhand der Geschichte der Monarchenbesuche kulturalistische Forschungs-Paradigmen hinterfragen, die globale Beziehungen in Kategorien wie »interkulturellen« oder »transkulturellen« Beziehungen untersuchen und dabei essentialistisch kulturelle Unterschiede zwischen Akteuren verschiedener Regionen der Welt voraussetzen. Es ist schlicht unmöglich, die Besuche auf Begegnungen zwischen Ost und West, Orient und Okzident oder Norden und Süden zu reduzieren. Die Geschichte der globalen Monarchenbegegnungen trotzt solchen Binaritäten und verwischt Grenzen, die oft als bedeutsam erachtet werden.

Darüber hinaus sollte hier vielleicht auch erwähnt werden, dass die Unterscheidung zwischen »europäischen« und »außereuropäischen« Monarchien nicht immer eindeutig ist.[50] Die europäischen Monarchien konnten sich trotz ihrer bemerkenswerten Ähnlichkeiten erheblich voneinander unterscheiden, genauso wie sich außereuropäische Monarchien in vielerlei Hinsicht voneinander unterschieden, und daher bildeten weder europäische noch außereuropäische Monarchien zwingend klare Einheiten. Und wie erwähnt konnte es eben auch Ähnlichkeiten zwischen Europa und der außereuropäischen Welt geben. Kurzum, es ist oft schwierig, wenn nicht unmöglich, die europäische und die nicht-europäische monarchische Welt klar voneinander abzugrenzen. Darüber hinaus waren (europäische und außereuropäische) höfische Hofkulturen nie statisch, sondern entwickelten sich stets.

Gleichzeitig sollten wir allerdings auch anerkennen, dass die historischen Akteure selbst – sowohl innerhalb als auch außerhalb Europas – die Besuche regelmäßig (wenngleich nicht immer) als Begegnungen zwischen einem europäischen Zentrum und einer außereuropäischen Peripherie verstanden. Sie erachteten die Idee eines europäischen Standards als von großer Bedeutung, als Maßstab, und verhielten sich entsprechend. Wir sollten daher zwischen den historischen Konzepten, die die zeitgenössischen Akteure nutzten, um ihre Welt zu verstehen und den analytischen Konzepten, die wir als Historiker und Historikerinnen in der Gegenwart verwenden, um die Vergangenheit zu verstehen, unterscheiden. Wir müssen die Konzeptionalisierung der Begegnungen durch die historischen Akteure ernst nehmen. Gleichzeitig jedoch sollten wir als Historiker und Historikerinnen achtsam sein, diese historischen Konzepte unkritisch in unseren Untersuchungen zu reproduzieren.

Die allgemeine Geschichte der Beziehungen zwischen europäischen und außereuropäischen Staaten hat Historiker und Historikerinnen seit vielen Jahren beschäftigt. Dabei war lange die Vorstellung vorherrschend, die europäische internationale Ordnung habe sich im Laufe der Neuzeit über den Rest der Welt ausgeweitet.[51] Die politischen Eliten der unabhängigen außereuropäischen Staaten hätten sich dabei in eine europäische Staatenordnung integriert, indem sie sich an europäische Praktiken und Prinzipien anpassten, die in Europa als »Standard der Zivilisation« galten. Diese Sicht ist nun zunehmend hinterfragt worden.[52] Kritiker haben darauf hingewiesen, dass die internationale Ordnung der Neuzeit, die zuvor regionalisierte Ordnungen miteinander verknüpfte, stets globaler (und nicht europäischer) Natur war und dass die Beziehungen zwischen europäischen und außereuropäischen Staaten von Anfang an Teil dieses Integrationsprozesses waren. Darüber hinaus passten sich die außereuropäischen politischen Eliten nicht einfach an einen statischen europäischen Standard an, sondern interagierten von Beginn an mit den europäischen Mächten in komplexer Weise. Kurz gesagt, die Entstehungsgeschichte der modernen Weltordnung sei keine lineare Expansion der europäischen Ordnung, die einseitig die Welt beeinflusste, sondern eine Globalisierung der internationalen Ordnung gewesen.

Die Untersuchung der Begegnungen zwischen europäischen und außereuropäischen Monarchen legt nahe, dass beide Auffassungen legitim sind. Begegnungen zwischen europäischen und außereuropäischen höfischen Eliten, die in ähnlichen Welten lebten, waren von Beginn an Teil der Geschichte der neuzeitlichen höfischen Welt; und doch, obwohl diese Ordnung nie rein europäischer Natur war, nahmen die europäischen Monarchien im Zeitalter des Imperiums eine einflussreichere, fast hegemoniale Stellung darin ein. Darüber hinaus besteht kein Zweifel daran, dass sich die außereuropäischen Höfe nicht immer passiv an europäische Standards anpassten, sondern dass die Interaktionen oft komplexer waren; und dennoch war die Imitation europäischer Vorbilder im imperialen Zeitalter gängige Praxis.

Die europäischen Großmächte ihrerseits hatten gewöhnlich ebenfalls ein Interesse an diesen Besuchen. Einige hatten politische und ökonomische Interessen in den Ländern der Gäste und nutzten die Besuche, um Einfluss zu gewinnen, zu erhalten oder auszubauen. Zudem konnten die europäischen Monarchien auch selbst von dem Ereignis eines Besuches eines fremden Monarchen profitieren. Die Situation der Monarchie im späten neunzehnten Jahrhundert – unter Druck sowohl von einem politisierten Proletariat als auch von einem zunehmend selbstbewussten Bürgertum – war geschwächt.[53] Das imperiale Zeitalter – eine gefährliche Zeit für Monarchen der außereuropäischen Welt – war auch das Zeitalter der Revolutionen und das goldene Zeitalter der Bourgeoisie – und damit auch eine gefährliche Zeit für die Monarchen Europas. Monarchenbesuche boten europäischen Höfen eine Gelegenheit, ihre sozio-politische Stellung hervorzuheben und die politische Bedeutung der Monarchie zu untermauern. Ein Empfang von Souveränen aus weit entfernten Ländern konnte in diesem Kontext zudem der Universalität der monarchischen Ordnung Ausdruck verleihen.

Historiker und Historikerinnen haben lange Zeit nur begrenztes Interesse an der Globalgeschichte der Monarchie gezeigt. Sie haben (europäische und außereuropäische) Monarchien primär innerhalb staatlicher Grenzen untersucht, wobei sie sowohl höfische Politik (und Institutionen) als auch höfische Rituale beleuchteten.[54] Globalhistorische Fragen spielten in der Monarchie-Geschichtsschreibung hingegen kaum eine Rolle. Trotzdem gibt es mittlerweile einen kleinen Corpus ausgezeichneter komparativer Forschung, der Monarchie als globales Phänomen in den Blick nimmt.[55] Zu den frühesten Werken zählen Clifford Geertz' vergleichende Studie royaler Praktiken in der Welt der Frühen Neuzeit und Reinhard Bendix' vergleichende Geschichte des weltweiten Niedergangs des Königtums.[56] *Begegnungen* – also Kontakte – zwischen Monarchen wurden jedoch systematisch (vergleichend) bisher primär nur innerhalb Europas – vor allem durch Johannes Paulmann – und innerhalb der europäischen Weltreiche – vor allem durch David Cannadine – untersucht.[57] Die vergleichende Geschichte der globalen Kontakte zwischen unabhängigen Monarchen blieb hingegen vernachlässigt. Dies ist überraschend, wenn man bedenkt, dass Monarchien ein wirklich globales Phänomen sind. Dieses Buch stellt einen ersten, wenngleich vorsichtigen, Versuch dar, diese Lücke zu schließen. Im Allgemeineren verbindet die Untersuchung der Geschichte globaler Monarchenbegegnungen die Sozialgeschichte einer Klasse mit der Geschichte der Außenpolitik, zwei Felder der historischen Forschung, die nach wie vor häufig getrennt voneinander untersucht werden.[58]

Kapitel 1:
Welten höfischer Diplomatie

Europäische und außereuropäische Höfe hatten lange, wenn auch sporadisch, über Korrespondenzen und Gesandtschaften miteinander verkehrt. In der Frühen Neuzeit lösten Gesandtschaften fremder Monarchen bei ihrer Ankunft in Europa regelmäßig große allgemeine Neugier aus, wie etwa die osmanischen Botschaften in Frankreich in den Jahren 1533, 1571, 1581, 1601, 1607, 1669–70, 1720–21 und 1741, im Habsburgerreich 1665 und 1740 und in Preußen 1763–64; die siamesischen Missionen in Frankreich in den Jahren 1684–85 und 1686–87; sowie die persischen Botschaften in England im Jahr 1626 und in Frankreich im Jahr 1715.[59] Der Sultan von Marokko schickte Gesandtschaften in den Jahren 1610–11, 1612–13 und 1698–99 nach Frankreich und in den Jahren 1600, 1637, 1682, 1685 und 1706–08 nach England.[60] Der siebenjährige Sohn des späteren vietnamesischen Kaisers Gia Long besuchte 1787 den Hof Ludwigs XVI. Auch die Monarchen verschiedener christlicher Staaten südlich der Sahara, vor allem Äthiopiens und Kongos, sandten im fünfzehnten und sechzehnten Jahrhundert Missionen nach Europa.[61] (Im Gegensatz dazu schickten europäische Monarchen in der Frühen Neuzeit nur selten Gesandtschaften an die Höfe außerhalb Europas.) In der Neuzeit jedoch, seit dem frühen neunzehnten Jahrhundert, nahm die Zahl der Botschaften zu – darunter die persischen Missionen von 1809–10 und 1819–20, die siamesischen Gesandtschaften von 1857, 1861 und 1866 und die berühmte japanische Iwakura-Mission von 1871.[62] Gleichzeitig begannen außereuropäische Höfe nun zunehmend, ständige diplomatische Vertretungen in den Hauptstädten Europas einzurichten. Die royalen Reisen der außereuropäischen Herrscher im imperialen Zeitalter jedoch führten schließlich zu unmittelbareren und engeren dynastischen Beziehungen.

Die royalen Gäste versuchten häufig, in den Hauptstädten Europas politische Allianzen zu schmieden, die ihre Souveränität garantierten, und wirtschaftliche Verträge abzuschließen, um ihre schwachen Reiche zu modernisieren.

Die Staaten der gekrönten Gäste befanden sich alle in einer ähnlich prekären politischen Lage.[63] Sie alle hatten schmerzliche militärische Niederlagen gegen die überlegenen Armeen Europas erlitten. Sie alle waren der friedlichen wirtschaftlichen Durchdringung – *pénétration pacifique* – ihrer Länder durch die europäischen Großmächte ausgesetzt. Sie alle hatten in ungleichen Verträgen den Großmächten besondere politische, rechtliche und wirtschaftliche Privilegien in ihren Ländern einräumen müssen.[64] Das bedeutendste rechtliche Zugeständnis war dabei das der sogenannten Extraterritorialität, die es den Europäern ermöglichte, ihre eigenen Gesetze in den außereuropäischen Staaten anzuwenden, wodurch deren Souveränität untergraben wurde. Dieser Eingriff wurde mit dem Argument begründet, dass die rechtlichen Privilegien notwendig seien, um die in den Ländern lebenden Europäer vor Willkür zu schützen, da die dortigen Rechtsordnungen nicht den Standards der Zivilisation Europas entsprächen. In der Praxis nutzten die europäischen Großmächte ihr Recht der Extraterritorialität auch zum Schutz lokaler Klienten, um so Patronage-Netzwerke in den Ländern aufzubauen. Manche Beobachter gingen sogar so weit, die Lage in den uneroberten Ländern außerhalb Europas als semikolonial zu bezeichnen. Der prominenteste unter ihnen war Vladimir Lenin, der 1917 in seinem Werk *Der Imperialismus als höchstes Stadium des Kapitalismus* die prekäre Stellung dieser Staaten in der Weltordnung beschrieb: »Typisch für diese Epoche sind nicht nur die beiden Hauptgruppen von Ländern – die Kolonien besitzenden und die Kolonien selber –, sondern auch die verschiedenartigen Formen der abhängigen Länder, die politisch formal selbständig, in Wirklichkeit aber in ein Netz finanzieller und diplomatischer Abhängigkeit verstrickt sind. Auf eine dieser Formen, die Halbkolonien, haben wir bereits hingewiesen.«[65] Die schwache Situation dieser Staaten prägte unter ihren politischen Eliten auch zunehmend die Wahrnehmung des politischen Selbst und die Sicht auf die Außenwelt. Während sie in der Frühen Neuzeit ihre Reiche als Zentren der Welt betrachtet und Europa als unbedeutend abgetan hatten, so akzeptierten sie nun zunehmend Europa als ein Zentrum weltweiter Macht und oftmals sogar als Heimstätte des zivilisatorischen Fortschritts. Die Reaktion auf die Bedrohung durch den europäischen Imperialismus war zum einen die Durchführung interner Reformen, um ihre Armeen und Staatsverwaltungen zu stärken – häufig nach europäischem Vorbild, und mit Unterstützung europäischer Berater –, sowie eine Vertiefung der diplomatischen Beziehungen mit den europäischen Großmächten. Höfischer Diplomatie kam dabei im Ringen um den Erhalt ihrer Souveränität bei all diesen Staaten eine zentrale Rolle zu.

Es ist bemerkenswert, dass gleichzeitig, trotz ihrer außenpolitischen Schwäche, die innenpolitische Situation in den Staaten stabil genug erschien, dass die Monarchen das Risiko eingingen, ihre Reiche für die Reisen zu verlassen, in den meisten Fällen ein beispielloser Vorgang in Friedenszeiten. Sie alle bemühten sich, durch komplexe politische Arrangements – häufig durch die Ernennung eines Regenten oder, zur Vermeidung von Machtkonzentration auf eine Person, eines Regentschaftsrates – und durch die Nutzung der Telegraphie, die politische Kontrolle über ihr Land auch aus dem Ausland zu gewährleisten. Gerüchten zufolge überzeugte der osmanische Großwesir Ali Pascha den Sultan erst, sein Reich zu verlassen, als er vorschlug, dessen Schuhsohlen mit einer dünnen Schicht osmanischer Erde zu überziehen und so zu gewährleisten, dass er auch im Ausland weiterhin auf seinem eigenen Boden wandeln würde.[66]

Das Osmanische Reich erlitt zahlreiche schmerzhafte Niederlagen gegen europäische Armeen, angefangen mit den Niederlagen in den russisch-osmanischen Kriegen von 1768–74 und 1787–92 bis hin zu den Misserfolgen im Krieg mit Italien um Libyen von 1911 und im Balkankrieg von 1912–13, und musste infolgedessen Gebiete in seinen europäischen und afrikanischen Grenzregionen abtreten. Europas Großmächte zwangen die Hohe Pforte zur Unterzeichnung verschiedener ungleicher Verträge. Der erste war der Vertrag von Küçük Kaynarca von 1774, der am Ende des Russisch-Türkischen Krieges von 1768–74 abgeschlossen wurde. Er beendete die Hoheit des Sultans über das Krim-Khanat und gab dem Zaren das Recht (wenngleich indirekt), als Schutzherr der orthodoxen Christen im Osmanischen Reich zu agieren.[67] Andere europäische Staaten erlangten ab den 1820er-Jahren extraterritoriale Rechte und Handelsprivilegien im Osmanischen Reich.[68] Mit dem Pariser Frieden, der am Ende des Krimkrieges 1856 geschlossen wurde, wurde der Sultan unter Garantie der Erhaltung der osmanischen Souveränität in das europäische Konzert der Mächte aufgenommen. Die osmanischen Herrscher setzten während der Periode der *tanzimat* (»Neuorganisation«) zwischen 1839 und 1876 weitreichende Reformen zur Modernisierung der Staatsverwaltung und der Armee durch und bemühten sich, außenpolitisch dauerhafte diplomatische Beziehungen zu den Großmächten Europas aufzubauen. Und dennoch waren die Sultane weiterhin der

Bedrohung durch den europäischen Imperialismus ausgesetzt. Gleichzeitig wurde das Reich im Inneren zunehmend instabiler. Vor allem das aggressiv expandierende Zarenreich geriet immer wieder mit dem »kranken Mann am Bosporus« aneinander.

Am Vorabend von Abdülaziz' Europareise 1867 befand sich das Osmanische Reich erneut im Konflikt mit dem zaristischen Russland. Der Sultan war mit einem Aufstand seiner christlich-griechischen Untertanen auf Kreta, die den Anschluss der Insel an Griechenland forderten, konfrontiert. St. Petersburg – in klarem Antagonismus zu Konstantinopel (Istanbul) – unterstützte die Separatistenbewegung. Der osmanische Herrscher wollte seinen Aufenthalt in Europa dazu nutzen, in Großbritannien, Frankreich und dem Habsburger Reich Unterstützung gegen Russland zu mobilisieren.[69] Während London und Wien eine Einmischung strikt ablehnten, um den im Pariser Frieden verankerten *status quo* nicht zu gefährden, war die Haltung von Paris ambivalenter. Ziel des Sultans war es, ein französisch-russisches Bündnis zur Unterstützung der kretischen Separatisten zu verhindern. In den Hauptstädten Europas warb er für die osmanischen Interessen in der Frage. In Paris erteilte er angeblich der Bitte Napoleons III. um Konzessionen an die Griechen Kretas eine klare Absage. In London beschwerte er sich während eines Treffens mit dem britischen Außenminister Edward Stanley (Lord Stanley) im Buckingham Palace bitter über die russische Einmischung und zeigte sich fest entschlossen, die Sezession Kretas mit allen Mitteln verhindern zu wollen. Stanley hielt in seinem Tagebuch fest: »Ich versicherte ihm in starken, aber allgemeinen Worten unserer Entschlossenheit, die Unabhängigkeit seiner Regierung zu respektieren.«[70] Die befürchtete französisch-russische Kooperation in der Frage konnte verhindert werden. Nach der Rückkehr des Sultans nach Konstantinopel gewährte er der Insel am Ende erhebliche Autonomie, um den Aufstand zu beenden. Insgesamt versuchten die osmanischen Gäste, in Europa Unterstützung gegen die Einmischungen Russlands in ihrem Reich zu gewinnen. Die Besuche in den europäischen Hauptstädten führten dabei zwar zu einer gewissen, wenngleich zaghaften, Unterstützung der territorialen Integrität des Osmanischen Reiches; in einem größeren politischen Bündnis resultierten sie jedoch nicht. Es folgte trotzdem fast ein ganzes Jahrzehnt des Friedens in den osmanischen Ländern.

Der persische Hof war mit einer zunehmenden imperialen Bedrohung durch das Zarenreich – das im Zuge seiner Expansion in den Kaukasus und in Zentralasien seinen Einfluss in Nordpersien sichern wollte – und Großbritanniens – das Persien als Pufferstaat zur Sicherung der indischen Raj betrachtete – konfrontiert. Teheran hatte schwere militärische Niederlagen erlitten: gegen Russland 1813 und 1828 – die mit dem Vertrag von Golestan und dem Vertrag von Turkmenchay zu erheblichen Gebietsverlusten im Kaukasus führten – und gegen Großbritannien 1857 –, die die persischen territorialen Ambitionen in Afghanistan endgültig zunichte machten. Den Qajaren-Eliten wurden so die Verwundbarkeit ihres Landes und die politische Bedeutung Europas schmerzlich vor Augen geführt. Die militärischen Niederlagen führten gewissermaßen zu einem »Übergang von einem kosmografischen Bild der Erde«, wie es die Historikerin Firoozeh Kashani-Sabet ausdrückte, zu einem »kartografischen«, also zu einem schärferen Bewusstsein für die eigene territoriale Souveränität und der Bedeutung der Welt jenseits der eigenen Grenzen.[71] Die europäischen Einmischungen in das Qajaren-Reich nahmen im imperialen Zeitalter stetig zu. Die Großmächte erzwangen rücksichtslos extraterritoriale Rechte und ausbeuterische wirtschaftliche Konzessionen.[72] Der persische

Hof versuchte, durch innere Reformen das Land zu modernisieren – stieß dabei jedoch häufig auf den bitteren Widerstand lokaler Eliten, die um ihre Pfründe fürchteten –, und stärkte seine diplomatischen Beziehungen zu Europa. Teheran war dabei bestrebt, den Einfluss Londons und St. Petersburgs, die im russisch-britischen »Great Game« um Einfluss in Zentralasien wetteiferten, im eigenen Land auszugleichen.

Die großen Europareisen der Schahs dienten dazu, dieses fragile politische Gleichgewicht aufrechtzuerhalten.[73] In den Hauptstädten Europas bemühten sich die Gäste um politische Verhandlungen, in der Hoffnung auf Verträge, die Persiens Souveränität garantierten. Minister und Diplomaten, die im Tross des Schahs reisten, versuchten von Rivalitäten innerhalb des europäischen Konzerts zu profitieren. Ihr Ziel war es, die Briten gegen die Russen auszuspielen und gleichzeitig Allianzen mit Mächten wie dem deutschen Kaiserreich, Belgien, Italien, Frankreich und Österreich-Ungarn zu schmieden. Um das Risiko imperialistischer Eroberung zu verringern, unterzeichneten die Perser Freundschaftsverträge, wo immer sie konnten. Gleichzeitig gaben sie ökonomische Konzessionen aus in der Hoffnung, Persien so zu modernisieren. Bei seinem ersten Europabesuch im Jahr 1873 bemühte sich Naser al-Din Schah um Unterstützung für die legendäre siebzigjährige Reuter-Konzession, die dem deutschstämmigen britischen Wirtschaftsmagnaten Julius von Reuter das Monopol für den Bau einer Eisenbahnlinie vom Kaspischen Meer zum Persischen Golf, Exklusivrechte zur Ausbeutung der natürlichen Ressourcen Persiens und volle Kontrolle über zukünftige Infrastruktur- und Handelsprojekte gab. Der Schah übertrug damit im Handstreich die Kontrolle über nahezu die gesamte Wirtschaft Persiens, im Gegenzug für das luftige Versprechen einer umfassenden materiellen Mo-

dernisierung seines Landes. George Curzon (Lord Curzon) resümierte später in seinem berühmten Opus *Persia
and the Persian Question* über die Konzession: »Als sie
veröffentlicht wurde, entpuppte sie sich als die vollstän-
digste und außergewöhnlichste Übertragung der komplet-
ten industriellen Ressourcen eines Königreichs in ausländische Hände in der Geschichte – etwas, von dem man zuvor
weder hätte träumen, noch viel weniger hätte verwirklichen können.«[74] Während seines Aufenthalts in Europa
gelang es dem Qajaren-Potentaten jedoch nicht, Unterstützung für die Konzession zu gewinnen. Der Zar war er-
zürnt. Whitehall, wo man nicht das Risiko einer Konfron-
tation mit St. Petersburg eingehen wollte, schreckte zurück, dem Abkommen volle Unterstützung zu geben. Die
Angelegenheit löste auch in Persien selbst breiten Widerstand aus und führte nach der Rückkehr des Schahs zu
einer Palastrevolte, die in der Entlassung des Großwesirs
und der Annullierung der Konzession mündete. Während
seiner zweiten Reise im Jahr 1878, wenngleich inoffizieller
Natur, beauftragte der Schah – beseelt von seinem Vorhaben, das persische Militär zu modernisieren, und beeindruckt von den eleganten Uniformen, glänzenden Säbeln
und edlen Pferden der Kosaken-Kavallerie, die ihn durch
den Kaukasus begleitete – St. Petersburg, Persien bei der
Aufstellung eines eigenen Kosakenregiments behilflich zu
sein. Und während seiner Europareise im Jahr 1889 handel-
ten die Perser die legendäre Tabakkonzession aus, die dem
britischen Major Gerald Talbot ein fünfzigjähriges Monopol über Kauf, Distribution und Verkauf des gesamten
persischen Tabaks einräumte, was schließlich 1890 zum
Tabakaufstand führte – Persiens erstem Massenprotest –,
der den Qajaren-Hof zur Annullierung des Vertrages zwang.
Die drei Reisen von Mozaffar al-Din Schah um die Jahrhundertwende führten dagegen zu weitaus weniger politi-

schen Verhandlungen. Im Laufe der Jahre nahm der konkrete politische Gehalt der Besuche ab, obwohl sich beide Monarchen weiterhin um politische Verhandlungen bemühten. Mit der Zunahme der imperialen Rivalitäten in der Region wurden die Europäer immer zurückhaltender, Freundschaftsverträge zu unterzeichnen. Die Jagd der Briten und Russen nach ausbeuterischen ökonomischen Konzessionen wurde immer skrupelloser. Gleichzeitig wurden die Staatsmänner in Berlin, Paris, Brüssel, Rom und Wien immer zögerlicher, sich einzumischen, da sie Persien zunehmend als Teil des anglo-russischen Machtbereichs betrachteten. Die Konstitutionelle Revolution – die Ende 1905 auch aufgrund der Einführung neuer Steuern, die zur Rückzahlung russischer Kredite benötigt wurden, welche aufgenommen worden waren, um die letzte Reise des Schahs zu finanzieren, ausbrach – machte schließlich weitere Reisen unmöglich.

Auch der siamesische Hof kämpfte um die Erhaltung seiner Souveränität, bedrängt vom französischen Weltreich, das die Kontrolle über das benachbarte Indochina übernommen hatte, und dem Britischen Empire, das einen Großteil des benachbarten Burma, Siams historischem Rivalen, erobert hatte. König Mongkut (Rama IV.) gewährte der britischen Krone 1855 im Bowring-Vertrag – benannt nach John Bowring, Londons gewieftem Gouverneur von Hongkong, der ihn ausgehandelt hatte – Zugang zu seiner Wirtschaft und extraterritoriale Rechte.[75] Es folgten ähnliche Verträge mit anderen europäischen Mächten. Siam verließ damit das sinozentrische »Tributsystem«, das bis ins dreizehnte Jahrhundert zurückreichte.[76] Bangkoks höfische Eliten waren gezwungen, ihre Sicht auf die Position ihres Landes in der Welt neu zu denken, in einer Zeit, in der »Europa zur neuen *axis mundi* wurde«, wie es Historiker Thongchai Winichakul ausdrückte.[77] Der siamesische Hof versuchte einen Status Quo zwischen den französischen und britischen Weltreichen aufrechtzuerhalten, um so die unabhängige Stellung seines Landes als Pufferstaat zu sichern. Großbritannien und (insbesondere) Frankreich hatten seit Beginn der 1880er-Jahre versucht, ihren Einfluss in Südostasien auszuweiten.[78] Im Jahr 1893 geriet Siam beim Paknam-Zwischenfall mit Frankreich wegen umstrittener Gebiete in der siamesisch-indochinesischen Grenzregion in direkten Konflikt. Chulalongkorn schickte eine Militärmission in die Region. Als Reaktion darauf griffen französische Streitkräfte die Festung Paknam am Fluss Chao Phraya an. Französische Kanonenboote fuhren dann den Chao Phraya hinauf nach Bangkok und richteten ihre Geschütze auf den königlichen Palast, um Chulalongkorn, verängstigt und gedemütigt, zum Rückzug aus der Region, zu Reparationszahlungen und zur Anerkennung der französischen Herrschaft über die Länder östlich des Mekong zu zwingen, mit Erfolg. London war unterdessen nicht bereit, Siam aufzugeben, da es Interesse an den Teakwäldern im Norden des Landes und am Gummi und den Zinnminen im Süden hatte und allgemeiner auch um seine Stellung in Südostasien besorgt war. Eine 1896 unterzeichnete britisch-französische Erklärung garantierte die territoriale Unabhängigkeit Siams als Pufferstaat.[79] Der französische Imperialismus stellte nichtsdestotrotz weiterhin eine Bedrohung für die siamesische Souveränität dar. Am Vorabend von Chulalongkorns erster Europareise im Jahr 1897 wurde ein geheimer anglo-siamesischer Vertrag ausgehandelt, der Bangkok britische Unterstützung im Falle einer imperialen Aggression garantierte.[80]

Chulalongkorns Reise war ein Versuch, die Beziehungen zu den Höfen Europas, insbesondere denen in London und St. Petersburg, zu vertiefen, um ein Gegengewicht zum Einfluss des französischen Weltreiches in Siam zu schaffen und somit die territoriale Souveränität seines Landes zu sichern.[81] Auch gab sie dem siamesischen Herrscher Gelegenheit zu direkten Gesprächen in Paris. »Der Besuch des Königs von Siam in Europa«, verkündete *The Times*, »ist ein Ereignis, das für sein Land von größter Bedeutung sein könnte.«[82] *The Bangkok Times*, in britischer Hand, erklärte, dass die Reise es Siam ermöglichen würde, »mit Zuversicht den Weg des Fortschritts voranzuschreiten, ohne dass jede ihrer Bemühungen durch die Androhung von Ultimaten« seitens imperialistischer Aggressoren gelähmt würden.[83] Prinz Svasti Sobhana, der für die Organisation des Unternehmens verantwortlich war, hatte erfolgreich darauf gedrängt, dass der siamesische Hof zunächst »andere Länder« besuchen sollte, da ein »guter Empfang« dort Paris keine andere Wahl lassen würde, ihrem Beispiel zu »folgen«.[84] Chulalongkorn reiste zuerst nach St. Petersburg, da er sich mit Nikolaus II. angefreundet hatte, als dieser 1891, noch als Kronprinz, Bangkok besucht hatte, und Russland als ideale Bündnismacht im Kampf um Erhalt der siamesischen Souveränität betrachtete. Nikolaus II. erinnerte in seiner Tischrede beim Staatsbankett an seinen Empfang in Siam und dankte Chulalongkorn »für all die Freundlichkeit«, die ihm während seines Besuchs entgegengebracht worden war.[85] Im Gegenzug versicherte Chulalongkorn dem Zaren, dass sein »Besuch in Siam noch immer frisch in unseren Herzen« sei: »Alle unsere Menschen erinnern sich mit größter Freude an diese Tage und wir betrachten Sie als unseren treuen und mächtigen Freund.« In London unterzeichnete er den anglo-siamesischen Vertrag, der die Souveränität seines Landes garantierte. In Berlin hingegen erhielt er keine Garantien für die Unabhängigkeit Siams, da man im Deutschen Reich wenig Interesse an Südostasien hatte, wurde jedoch auch hier gefeiert. Am Ende ließen diese Besuche, die Siams freundschaftliche Beziehungen zu den Großmächten Europas zum Ausdruck brachten, dem französischen Präsidenten Félix Faure, der über eine Annäherung Siams an Russland und Großbritannien besorgt war, keine andere Wahl, als Chulalongkorn einen einem Monarchen würdigen Empfang zu bereiten. »Offiziell«, beobachtete der Pariser Korrespondent der *Times*, »tut dieses Land alles in seiner Macht stehende, um ihn zufrieden zu stellen, aber man kann sagen, dass der offizielle Empfang vielleicht nicht so prunkvoll ausgefallen wäre, wenn das Echo des schillernden Empfangs durch den Monarchen von England nicht durch die Hallen des französischen Außenministeriums gehallt hätte.«[86] Chulalongkorn bemerkte, dass im Laufe seines »Aufenthalts in Frankreich die Menschen von Tag zu Tag zuvorkommender und liebenswürdiger werden«, obwohl keine bedeutenden politischen Vereinbarungen ausgehandelt wurden.[87] Der Empfang in der französischen Hauptstadt war so herzlich, dass der siamesische Monarch beschloss, am Ende seiner Reise zurückzukehren; der zweite Aufenthalt war jedoch deutlich kühler. Tatsächlich hatte Frankreichs Außenminister Gabriel Hanotaux sich im Vorfeld des Besuches über den Wunsch des siamesischen Hofes erbost gezeigt, einige der Zugeständnisse neu zu verhandeln, die Siam Frankreich im Vertrag von 1893 zugesichert hatte. Eine »Unverschämtheit, die man nicht einmal von einer südamerikanischen Republik tolerieren könnte, kann man erst recht nicht Siam durchgehen lassen«, schäumte er über den Vorstoß »dieses kleinen orientalischen Königreichs«.[88] Verfechter einer französischen Übernahme Siams – wie etwa Frankreichs glühend-imperialistischer Konsul in Bangkok, Raphaël Réau, der den »glänzenden und unsinnigen Empfang« in Paris anprangerte – waren außer sich.[89] *Le Temps* ließ es sich nicht nehmen, Chulalongkorn daran zu erinnern, dass Siam nicht Japan, sondern nur ein schwacher Pufferstaat sei.[90] Dennoch mäßigten sich die Franzosen, die zu dieser Zeit mit

der Annektierung Madagaskars beschäftigt waren, letztendlich in ihrer Haltung gegenüber Siam. Bangkok gelang
es, das französische Weltreich auf Distanz zu halten. Erst
1907, kurz bevor Chulalongkorn zu seiner zweiten Europareise aufbrach, zwang Paris Bangkok schließlich endgültig zu territorialen Zugeständnissen. In einem am 22. März
1907, nur wenige Tage vor der Abreise des Monarchen,
unterzeichneten Vertrag wurde Siam gezwungen, drei öst-
liche Provinzen im Austausch für einige kleinere Gebiete
an die Franzosen abzutreten. Der Besuch von 1907, wenngleich offiziell privater Natur, war auch ein Versuch, in
Europa Unterstützung gegen eine vollständige Eroberung
Siams zu mobilisieren.[91]

Auch Hawai'i, ein christliches Land und die erste kon-
solidierte außereuropäische konstitutionelle Monarchie,
kämpfte angesichts der Expansionspolitik der drei Großmächte im Pazifik – Großbritannien, Frankreich und die
Vereinigten Staaten – ebenfalls um den Erhalt seiner Unabhängigkeit.[92] Die hawaiianischen Eliten führten eine moderne Bürokratie ein, in der viele Ämter mit westlichen
Beamten besetzt wurden, reformierten ihre Armee und er-
richteten ein umfangreiches globales Netz diplomatischer
Vertretungen, das schließlich nicht weniger als neunzig
Gesandtschaften und Konsulate umfasste. Honolulu blieb
von ungleichen Verträgen verschont; tatsächlich wurde
Hawai'i selbst zur Kapitulationsmacht – in Japan 1871 und
in Samoa 1887. Im Laufe des neunzehnten Jahrhunderts
erlitt Hawai'i jedoch auch mehrere Angriffe auf seine Souveränität – 1839 besetzten französische Truppen das Königreich vorübergehend; 1843 übernahmen britische Kräfte
kurzzeitig die Kontrolle über die Regierung – und schließlich wurde das Land 1898 nach einem Aufstand weißer
Siedler von den Vereinigten Staaten annektiert und die Monarchie abgeschafft.[93] Der Hof von Hawai'i versuchte, ge-

nau wie die anderer unabhängiger Staaten, royale Reisen nach Europa dazu zu nutzen, um ihre Unabhängigkeit als souveräner Staat zu untermauern. Insgesamt schloss der hawaiianische Hof jedoch im Gegensatz zu den anderen außereuropäischen Besuchern während der Aufenthalte in den Hauptstädten Europas keine Verträge ab. Das einzige nennenswerte Abkommen, das auf Kalākauas Reise im Jahr 1881 unterzeichnet wurde, war ein dürftiger Freundschafts- und Handelsvertrag mit Portugal, zu der Zeit eine weltpolitisch unbedeutende Kleinmacht.

Johor, vielleicht die schwächste Monarchie in dieser Reihe, war mit der holländischen Kolonialmacht, die über das benachbarte Niederländisch-Ostindien herrschte, und mit dem Britischen Empire, das nach der Ankunft von Stamford Raffles in Singapur im Jahr 1819 eine komplexe Kolonialherrschaft in Malaya errichtet hatte, konfrontiert. Im Laufe des neunzehnten Jahrhunderts untergrub das Britische Empire, das im anglo-johorischen Vertrag von 1885 Transitrechte für den Handel, Kontrolle über die Außenbeziehungen des Landes und extraterritoriale Rechte erlangt hatte, schrittweise die Souveränität Johors. Die Regierung des Sultanats unter Temenggong Daeng Ibrahim und nach ihm seinem Sohn Temenggong (später Seri Maharaja, Maharaja und Sultan) Abu Bakar führten weitreichende innere Reformen durch, die unter anderem den Aufbau einer modernen Staatsbürokratie und die Einführung einer Verfassung umfassten, um so eine vollständige Kolonisierung – das Schicksal der anderen malaiischen Staaten – zu verhindern. Die Europareisen Abu Bakars erwiesen sich als entscheidend im Kampf um den Erhalt der johorischen Souveränität.[94] Der Besuch von 1866, bei dem keine offiziellen Verträge geschlossen wurden, bewog Abu Bakar 1868 dazu, den Titel »Maharadscha« anzunehmen. Während seines Besuchs im Jahr 1885, seiner politisch wichtigsten Reise, unterzeichnete er in London den anglo-johorischen Vertrag. Obwohl dieser eine britische Einfluss-nahme in die inneren Angelegenheiten Johors zuließ, be-kräftigte er dennoch grundsätzlich die Souveränität des Staates. Darüber hinaus wurde Abu Bakar nach den Ver-handlungen in London als »Sultan« von Johor anerkannt. Johors formelle Souveränität wurde auch in eindrucksvol-ler Weise bestätigt, als ein Londoner Gericht sich 1893–94 weigerte, Abu Bakar, ein notorischer Frauenheld, straf-rechtlich zu verfolgen, als eine Engländerin, Jenny Mighell, ihn verklagte, weil er ein Verlobungsversprechen gebro-chen hatte, das er ihr unter dem Namen Albert Baker gege-ben hatte, mit der Begründung, dass er als Souverän volle Immunität genösse.[95] »Die britische Öffentlichkeit wurde rücksichtslos einer Sensation beraubt«, spottete *The Straits Times* in Singapur: »Die Aussicht, dass ein regierender Souverän eines unabhängigen Staates von einer englischen ›Miss‹ wegen Bruchs des Eheversprechens verklagt wird, ließ wunderbare Geschichten erahnen. Diese werden nun durch ein Theorem des Völkerrechts aufgelöst und zer-stört, was der enttäuschten Jungfrau ihre Anhörung und der britischen Öffentlichkeit das Spektakel eines orientali-schen Souveräns vor Gericht vermasselt.«[96] Am Ende ver-lor Johor den Kampf um seine Souveränität; 1914 wurde das Land britisches Kronprotektorat.

Andere außereuropäische monarchische Staaten, die wäh-rend des neunzehnten Jahrhunderts lange um den Erhalt ihrer Unabhängigkeit rangen, denen es aber letztendlich nicht gelang, diese zu behaupten – darunter Afghanistan (vor 1879), Burma (vor 1886), Madagaskar (vor 1897), Ton-ga (vor 1900), Korea (vor 1910) und Marokko (vor 1912) –, erwiesen sich im Gegensatz zu denen Hawai'is und Johors als zu zögerlich oder zu schwach, um eine Politik der glo-balen Monarchenbesuche zu betreiben.

Die einzigen Monarchen außereuropäischer Staaten, die während des imperialen Zeitalters ihre Unabhängigkeit bewahrten, sich jedoch nicht nach Europa begaben, waren die Herrscher Chinas, wo der Qing-Hof – unter der mächtigen Kaiserinwitwe Cixi, die die Regentschaft ihres Sohnes, des Tongzhi-Kaisers, und später ihres Neffen, des Guangxu-Kaisers, hinter den Mauern der Verbotenen Stadt kontrollierte – zögerte, sich der Außenwelt zu öffnen; Äthiopiens, wo der salomonische Hof von Yohannes IV. und Menelik II. zwar den Kontakt zu den Monarchen Europas suchte, aber zu schwach war, um große Reisen ins Ausland zu organisieren; und Japans, wo der Meiji-Kaiser, auch wenn er nun begann, innerhalb seines eigenen Landes zu reisen, sich dafür entschied, an seiner Stelle seine Prinzen nach Europa zu entsenden. (Der erste äthiopische Monarch, der Europa besuchte, war 1936, nach der italienischen Invasion, Haile Selassie, der als Regent bereits 1924 den Kontinent bereist hatte; der erste japanische Monarch, der Europa besuchte, war 1971 der Shōwa-Kaiser, Hirohito, der bereits als Kronprinz 1921 dorthin gereist war.[97])

Der japanische Hof war in vielerlei Hinsicht am erfolgreichsten darin, sich dem westlichen Imperialismus zu widersetzen. Tokio erlitt in der Mitte des neunzehnten Jahrhunderts einige schmerzhafte Interventionen in seine inneren Angelegenheiten. Die berühmt-berüchtigte Ankunft des amerikanischen Marineoffiziers Commodore Matthew Perry in der Edo-Bucht im Jahr 1854, welche zur Kanagawa-Konvention führte, resultierte in der Öffnung japanischer Häfen für den Handel mit den Vereinigten Staaten. Die Führer des Tokugawa-Shogunats, die Militärregierung der Edo-Zeit, unterzeichneten in den folgenden Jahren widerstrebend eine Reihe ungleicher Verträge mit den britischen, französischen, niederländischen und russischen Großmächten, die diesen extraterritoriale Rechte gewährten, aber territoriale Verluste verhindern konnten.[98] Die ausländische Einflussnahme führte zu Unruhen im Inneren. Das Tokugawa-Shogunat wurde 1868 gestürzt und die Macht des kaiserlichen Hofes wiederhergestellt. Die Führer der Meiji- (»aufgeklärte Herrschaft«)-Restauration betrieben eine Politik weitreichender und rascher Reformen, die die aller anderen außereuropäischen Staaten in den Schatten stellte. Die Armee wurde modernisiert, die Wirtschaft industrialisiert und der Staatsapparat zentralisiert. Tokio, nach Jahrhunderten des Isolationismus, begann gleichzeitig Beziehungen zu den Mächten Europas aufzubauen, vor allem zum Britischen Empire, mit dem 1902 die anglo-japanische Allianz geschlossen wurde. Japans spektakulärer militärischer Sieg über das zaristische Russland 1905 demonstrierte der Welt mit aller Wucht dessen Status als Großmacht. Der Aufstieg Japans wurde auch durch royale Diplomatie geebnet.[99] Doch im Gegensatz zu den Monarchen anderer außereuropäischer Mächte konnte sich der Meiji-Kaiser, Mutsuhito, nie dazu durchringen, sein Herrschaftsgebiet zu verlassen. Die häufigen Besuche japanischer Prinzen in Europa festigten jedoch die politischen, wirtschaftlichen und militärischen Bündnisse mit den europäischen Großmächten.

Kapitel 2:
Europas Politik
des monarchischen Zeremoniells

Das Zeremoniell, das den außereuropäischen royalen Gästen in Europa zuteil wurde, unterschied sich nicht wesentlich von dem, welches gewöhnlich europäischen Monarchen geboten wurde. Obwohl es im neunzehnten Jahrhundert keine allgemeingültigen protokollarischen Regeln für Monarchenbesuche gab, so hatten sich im Laufe der Zeit wesentliche zeremonielle Prozesse durch wiederholtes Handeln – unter Berücksichtigung von Präzedenz und Relationalität – herausgebildet, und die europäischen Höfe nutzten diese auch beim Empfang von Monarchen außerhalb Europas.[100]

Natürlich kamen bei der Vorbereitung zunächst immer wieder Fragen nach dem höfischen Protokoll der illustren fremden Gäste auf. Nach der Ankündigung des Besuchs von Sultan Abdülaziz im Jahr 1868 beispielsweise notierte der britische Außenminister Lord Stanley in seinem Tagebuch: »Nachricht, dass der Sultan nach England kommt – das erste Mal seit Bestehen der Türkei. Keine Ahnung, was wir mit ihm machen sollen.«[101] Richard Lyons (Lord Lyons), Londons Botschafter an der Hohen Pforte, wies seinen Botschaftssekretär Lionel Moore an, sich nach Paris zu begeben, wo der Sultan zuerst empfangen wurde, um die dortigen zeremoniellen Vorkehrungen zu erkunden: »Sie werden sorgfältig die französische Etikette in Bezug auf den Sultan, den ihn begleitenden Prinzen und die verschiedenen Mitglieder der Suite beobachten; ebenso wie die ihnen entgegengebrachten Ehrungen und Aufmerksamkeiten.« Auch über die Sitten der Besucher sollte berichtet werden: »Übermitteln Sie auch die Gewohnheiten und Vorlieben des Sultans und die Eindrücke, die Frankreich auf ihn gemacht haben, soweit sie für die Vorkehrungen für sein Wohlergehen und seine Befriedigung in England nützlich sein könnten.«[102] Kurz darauf schrieb Edmund Hammond, Unterstaatssekretär für auswärtige Angelegenheiten im britischen Außenministerium, im Namen des Hofes an Henry Wellesley (Lord Cowley), den Botschafter der Queen in Paris, um sich nach den Bräuchen des Gastes zu erkundigen: »Hält er sich bei der Verwendung einer Toilette an die europäischen Gebräuche oder sollen hier andere Vorkehrungen getroffen werden? Werden seine eigenen Leibwächter ihn bewachen oder dienen sie nur der Show; werden sie ihn begleiten, wenn er ausfährt?«[103] Hammond erkundigte sich auch nach den Essgewohnheiten des Sultans: »Wird er von seinem eigenen Koch versorgt« und »speist er allein oder mit seinen Prinzen oder mit anderen Mitgliedern seiner Suite?« Die Informationen seien von entscheidender Bedeutung, erklärte er, da im Büro des Lord Chamberlain (Hofmarschalls) »Ratlosigkeit und Zweifel« über die Arrangements für den osmanischen Gast herrschten. »Sie sind dort sehr neugierig«, erklärte er, »um im Hinblick auf ihre eigenen Vorbereitungen herauszufinden, welche Vorkehrungen im Elysée-Palast für den Empfang des Sultans getroffen werden.«

Alle Fragen wurden bald geklärt. Am Ende wurden nur kleinere Sondervorkehrungen getroffen. Spencer Ponsonby, aus dem Büro des Lord Chamberlain, berichtete, dass John Cowell, Chef des königlichen Haushalts der Queen, einige kleinere Umgestaltungen der Appartements, die dem Sultan im Buckingham Palace zur Verfügung gestellt wurden, in die Wege geleitet habe: »Er berichtet, dass die Wasserklosetts & andere Einrichtungen dieser Art nun gemäß den Ratschlägen, die wir zu diesem Thema hier von Personen bekommen konnten, die mit dem orientalischen Leben vertraut sind, fertiggestellt wurden.«[104] Insgesamt ähnelten die für den Besuch des Sultans getroffenen Arrangements jedoch, ebenso wie in Paris, denen, die gewöhnlich für den Besuch eines europäischen Monarchen getroffen wurden. Lord Lyons hatte schon früh Edmund Hammond in einem Memorandum erklärt: »Es ist nicht erwünscht, dass in den für sie vorgesehenen Gemächern besondere Vorkehrungen getroffen werden außer solchen, die für einen europäischen Souverän getroffen würden. Es ist die Absicht der Gäste, sich den Zeiten, den Essgewohnheiten usw. ihrer Gastgeber anzupassen – zu Abendessen, Bällen usw. zu gehen wie Europäer.«[105] In der Praxis nahm der englische Hof den Aufenthalt Napoleons III. im Jahr 1854 zum Vorbild.[106] Der Besuch des Sultans schuf einen Präzedenzfall für die Empfänge anderer größerer außereuropäischer Monarchen in England.[107] Überall in Europas Hauptstädten kam es zu ähnlichen Diskussionen zwischen Hofbeamten, Staatsmännern und Diplomaten.

Im Allgemeinen wurden die zeremoniellen Vorkehrungen, die an einem Hof für einen außereuropäischen Herrscher getroffen wurden, durch dessen vorangegangene Empfänge an anderen europäischen Höfen und später auch durch die Vorkehrungen, welche für frühere Besuche im eigenen Land gemacht worden waren, bestimmt. Gleichzeitig bemühten sich die gekrönten Gäste bereits im Vorfeld ihrer Besuche, in Verhandlungen über das Zeremoniell einen möglichst glänzenden Empfang auszuhandeln.[108]

Insgesamt waren die Treffen nur möglich, da die europäischen Höfe außereuropäische Monarchen auf der Grundlage ihres sozialen Status als prinzipiell ebenbürtig anerkannten. Es war von entscheidender Bedeutung, dass die europäischen Höfe bereit waren, den royalen Status der Gäste über deren ethnische und geographische Herkunft

zu stellen – »crown above colour«, wie es David Cannadine einmal formulierte.[109] (Wir sollten nicht vergessen,
dass wir von einer Zeit sprechen, in der Menschen der
außereuropäischen Welt auf Völkerschauen in europäischen Zoos ausgestellt wurden.[110]) Die Europäer folgten
hierbei einer prä-rassistischen Wahrnehmung außereuropäischer Aristokraten, welche in die Zeiten vor der Aufklä-
rung zurückreichte. Natürlich hatten europäische exotisie-
rende Schriften, von Machiavelli bis Montesquieu, stets
auch die Alterität außereuropäischer Monarchen hervor-
gehoben; und doch wurden sie, ungeachtet davon, wie an-
dersartig ihre Körper oder weit entfernt ihre Reiche lagen,
als Monarchen anerkannt. Die monarchische Ordnung galt
als universal.

Die Europäer unterschieden zu einem gewissen Grad
zwischen dem (fremden) physischen Körper und dem (royalen) symbolischen Körper des Souveräns. Ernst Kantorowicz – der das im politischen Denken des Mittelalters
verwurzelte Wesen des Königtums in Europa untersuchte –
wies bekanntermaßen auf die konzeptionelle Dichotomie
zwischen dem sichtbaren natürlichen Körper (*body natu-
ral*) des Monarchen, der physische Eigenschaften hat, lebt
und stirbt, und dem unsichtbaren symbolischen politischen
Körper (*body politic*) des Monarchen, der, die Unveränder-
lichkeit der politischen Ordnung repräsentierend, unsterb-
lich ist und, die Zeit überdauernd, auf dessen Nachfolger
übergeht, hin.[111] Die »Fiktion von den ›zwei Körpern des
Königs‹« war im Wesentlichen, wie Kantorowicz feststellte, »die einfache Unterscheidung zwischen einem Menschen und seinen Ämtern«, welche, wenngleich im Kern
ein christliches Konzept, sich zu einem gewissen Grad in
die klassische Antike zurückverfolgen lässt.[112] Die europäische Vorstellung vom Königtum, die während der Besuche
außereuropäischer Monarchen zum Ausdruck kam, war in

gewisser Weise ähnlich, da der fremde Gast als Monarch und nicht nur als Mensch gesehen wurde. (Es ist in diesem Zusammenhang auch erwähnenswert, dass dieselbe Beobachtung auch im Fall von Geschlecht gemacht werden kann, da es sozial-politischer Status war und nicht das biologische Geschlecht, der die mächtige Position von Monarchinnen wie Queen Victoria bestimmte, und auch im Fall von Alter gilt, da auch Kinder, ungeachtet ihres biologischen Alters, aufgrund ihres sozial-politischen Status zu Monarchen gekrönt werden konnten.)

Darüber hinaus ist es erwähnenswert, dass, wie Ernst Kantorowicz zeigte, die Idee der »zwei Körper des Königs« besonders in der Abwesenheit wirklicher physischer Macht relevant war – etwa im Interregnum nach dem Tod eines mächtigen Monarchen –, um die politische Ordnung zusammenzuhalten.[113] Ähnlich war solch ein Prinzip in der Welt der schwachen außereuropäischen Monarchen, die im Vergleich zu den europäischen Großmächten kaum echte physische Macht besaßen (und deren physischer Körper im rassistischen Weltbild vieler Europäer als minderwertig galt), besonders relevant.

Die relative Bedeutungslosigkeit des physischen Körpers wurde beispielsweise deutlich, als Queen Victoria in ihrem Tagebuch über ihr Treffen mit Queen Emma von Hawai'i festhielt: »Die Dame sieht eher wie eine unzivilisierte Wilde aus, ist aber, ganz im Gegenteil, eigenartig zivilisiert & guter Manieren, sehr angenehm & klug.«[114] Wenige Jahre später bestand Prince Albert, der Prince of Wales (später Edward VII.), darauf, König Kalākaua Vorrang vor dem deutschen Kronprinzen Friedrich zu geben, und konterte dabei Berlins Einwände gegen eine Präzedenz von Status über Ethnizität mit den Worten: »Entweder ist der Rohling ein König oder er ist ein gewöhnlicher schwarzer Nigger und wenn er kein König ist, warum ist er dann hier?«[115]

Darüber hinaus gab es im neunzehnten Jahrhundert, trotz der Nationalisierung der europäischen Monarchien nach dem Wiener Kongress, noch eine gewisse Solidarität unter Monarchen, ein Phänomen, das als »Bruderschaft der Monarchen« oder »royaler Kosmopolitismus« beschrieben wurde.[116] Grundsätzlich profitierten die außereuropäischen Gäste hiervon, unabhängig von der Schwäche und Fremdartigkeit des von ihnen repräsentierten Landes.

Außerdem war nicht unbedeutend, dass viele der außereuropäischen Gäste aus Ländern kamen, deren Einwohner nicht zu den »Völkern ohne Geschichte« gerechnet wurden und die als alte Monarchien galten.[117] Europäische Denker, von Xenophon bis Gibbon, hatten zwar immer auch die Alterität der außereuropäischen Königreiche betont, aber dennoch ihren Status als alte Monarchien nie in Frage gestellt. Natürlich gab es kleine Abweichungen. Das Persien der Qajaren wurde beispielsweise gewöhnlich als Nachfolger des antiken persischen Großreichs – das in den klassischen und theologischen Schriften, mit denen die jungen aristokratischen Eliten Europas im neunzehnten Jahrhundert aufwuchsen, als Hochkultur galt – anerkannt, während dies etwa beim hawaiianischen oder beim siamesischen Königreich so nicht der Fall war. Insgesamt repräsentierten die meisten außereuropäischen Staaten jedoch eine jahrhundertealte monarchische Kultur.

Und schließlich wurde die europäische Bereitschaft, den Gästen einen royalen Empfang zu bereiten, zusätzlich häufig durch politisches Interesse verstärkt, da viele von ihnen – insbesondere die Großmächte Großbritannien, Russland und Frankreich – um politischen, militärischen und wirtschaftlichen Einfluss in der Welt außerhalb Europas konkurrierten. Innenpolitische Interessen der Europäer konnten hier, wie eingangs erwähnt, auch relevant sein.

In der Konsequenz wurde den reisenden Monarchen während ihrer Aufenthalte ein europäisches Zeremoniell geboten. Die Besuche begannen gewöhnlich mit dem offiziellen Empfang am Bahnhof. Könige reisten mit modernen Transportmitteln wie Eisenbahn und Dampfschiff, womit sie ihre Autorität in einer modernen Welt demonstrierten.[118] Der Einzug in die (und später der Auszug aus der) Stadt erfolgte in der Kutsche, (erfundene) Tradition symbolisierend, begleitet von einer Ehrengarde. Sultan Abdülaziz etwa war hocherfreut, als ihm 1867 dieselbe royale Kalesche bereitgestellt wurde wie bei den kurz zuvor stattgefundenen Besuchen des Zaren und des preußischen Königs – die imperiale Kutsche aus der Zeit Ludwig XIV. (Abbildung 3).[119] Die großen Boulevards der europäischen Hauptstädte waren in der Regel mit den Nationalfarben und den Nationalflaggen der Gäste geschmückt – Ausdruck ihrer dynastischen Legitimität und staatlichen Souveränität. Auch die Wappen der Gäste waren Teil der zeremoniellen Ikonographie. Die Besucher wurden gewöhnlich in Palästen bewirtet, gefeiert und untergebracht.

Im Zentrum der Aufenthalte standen die offiziellen zeremoniellen Empfänge durch die europäischen Monarchen. Durch die persönlichen Treffen konnten auch zwischenmenschliche Bindungen zwischen Gast und Gastgeber entstehen. Das schönste Beispiel hierfür ist die Begegnung zwischen Königin Emma von Hawaiʻi und Queen Victoria am 9. September 1865 auf Schloss Windsor. Victoria notierte in ihrem Tagebuch: »Nach dem Mittagessen empfing ich Königin Emma, die verwitwete Königin der Sandwichinseln oder Hawaiʼi; traf sie auf dem Korridor & nichts könnte freundlicher und würdevoller sein als ihr Benehmen. Sie ist dunkel, aber nicht dunkler als eine Inderin, mit feinen Gesichtszügen & wunderbaren weichen Augen. Sie trug genau das gleiche Witwenkleid wie ich.«[120] Ebenso

ARRIVÉE DU SULTAN A PARIS.

Abbildung 3: Sultan Abdülaziz und Napoleon III. in Paris, 1867, Stich von 1868.

hingerissen schrieb Emma an König Kamehameha V.: »Ich bin eben aus Windsor Castle zurückgekehrt, wo die Queen mich äußerst liebenswürdig, äußerst schwesterlich empfangen hat.«[121] Victoria lud Emma ein, zurückzukehren und über Nacht in Windsor zu bleiben; anschließend hielt sie über die »gute Königin Emma« fest: »Sie war liebenswürdig, klug & freundlich, in allem, was sie sagte; sprach über ihr Land.«[122] Die verwitweten Königinnen wurden Freundinnen; es folgte ein lebenslanger Briefwechsel.[123] Einige Jahre später knüpfte die englische Queen auch eine besondere Freundschaft zu Sultan Abu Bakar, mit dem sie sich nach einem Abendessen 1891 stundenlang unterhielt.[124] Abdülaziz schloss eine Freundschaft mit Franz Joseph I., über den er später sagte, er sei der einzige Herrscher Europas gewesen, der ihn auf seiner Reise »wie einen Bruder« be-

handelt habe.[125] Ebenso befreundete sich Zarewitsch Nikolaus bei seinem Besuch in Siam 1891 mit Chulalongkorn.
Nach seiner Ankunft in Russland 1897 berichtete der siamesische König in einem seiner Briefe nach Hause von der herz-
lichen Begrüßung, die er am Hofe seines Freundes, nun Zar
Nikolaus II., erhalten hatte: »Die Mutter des Zaren nennt
mich sogar ›mein Sohn‹ und ich sagte ihr, dass sie wie meine
Mutter sei. Sie gibt mir jeden Tag einen Kuss und heute
fühle ich mich wirklich wie ihr Sohn, also habe ich ihr
meine Wange zum Kuss geboten.«[126] Der siamesische Monarch notierte stolz, dass der Zar »mich wie einen Verwandten behandelt« habe, und beschrieb den Besuch als »eines
der glücklichsten und angenehmsten Ereignisse meines
Lebens«.[127] Die während der Begegnung aufgenommenen
Fotografien der Monarchen, die mit ihrer Zurschaustellung
von Zuneigung, Informalität und Intimität Familienbildern
ähnelten, veranschaulichen das Band ihrer Freundschaft (Abbildung 4). Die Bilder waren natürlich auch von politischer
Bedeutung. Chulalongkorn wollte offenbar sogar eines
davon in allen Ländern, die er besuchen sollte, vorab ver-
öffentlichen, um so der Welt zu zeigen, dass er ein legitimes
Mitglied der globalen Gemeinschaft der Monarchen war.

Die Besuche boten den Gästen Gelegenheit, bei Garten-
festen und Soireen, Banketten und Galadinnern, Opern-,
Ballett-, und Theateraufführungen mit den adeligen Eliten
Europas zu verkehren.[128] Bei solchen Anlässen trafen sie
häufig auch auf andere ausländische Mitglieder royaler Familien. Vor allem größere Veranstaltungen wie Krönungen,
Thronjubiläen, Beerdigungen und Weltausstellungen boten
Foren für globale monarchische Begegnungen. Der osmanische Sultan nahm 1867 an der Preisverleihung auf der
Weltausstellung im Pariser Palais de L'Industrie teil, wo er
auf einem Thron zwischen dem Kaiser und der Kaiserin
saß, umgeben von ausländischem Adel, unter anderem dem

Abbildung 4: König Chulalongkorn, Zarin Alexandra Feodorovna und Zar Nikolaus II. sitzen in der Mitte im Alexanderpalast, südlich von St. Petersburg, 1897. Der siamesische König ist eingehakt bei der jüngeren Schwester des Zaren, Großfürstin Olga Alexandrovna.

Khediven von Ägypten und Japans Tokugawa Akitake, Preußens Kronprinz Friedrich (später deutscher Kaiser) und Prinz Umberto von Italien (später italienischer König), den britischen Prinzen Albert und Arthur, dem Kronprinzen Willem der Niederlande und Italiens Prinz Amadeo (später kurzzeitig König von Spanien).[129] An seinem Abschiedsessen nahmen der König von Württemberg, der Großherzog von Sachsen-Weimar und Fürst Nikola I. von Montenegro teil.[130] Die Franzosen zelebrierten diese kosmopolitische royale Versammlung der Fürsten von Welt auf der Ausstellung später in verschiedenen Kunstwerken (Abbildung 5, Abbildung 6 und Abbildung 7), obwohl die in diesen Werken dargestellten Personen nie alle gleichzeitig an einem Ort anwesend waren.[131] Auch die persischen

Abbildung 5: Napoleon III. und seine gekrönten Gäste, darunter Sultan Abdülaziz und der Khedive Ismail, zu Pferd vor dem Triumphbogen in Paris, 1867, Ölgemälde von Charles Porion aus dem Jahr 1895 (Château de Compiègne).

Abbildung 6: Napoleon III., umgeben von seinen royalen Gästen auf der Weltausstellung, darunter, am unteren linken Rand, Sultan Abdülaziz, Khedive Ismail und, Japan repräsentierend, Tokugawa Akitake, Lithographie eines unbekannten Künstlers, 1867.

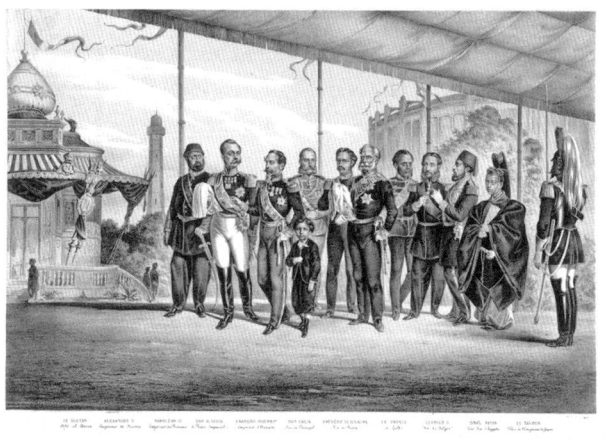

Abbildung 7: Napoleon III., umgeben von seinen royalen Gästen auf der Weltausstellung, darunter Sultan Abdülaziz, Khedive Ismail und, Japan repräsentierend, Tokugawa Akitake, Druck eines unbekannten Künstlers, 1867 (Musée Carnavalet).

Schahs bewegten sich bei höfischen Anlässen häufig in einem kosmopolitischen Milieu. Naser al-Din Schahs erster Besuch in England im Jahr 1873 beispielsweise fiel mit dem Aufenthalt des russischen Zarewitsch Alexander und seiner Frau Maria »Minnie« Feodorovna zusammen, während er im gleichen Jahr in Wien unter anderem mit Prinz Arnulf von Bayern, Prinz (später Kronprinz) Alexander der Niederlande und dem ehemaligen schwedischen Kronprinzen Gustav von Wasa verkehrte.[132] Der persische Monarch, der 1889 in England von einem Gartenfest, an dem auch Queen Victoria teilnahm, zurückkehrte, hielt stolz in seinem Tagebuch fest, dass dort »sämtliche Familien von Rang, die adligen und angesehenen Leute, Minister und Botschafter« versammelt gewesen waren.[133] Liliʻuokalani von Hawaiʻi notierte in ihren Memoiren über ein Gartenfest, an dem sie während der Feierlichkeiten zur Jubiläumswoche von Queen Victoria 1887 teilgenommen hatte: »Die Prozession zog über die Kieswege des Palastgartens, angeführt von der großen und guten Dame, deren Jubiläumsjahr wir feierten. Sie bestand aus Königen und Königinnen, Prinzen und Prinzessinnen aus den meisten Herrscherfamilien der Welt.«[134] Sultan Abu Bakar von Johor entwickelte sich dank seines Status und seines Reichtums, seiner Umgangsformen und seiner Sprachkenntnisse zu einer gefeierten Persönlichkeit in den kosmopolitischen aristokratischen Kreisen der Londoner Gesellschaft.[135] Auch Chulalongkorn verkehrte in den Hauptstädten Europas unter dem internationalen Adel.[136] Der britische Arzt von Saowapha, der Hauptkönigin Siams und dann Königinmutter, die Chulalongkorn 1897 nach Europa begleitet hatte, notierte in seinen Memoiren: »Ihre Kenntnisse über die überlebenden Königshäuser Europas waren erstaunlich umfassend. Sie kannte ihre Stammbäume viel besser als ich und sprach über einige der Personen fast so, als wären es ihre eigenen Verwandten.«[137]

Die Gäste trafen auch andere außereuropäische Fürsten – kolonisierte und nichtkolonisierte – in Europa. Lili'uokalani war anlässlich des Thronjubiläums von Queen Victoria 1887 beeindruckt von den Aristokraten, die aus Japan, Siam, Persien und Indien oder, wie sie es nannte, »der fernen Welt« angereist waren.[138] An dem Empfang, den sie und Königin Kapi'olani in London veranstalteten, nahmen Prinz Komatsu Akihito und sein Gefolge teil.[139] Chulalongkorn, der bei einem Teeempfang in Windsor auf indische Herrscher traf – darunter den Maharaja von Bikaner, Ganga Singh, und den Maharaja von Alwar, Jai Singh Prabhakar –, ließ es sich nicht nehmen, in einem Brief an seine Lieblingstochter, Prinzessin Nibha, auf den deutlichen Unterschied im Rang zwischen ihm als nichtkolonisierten Monarchen und ihnen hinzuweisen: »Sie standen in der Schlange und kamen nicht in unsere Zelte. Sie waren im selben Zelt wie die Diplomaten.«[140] Naser al-Din Schah begegnete 1889 in Paris Prinz Arisugawa Takehito, der sich, in Begleitung seiner Frau Maeda Yasuko, auf einer großen Reise durch den Westen befand, während Mozaffar al-Din Schah 1902 in Berlin auf Siams Kronprinz Vajiravudh und in Paris auf den ägyptischen Khedive Abbas II. und seinen jüngeren Bruder Mohammad Ali traf.[141] Zu den kolonisierten Monarchen, denen Naser al-Din Schah in Europa begegnete, gehörten 1873 der ehemalige Maharadscha des Sikh-Reiches, Duleep Singh, der 1854 abgesetzt und nach England verbannt worden war, und der Nawab Nazim von Bengalen, Mansur Ali Khan, der häufig London besuchte, um Streitfragen mit seinen Kolonialherren zu verhandeln. Naser al-Din Schah interessierte sich besonders für Dinah Salifou, den letzten König der Nalu im französischkontrollierten Westafrika, mit dem er sich 1889 in Paris mehrmals traf (und auch Geschenke austauschte); er beschrieb die Treffen als eine Begegnung »eines schwarzen Königs und eines weißen Königs« mit Bezug auf den physische Körper. »Der Schah begrüßte den Negerkönig, ›seinen Cousin‹, wie er sich selbst nannte, aufs Freundlichste«, berichtete *Le Petit Journal* und stellte fest, dass der persische Monarch »große Sympathie für seinen Cousin Dinah Salifou hegte«.[142] Naser al-Din Schah entwickelte während seiner Zeit in Europa ein gewisses Interesse an den Monarchien Afrikas. Er reagierte dabei überrascht, als er nach einem Gespräch mit einem französischen Kolonialbeamten erfuhr, dass der »König von Madagaskar eine Frau« sei, womit er sich auf Madagaskars letzte Monarchin, Königin Ranavalona III., bezog, die 1897 ihren Kampf gegen den französischen Imperialismus verlor (Abbildung 8).[143]

Über die Krönung von Zar Alexander III. im Jahr 1883, an der der persische Prinz Abd al-Samad (Ezz al-Dowleh), Naser al-Din Schahs Bruder, teilnahm, schrieb der persische Diplomat Mirza Reza Khan (Arfaʿ al-Dowleh) später in seinen Memoiren: »Die Krönung des Zaren war wahrhaftig glänzend. Aus allen Teilen der Welt waren Thronfolger mit ihren Frauen und Würdenträger nach Moskau gekommen, um ihre Glückwünsche zu überbringen.«[144] Er hob hervor, dass vor allem die außereuropäischen Gäste herausstachen:

Die Person, die die meiste Aufmerksamkeit auf sich zog, ein Spektakel, war der chinesische Vertreter Li Hong Chank [Li Hongzhang], der im Gegensatz zu den meisten Chinesen und Japanern außergewöhnlich groß war und bei den Chinesen aufgrund seiner Intelligenz, seiner Gerissenheit und seines Wissens hoch anerkannt war, so dass die chinesische Regierung ihn für wichtige Missionen auserkoren hatte. Auch die Russen zollten ihm außerordentlichen Respekt. An zweiter Stelle kam der Amir von Buchara, dessen Gewänder viel Aufmerksamkeit erregten, denn sie waren vollständig aus Buchara-Goldfäden gefertigt: Er trug eine lange Tunika, einen Turban, einen edlen Schal und seine Brust war mit den diamantenbesetzten Orden seines Landes bedeckt; er war der allgemeine Blickfang.

Bei einem von Henry Petty-Fitzmaurice, dem Marquess of Lansdowne, ausgerichteten Empfang in seiner Residenz am Berkeley Square im Sommer 1902 – als Edward VII. die Welt zur Feier seiner Krönung eingeladen hatte – befanden sich unter den Gästen unter anderem Prinz Komatsu Akihito aus Japan, Prinz Uiyang (Yi Jae-gak) aus Korea, Rās Makonnen aus Äthiopien und Prinz Ali bin Hamud aus dem britischen Protektorat Sansibar, der nach dem Tod

Abbildung 8: Madagaskars letzte Monarchin, Königin Ranavalona III., stehend neben einem Throntisch, ca. 1890, unbekannter Fotograf.

seines Vaters im Sommer der neue Sultan werden sollte.[145] Durch die Interaktion in diesen sozialen Milieus entstand unter den Besuchern ein Gefühl sozialer Zugehörigkeit, eine Art globales Klassenbewusstsein. Selbst eine gewisse royale Solidarität entwickelte sich.

Globale royale Solidarität zeigte sich besonders in Momenten, in denen monarchische Macht bedroht war. Europäische und außereuropäische Monarchen waren in ihrem Antircpublikanismus vereint.[146] Sie alle fürchteten die revolutionären Umtriebe ihrer Zeit. Am deutlichsten wurde dies bei den Reaktionen auf (geglückte und missglückte) Attentate und revolutionäre Taten. Als im Jahr 1867, während Abdülaziz in Paris weilte, die Nachricht von der Hinrichtung Maximilians von Mexiko eintraf, war die kosmopolitische Gemeinde der sich in der französischen Hauptstadt befindenden Monarchen in ihrer Trauer vereint.[147] »Auf die Erschiessung Maximilians hin«, bemerkte der Historiker Siegfried Kracauer später in seinem Opus über das Zweite Kaiserreich, »fielen sämtliche für den Sultan vorgesehenen offiziellen Festlichkeiten aus; um ganz davon zu schweigen, dass die Kunde aus Mexiko manche Souveräne in Unruhe versetzte.«[148] Die Beileidsbekundung des osmanischen Monarchen an Maximilians Bruder Franz Joseph I. veranlasste den Hof in Wien, ihn nach Österreich-Ungarn einzuladen. Naser al-Din Schah, der zu Beginn seiner Herrschaft selbst einen Attentatsversuch überlebt hatte, zeigte sich erschüttert, als er 1878 während seines Aufenthalts in Berlin die Nachricht vom versuchten Attentat auf Wilhelm I. (der zweite Anschlag in dem Jahr) bekam; und Mozaffar al-Din Schah reagierte 1900, nachdem er selbst gerade in Paris einem anarchistischen Attentatsversuch entkommen war, voller Mitgefühl, als er die Nachricht von der Ermordung König Umbertos I. von Italien erhielt.[149]

Natürlich gab es Nuancen bei den zeremoniellen Arrangements für die Besucher, wie man sie auch bei Monarchenbesuchen innerhalb Europas beobachten konnte. Diese waren von den politischen Interessen der Gastgeber bestimmt, die so subtil politische Botschaften übermitteln konnten. Entsprechend ihrer machtpolitischen Interessen versuchten die europäischen Hauptstädte regelmäßig, einander zu unterbieten, nachzuahmen oder zu übertrumpfen. Anlässlich des Besuchs des Sultans 1867 beispielsweise war London, bedacht darauf, seine Beziehungen zum Osmanischen Reich zu stärken, bestrebt, nicht von Paris übertroffen zu werden. »Es ist offensichtlich«, erklärte der Botschafter der Queen in der französischen Hauptstadt, Lord Lyons, in einem Brief an Außenminister Lord Stanley, »dass die französischen Behörden keine Anstrengung scheuen werden, den Sultan zufrieden zu stellen und seinem Besuch in Frankreich Glanz zu verleihen« und »dass die Franzosen ihn mit jeder möglichen Ehrung empfangen wollen«.[150] Edmund Hammond schlug Thomas Biddulph, dem Wirtschaftsverwalter (*Keeper of the Privy Purse*) der Queen, vor: »Ich denke, man sollte bedenken, dass wir in Sachen Prunk nicht mit Frankreich mithalten können, aber das, was man ihm zeigen kann, ist die Mächtigkeit der gesellschaftlichen & industriellen Welt dieses Landes, und den Fluss, die Bank & das Postamt«.[151] Auch Wien wollte dem Empfang des Sultans in Paris nicht nachstehen.[152] Als Chulalongkorn 1897 durch Europa reiste, sah sich Paris aufgrund der glänzenden Empfänge, die den Siamesen in ganz Europa geboten wurden, wie erwähnt, gezwungen, ein ähnlich prunkvolles Spektakel zu organisieren.[153] Anlässlich der Besuche des Schahs bemühten sich St. Petersburg und London, um Einfluss im Reich des Schahs wetteifernd, regelmäßig, die persischen Monarchen mit großem Pomp zu empfangen, da sie befürchteten, dass diese sonst unter den Einfluss des anderen geraten könnten. Großbritannien versuchte daher gewöhnlich, den Empfängen in Russland, wo die persischen Gäste normalerweise zuerst Halt machten, in nichts nachzustehen. Länder wie Deutschland, Österreich-Ungarn, Frankreich und Belgien hingegen versuchten bisweilen, einen weniger ausgefallenen Empfang zu organisieren als die beiden Großmachtrivalen.[154]

Auch das unterschiedliche politische Gewicht der Besucher war von Bedeutung. Dem Sultan von Johor und den Monarchen Hawai'is wurden beispielsweise gewöhnlich nicht die gleichen zeremoniellen Ehren erwiesen wie dem Sultan, den Schahs oder dem siamesischen König. Königin Kapi'olani und Prinzessin Lili'uokalani etwa wurden bei ihrer Ankunft in London nicht von einem Vertreter der königlichen Familie begrüßt.[155] Auch bei der Unterbringung konnten Unterschiede beobachtet werden. Der Sultan von Johor und die hawaiianischen Gäste mussten sich gewöhnlich mit Hotels zufriedengeben, im Gegensatz zu anderen Monarchen, die während des offiziellen Teils ihrer Besuche in Palästen untergebracht wurden. Abu Bakar war ein gerngesehener Gast im Londoner Bailey's Hotel.[156] König Kamehameha II. und Königin Kamāmalu residierten 1824 im Osborne's Hotel im Adelphi-Viertel Londons. Königin Emma 1865 und König Kalākaua 1881 wohnten im Claridge's. Königin Kapi'olani und Prinzessin Lili'uokalani checkten 1886 im Alexandra Hotel, Hyde Park Corner, ein. »Unsere Ärgernisse mit den raffgierigen Hoteliers Europas begannen nun. Uns wurden gnadenlos exorbitante Preise in Rechnung gestellt«, beklagte William Armstrong in seinem Tagebuch über die Reise seines Herrschers Kalākana:

> Die europäischen Hoteliers haben uns gnadenlos ausgenutzt. Ihre effektivste und raffinierteste Masche, dies zu tun, bestand darin, unsere Rechnungen zurückzuhalten, bis wir im Begriff waren abzureisen und es für den Kämmerer schwierig war, die Rechnungsposten zu überprüfen oder anzufechten. Für den Kämmerer, der sich dieser Angelegenheiten annahm, war die Stunde des Abschieds eine Zeit größten Gräuels. Appartements wurden in Rechnung gestellt, die wir nie bewohnt hatten; die Preise für solche, die wir bewohnt hatten, waren maßlos überzogen; Mengen an Wein wurden berechnet, die wir nie getrunken hatten; Rechnungen für Mahlzeiten und Bedienung waren so hoch, dass damit ein großes Gefolge hätte verpflegt werden können.[157]

Auch konnte sich das Zeremoniell für einen Besucher im Laufe der Zeit verändern. Diese Veränderungen können ebenfalls am besten im Fall der Unterkünfte beobachtet werden. Während beispielsweise Naser al-Din Schah während seiner Aufenthalte in England 1873 und 1889 Räume im Buckingham Palace gestellt wurden, musste sich Mozaffar al-Din Schah 1902 mit Marlborough House zufriedengeben. Tatsächlich hatten die Gastgeber zunächst Dorchester House vorgeschlagen, doch, wie Arthur Henry Hardinge, britischer Gesandter in Teheran, in seinen Memoiren berichtete, »dieser Vorschlag stieß bei den Persern auf Ablehnung, da dieses Gebäude, eines der schönsten in London, von einem afghanischen Prinzen – ich glaube Habibullah Khan – und einem etwas ungeschliffenen Gefolge, von dem es hieß, es habe auf den Sofas und besten Teppichen Schafe geopfert und zerlegt, bewohnt worden war«, und galt daher als »ungeeignet« für einen persischen Souverän.[158] Der afghanische Gast, der 1895 London besucht hatte, war in Wirklichkeit nicht Habibullah Khan, der damalige Kronprinz von Afghanistan, sondern sein jüngerer Bruder, Nasrullah Khan.[159] Afghanistan, dessen Außenpolitik unter der Kontrolle Londons stand, konnte keine unabhängigen royalen Missionen nach Europa entsenden. Die Reise des Prinzen, der seinen Vater, den »Eisernen Amir«, Abdur Rahman Khan, vertrat, fand unter strenger britischer imperialer Kontrolle statt. (Der erste unabhängige afghanische Herrscher, der Europa besuchte, war König Amanullah 1927–28). Der persische Hof war darauf bedacht, nicht wie ein unterworfener Prinz des Britischen Empire behandelt zu werden. Marlborough House, das König Edward VII. kürzlich für seinen Umzug in den Buckingham Palace geräumt hatte, stellte in gewisser Weise einen Kompromiss dar. Allerdings war es bei Weitem nicht so prachtvoll wie der Buckingham Palace, der dem Vater des Schahs geboten worden war.

Die Besuche von regionalen Potentaten aus dem Osmanischen Reich – Ahmad Bey von Tunis 1846 und Ägyptens Khedive Ismail, der 1867 zusammen mit seinem Monarchen, dem osmanischen Sultan, Europa bereiste – stellten die europäischen Höfe vor besondere Probleme, da man hier nicht sicher war, ob diese als Monarchen zu empfangen seien. Vor allem Ahmad Bey hatte Probleme. Als London darauf bestand, ihn nur nach einer offiziellen Vorstellung durch den osmanischen Botschafter – so wie jeden anderen gewöhnlichen osmanischen Untertanen – zu empfangen, sagte der Bey seinen Besuch bei der Queen kurzerhand ab.[160] Louis Philippe hingegen empfing ihn in Paris als gleichranging; der osmanische Botschafter in der französischen Hauptstadt, verärgert über den Besuch, weigerte sich, den tunesischen Gästen seine Aufwartung zu machen. Der Bey reiste letztlich in kein anderes europäisches Land. Der Besuch von Khedive Ismail führte zu ähnlichen Problemen. Diesmal zeigte sich London jedoch pragmatischer. Spencer Ponsonby, aus dem Büro des Lord Chamberlain, erkundigte sich vor dem Besuch beim Außenministerium, »ob der Pascha ein souveräner Fürst ist oder nicht«, da von der Klärung dieser Frage das durchzuführende Zeremoniell abhinge.[161] Außenminister Lord Stanley beschloss, den Khediven wie einen Monarchen zu behandeln: »Der Kaiser [von Frankreich] hat ihn nahezu wie ein gekröntes Haupt behandelt – und dies ist er *de facto*.«[162] Edmund Hammond kommunizierte die Antwort an Spencer Ponsonby: »Man muss schon sagen, dass er zweifelsohne in aller Strenge genommen kein souveräner Fürst ist, obwohl er ein größerer Mann ist als die meisten von ihnen und einer, dem wir sehr verpflichtet sind.« Doch in Bezug auf das grundlegende Zeremoniell könne der Hof »ihn als souveränen Fürsten« behandeln, wenngleich vermieden werden müsse, dies auszusprechen, da dies sonst einen Affront gegen den osmanischen Hof darstellen würde.[163] Der ägyptische Gast wurde im Dudley House untergebracht, einem prächtigen Herrenhaus in Mayfair.[164] Andere europäische Länder hingegen behandelten ihn gewöhnlich nicht wie einen eigenständigen Souverän.

Den europäischen Republiken – der Schweiz und ab 1870 Frankreich – kam bei den Besuchen von Monarchen natürlich eine Sonderstellung zu. Die französische Regierung griff allerdings bei den Empfängen auf Teile des royalen Zeremoniells des Zweiten Kaiserreichs Napoleons III. zurück. Naser al-Din Schah wurden 1873, als erstem gekrönten Gast der Dritten Republik, die kaiserlichen Eisenbahnwaggons, die ehemals für die Reisen Napoleons III. verwendet wurden, zur Verfügung gestellt; eine Unterkunft im Palais Bourbon, Ausdruck der monarchischen Vergangenheit, gestellt; und ein großes Galaessen im Spiegelsaal von Versailles, erstrahlt von Tausenden Wachskerzen, geboten.[165] Die junge Republik, dominiert von monarchistischen Eliten, nutzte die Gelegenheit begierig, um, nach der militärischen Niederlage gegen Preußen und den Wirren der Pariser Commune, französische Größe zu zeigen. Chulalongkorn war 1897 von seinem Besuch in Versailles stark beeindruckt und drückte sein Unverständnis darüber aus, dass Félix Faure sich mit dem Élysée-Palast zufriedengebe.[166] »Die Einzelheiten der Arrangements«, so berichtete die Presse, »wurden vom Protokoll sorgfältig ausgearbeitet, um beim Empfang von König Chulalongkorn den fast schon legendären Empfang der Botschafter seines Vorgängers durch Ludwig XIV. in Versailles nachzuahmen«, die schillernde siamesische Mission von 1686.[167] Die »Marseillaise«, Frankreichs revolutionäre Hymne, die zusammen mit den monarchischen Hymnen der Gäste intoniert wurde, war das einzige Element, das für viele Beobachter hervorstach.[168] Die Schweiz hingegen versuchte in der Regel nicht, Empfänge auszurichten, die denen der Monarchien entsprachen.

Kapitel 3:
Globale Höfe

Die gekrönten Gäste ihrerseits ließen sich in Europa nahezu voll auf die ritualisierte (europäische) Choreographie eines Staatsbesuches ein. Dafür gibt es verschiedene Gründe. Zunächst einmal hatten sie keine Probleme im Umgang mit höfischen Praktiken, die denen ihrer eigenen Höfe ähnelten. Es gab, wie erwähnt, zwischen Europäern und Nicht-Europäern beachtliche Überschneidungen in der höfischen Kultur. Auf der Grundlage eines gemeinsamen monarchisch-herrschaftlichen Zeichensystems war es den Akteuren so möglich, zu interagieren. Die Liste an Beispielen ist lang.

Die Jagd zum Beispiel bot den Gästen Gelegenheit, sich an den europäischen Höfen ohne Schwierigkeiten einzufügen. In den meisten Teilen der Welt waren Jagdausflüge eine beliebte Betätigung des Adels. Vor allem Mozaffar al-Din Schah beeindruckte die europäischen Höfe mit seinem Schießtalent, wenngleich einige missgünstige europäische Aristokraten später negative Bemerkungen über seine Treffsicherheit, die sie als vulgär abtaten, machten.[169] Die Jagd erwies sich nur für buddhistische Besucher als kulturelles Hindernis. So nahm Chulalongkorn in Europa an keiner Jagd teil. In einem seiner Briefe aus England beschrieb er die Fasanenjagd als etwas Fremdartiges, Exotisches, Barbarisches.[170] »Wie bedauerlich. Sie scheuen keine Mühen, um diese Vögel aufzuziehen und töten sie, wenn sie ausgewachsen sind«, bemerkte er und machte auch keinen Hehl aus seinem Unverständnis für die Jagd:

Ich habe mit einigen Leuten dort gesprochen. Manche hielten sie für grausam und bedauernswert. Andere sagten, Fasane würden als Nahrung gezüchtet ... Sie sind so zahm. Wie können Menschen sie abschießen? Sie verdienen unser Wohlwollen wie unsere anderen Haustiere. Wir sollten sie nicht töten. Wie können sie Tiere töten, die nicht einmal um ihr Leben rennen können. Unter Jagd versteht man hier das Abschießen von Wildtieren, die zu diesem Zweck gezüchtet werden. Sogar Großwild wird als Übungsziel herausgetrieben. Sie haben keine Möglichkeit zu fliehen. Es ist bedauerlich, selbst wenn wir die religiösen Lehren nicht berücksichtigen.

Auch brachte er einige Überlegungen zur Ethik der Kaninchenjagd in Europa zu Papier, die er als besonders irritierend empfand:

> Es gibt auch viele Kaninchen. Achthundert können an einem Tag mit vier Gewehren erlegt werden. Ich fragte, was sie mit so vielen getöteten Kaninchen machten, und mir wurde gesagt, dass sie an Krankenhäuser gegeben würden. Dies ist ein Akt der Nächstenliebe. Aber wenn ich darüber nachdenke, frage ich mich, wie sich das Töten und das Verschenken miteinander vereinbaren lassen. Wie werden eine wohltätige Tat und eine sündige Tat ausgeglichen? Wo wäre die Grenze? Wenn wir uns die Absicht ansehen, geht es ums Töten zum Vergnügen. Das Verschenken wirkt unecht, als würde man unerwünschte Dinge an einen Tempel spenden.

Chulalongkorn hatte auch kein Interesse, einen Stierkampf zu besuchen, den seine spanischen Gastgeber 1897 in Madrid für ihn organisierten.[171] Nachdem er zunächst aus religiösen Gründen Vorbehalte gegen eine Teilnahme geäußert hatte, nahm er am Ende nur aus Höflichkeit teil und verließ die Veranstaltung nach kurzer Zeit. Nichtsdestotrotz war die Jagd für die meisten adeligen Gäste eine Betätigung, die sie mit ihren Gastgebern teilten.

Auch der Austausch von Orden während Monarchenbegegnungen – eine gängige Praxis im Europa des neunzehnten Jahrhunderts – war den meisten Monarchen der Welt nicht fremd. Orden, die ihre Wurzeln in den europäischen Ritterorden des Mittelalters (und davor in den christlichen Orden) hatten, wurden zunehmend weltweit als Auszeichnung verwendet.[172] Während einige Orden im ursprünglichen Sinne des Wortes mit der Mitgliedschaft in einer Vereinigung verbunden waren, handelte es sich bei anderen lediglich um Auszeichnungen (wenngleich beide später als »Orden« bezeichnet wurden). Besondere Objekte materieller Kultur, in Form von Medaillen, Abzeichen, Kragen und Schärpen, die oft aufwendig aus kostbaren Edelsteinen, Metallen und Stoffen hergestellt wurden, waren Orden nicht nur Zeichen der Anerkennung, sondern auch Symbol sozialer und politischer Verbundenheit. (Es ist hier auch erwähnenswert, dass der Austausch von Orden auch unter den Eliten *innerhalb* der europäischen Kolonialreiche gängige Praxis wurde.[173])

Im Zeitalter des Imperialismus führten außereuropäische Höfe weltweit zunehmend Orden ein.[174] Der wichtigste Grund für dieses Phänomen war der Wunsch, am Austauschen von Orden mit den zunehmend hegemonialen europäischen Mächten teilnehmen zu können. Europäische und außereuropäische Monarchen tauschten Orden über diplomatische Gesandtschaften und, wichtiger noch, während royaler Begegnungen aus. Durch die reziproke Handlung wurden Bindungen zwischen den Höfen geschaffen. Der Brauch betraf nicht nur die Monarchen selbst, sondern umfasste auch die Mitglieder ihrer Höfe und Regierungsbeamte, darunter Staatsmänner und Diplomaten. Die außereuropäischen Höfe waren sich der europäischen Ordenshierarchien meist voll bewusst; die europäischen Höfe ihrerseits verbrachten viel Zeit damit, angemessene Orden für die Gefolges der reisenden Monarchen – entsprechend des jeweiligen Ranges – festzulegen. Der Historiker John Breen, der das Phänomen im Falle von Japans Außenbeziehungen untersucht hat, sprach von »ornamentaler Diplomatie«; für die reisenden Monarchen hatten sie sowohl eine politische als auch eine soziale Funktion.[175]

Die persischen Gäste brachten Truhen voller Orden mit nach Europa.[176] Medaillen, vergleichbar mit europäischen Orden, hatte es traditionell an den persischen Höfen nicht gegeben. Sie wurden erst in Folge der wachsenden Beziehungen der Qajaren zu Europa eingeführt. Eine der höchsten persischen Auszeichnungen, der *Sonnen- und Löwenorden* (*Neshan-e Shir va Khorshid*), wurde bereits im Jahr 1808 von Fath-Ali Schah gestiftet, zunächst mit der Absicht, damit ausländische Staatsmänner zu ehren.[177] Am Ende, während der Herrschaft Naser al-Din Schahs, hatte er fünf Klassen. Naser al-Din Schah schuf unter anderem den *Orden des Kaiserlichen Bildnisses* (*Neshan-e Temsal-e Homayuni*), einen Anhänger mit dem Porträt des Monarchen, der in Europa Souveränen verliehen wurde, und den *Allerheiligsten Orden* (*Neshan-e Aqdas*). Am Vorabend seines ersten Europabesuchs stiftete Naser al-Din Schah zudem den *Sonnen-Orden* (*Neshan-e Aftab*) für Damen. Persische Orden erfreuten sich in Europa großer Beliebtheit. Anton Chekhov verspottete in seiner Satire »Lev i Solntse« (»Löwe und Sonne«) die Gier des zaristischen Funktionärs nach dem *Sonnen- und Löwenorden* – »Er wußte, daß man, um diesen Orden zu bekommen, weder zu kämpfen noch eine Wohlthätigkeitsanstalt zu dotieren, noch sich im Gemeindedienste hervorthun brauchte, sondern daß dazu nur eine günstige Gelegenheit nötig war.«[178] Mark Twain, fasziniert von »der Miniatur des Schahs, in einem Bett aus Diamanten ruhend«, gestand 1873 in einer seiner Pressekolumnen: »Die Diamanten waren mir nicht so wichtig, aber ich hätte das Porträt sehr gern gehabt.«[179] Naser al-Din Schah erhielt im Gegenzug den belgischen *Leopolds-Orden* (*Leopoldsorde* oder *Ordre de Léopold*), den deutschen *Schwarzen Adlerorden* in Diamanten und sogar den Hosenbandorden, den *Order of the Garter*, Großbritanniens bedeutendstem Ritterorden. Als Mozaffar al-Din Schah während seines Englandbesuches im Sommer 1902 nur ein Portrait König Edwards, umrahmt von Brillanten, anstatt des Hosenbandordens erhielt, lehnte er dieses ab und verließ England tief gekränkt. Der Eklat führte zu ernsten Spannungen in den anglo-persischen Beziehungen; am Ende musste eine britische Sondergesandtschaft nach Teheran geschickt werden, um Mozaffar al-Din Schah den Orden doch noch zu überreichen.[180] Die Episode wurde genauestens im weit entfernten Tokio verfolgt, da der Meiji-Kaiser ebenfalls darauf drang, den Orden zu bekommen.[181]

1867 war bereits Sultan Abdülaziz der *Garter-Orden* verliehen worden.[182] Das traditionelle Zeremoniell der Verleihung des Ordens, bei dem der Sultan sein Schwert dem Bischof der St. George Chapel auf Schloss Windsor hätte übergeben müssen, musste modifiziert werden, um für den muslimischen Herrscher und Kalifen tolerierbar zu sein. Darüber hinaus musste bei dem Ritual, in dem das Wappen jedes neuen Mitglieds an der Wand der Kapelle angebracht wird, aufgrund des Fehlens eines osmanischen Wappenschildes, improvisiert werden; die Briten erfanden kurzerhand ein heraldisches Emblem für den Sultan, welches aus seinem kalligraphischen Monogramm (*tuğra*), gekrönt von der Federbusch- und Diamantbrosche, die er an seinem *Fez* trug, bestand. (Ein osmanisches Wappen wurde schließlich in den frühen 1880er-Jahren eingeführt.) Queen Victoria verlieh dem Sultan den Orden in einer Zeremonie auf der mit osmanischen Flaggen und Union Jacks geschmückten königlichen Yacht *Victoria and Albert* in Spithead (Ab-

74

Abbildung 9: Queen Victoria verleiht Sultan Abdülaziz den Hosenband-orden an Bord der Yacht *Victoria und Albert*, 17. Juli 1867, Aquarell von George Housman Thomas aus dem Jahr 1867.

bildung 9). Da der Sultan keine Breeches – eine Art der Kniebundhose – trug, legte er sich das Band einfach um die linke Schulter. Die Investitur war nicht unumstritten. Premierminister Edward Smith-Stanley (Lord Derby) hatte zunächst eine Verleihung des *Sterns von Indien* (*Star of India*) empfohlen. Da ihr der *Garter-Orden* als für Nichtchristen ungeeignet erschien, hatte die Queen zugestimmt. Abdülaziz bestand jedoch auf dem Hosenbandorden, da dieser 1856 bereits seinem Vorgänger, Sultan Abdülmecid, in Konstantinopel verliehen worden war. Victoria stimmte am Ende widerwillig zu, wobei sie in ihrem Tagebuch nach der Zeremonie vermerkte: »Habe dem Sultan den Garter gegeben, auf den er sich versteift hatte, auch wenn ich den Star of India, der eher geeignet ist für diejenigen die keine Christen sind, bevorzugt hätte.«[183] Sie stellte fest, dass der Sultan erfreut war und den Orden als »öffentliches Zeichen der Freundschaft & als persönliches Andenken« begrüßt hatte.[184] Protestantische Hardliner, die gegen Endes des Jahrhunderts an Einfluss am Hof gewannen, drängten immer stärker darauf, dass nur christliche Herrscher mit dem Orden ausgezeichnet werden sollten. Ein britischer Journalist bemerkte verächtlich: »Ein Orientale kann vielleicht kaum begreifen, wie großartig die Traditionen sind, die den ›George‹ umgeben, und wie leuchtend der historische Glanz ist, der auf ihn strahlt, wenngleich niemand umhin kann, die hohe Wertschätzung zu sehen, die er bei allen Souveränen genießt.«[185] Abdülaziz erhielt auch den *Königlichen Orden der Ehrenlegion* (*Ordre Royal de la Légion d'Honneur*) mit Brillanten, Frankreichs höchste Auszeichnung, von Napoleon III.[186] In Preußen verlieh er Wilhelm I. den *Osmani-Orden* (*Nişan-ı Osmani*) mit Brillanten, während er selbst den *Schwarzen Adlerorden* trug.[187] Franz Joseph I. überreichte er den *Mecidi-Orden* (*Nişan-ı Mecidi*) mit Brillanten und erhielt im Gegenzug den *Sankt-Stephans-Orden*, eine der höchsten habsburgischen Auszeichnungen.[188] Osmanische Orden wurden ein halbes Jahrhundert zuvor eingeführt, als Selim III. 1799 den *Orden des Halben Mondes* (*Hilal Nisani*) stiftete.[189] Während der *Mecidi-Orden*, benannt nach dem Sultan, 1851 von Sultan Abdülmejid gestiftet wurde, wurde der *Osmani-Orden*, benannt nach dem Gründer der Dynastie und gestaltet mit orientalistischen Motiven, 1862 von Sultan Abdülaziz eingeführt.

Chulalongkorn verlieh auf seinen Reisen durch Europa vor allem den *Sehr Erhabenen Orden des Königlichen Hauses Chakri* (*Khrueang Khattiyaratcha-itsariyaphon An Mi Kiattikhun Rung-rueang Ying Maha Chakkri Borommaratchawong*), oder kurz *Chakri-Orden*, der 1882 gestiftet worden war und nur Souveränen verliehen wurde. Vor Chulalongkorns Europareise von 1897 wurde er bereits Queen Victoria, Edward VII. (als Kronprinz), Alexander III.,

Nikolaus II. (als Kronprinz), Wilhelm I., Wilhelm II., Franz Joseph I., Umberto I. und Oscar II., Christian IX., Abdülhamid II. und dem Meiji-Kaiser verliehen. Während seines Aufenthalts in Europa gab Chulalongkorn ihn an Leopold II. in Belgien, Wilhelmina und ihre Mutter Emma in den Niederlanden, Vittorio Emanuele III. und Margherita in Italien, Alfonso XIII. und Maria Christina in Spanien, Carlos I. in Portugal, Georg V. (als Herzog von York) in England, Gustav V. (als Kronprinz) in Schweden und Frederik (als Kronprinz) in Dänemark. Der siamesische Hof hatte Mitte des Jahrhunderts ein royales Orden-System nach europäischem Vorbild mit Medaillen, Abzeichen, Kragen und Schärpen eingeführt.[190] Der französische Präsident Félix Faure, kein Angehöriger des Adels, erhielt den 1861 gegründeten *Sehr Hohen Orden des Weißen Elefanten* (*Khrueang Ratcha-itsariyaphon An Pen Thi Choetchu Ying Chang Phueak*), oder *Weißer Elefantenorden*, den er 1897 stolz während des großen Galadinners im Élysée Palast trug.[191] Chulalongkorn wurde im Gegenzug mit einigen der höchsten europäischen Orden geehrt.

Es war jedoch König Kalākaua von Hawai'i, der während seiner Besuche europäischer Höfe den exzessivsten Gebrauch von Orden machte.[192] William Armstrong behauptete in seinem Tagebuch sogar, die Verleihung von »militärischen Orden an ihn durch europäische Souveräne« wäre »einer der Gründe für seine Reise« gewesen.[193] Kalākaua betonte in seinen Briefen ihre soziale und politische Bedeutung an den europäischen Höfen. Er gab beachtliche Summen für die Anfertigung hawaiianischer Orden aus, allen voran des *Orden Kamehameha*s *I.*, die häufig in Europa hergestellt wurden, und leitete sogar für andere Zwecke vorgesehene staatliche Mittel dafür um. »Die einzig große Ausgabe, die wir auf uns nehmen müssen, dient dem Austausch von Orden mit den verschiedenen Nationen«, teilte er seinem Außenminister zu Beginn seiner Reise mit.[194] »Alle Bestrebungen nach einem Austausch werden von ihnen ausgehen, und es ist selbstverständlich, dass wir die Höflichkeit erwidern.« Die Ausgaben gerieten rasch außer Kontrolle. Schließlich sah sich der König während seines Aufenthalts in Europa gezwungen, seine Schwester Liliʻuokalani anzuweisen, »keine Orden mehr aus Paris zu bestellen«, da »sie jetzt in England sehr viel günstiger hergestellt werden als in Paris«.[195] Er führte außerdem ein ausgefeilteres Klassifizierungssystem für seine Orden ein, damit ausländische Würdenträger entsprechend ihres Ranges geehrt werden konnten.[196] In einem Brief an seinen Kanzler, Charles Coffin Harris, erklärte er, dass dies dazu beitragen würde, dass »unsere Orden und Abzeichen im Ausland wertgeschätzt werden« bei den Besuchen fremder Höfe. Hawaiianische Orden erfreuten sich in ganz Europa großer Beliebtheit. Der Palast in Honolulu hatte, wie alle anderen Höfe außerhalb Europas, Mitte des neunzehnten Jahrhunderts Orden eingeführt, zunächst den *Orden Kamehamehas I.*, der 1865 von Kamehameha V. gestiftet wurde, und später den *Orden Kalākauas*, der 1875 von Kalākaua eingeführt wurde.[197] Im Gegenzug erhielt Kalākaua einige glänzende europäische Orden, vom portugiesischen Großkreuz des *Ordens der Unbefleckten Empfängnis* (*Ordem de Nossa Senhora da Conceição*), den ihm König Luís I. von Portugal verlieh, bis zum deutschen *Roten Adlerorden*, den ihm Prinz Karl von Preußen überreichte. Queen Victoria verlieh ihm das *Knight Grand Cross* des *Ordens vom Heiligen Michael und Heiligen Georg* (*Order of St. Michael and St. George*) als Ehrenmitglied; begeistert schrieb er an seine Schwester: »die Ehre, die mir von Ihrer Majestät der Queen zuteil wurde, ist die höchste Ehre, die ich bisher erhalten habe.«[198] »Obwohl der König mit vielen Orden ausgezeichnet wurde, gab es keinen, nach dem er so ernsthaft strebte wie nach dem der britischen Queen«, notierte Armstrong in seinem Tagebuch.[199] Auffallend ist jedoch, dass die hawaiianischen Herrscher nie Orden von dem Range erhielten wie die Monarchen großer außereuropäischer Reiche, etwa der osmanische Sultan, die persischen Schahs oder der König von Siam. Ebenso wurde dem Sultan von Johor nie ein größerer europäischer Orden verliehen, mit Ausnahme des *Knight Grand Cross* des *Ordens vom Heiligen Michael und Heiligen Georg*, mit dem er 1876 im Rathaus von Singapur geehrt wurde.[200] Rās Makonnen, der vom äthiopischen Kaiser Menelik II. 1902 zur Krönung Edwards VII. nach Europa entsandt worden war, erhielt die Insignien eines *Knight Commander* des *Ordens vom Heiligen Michael und Heiligen Georg*.[201] Tatsächlich verstärkten die Unterschiede der verliehenen Orden die politischen (und zivilisatorischen) Hierarchien unter den von den Gästen repräsentierten Staaten.

Der Meiji-Kaiser ließ seine Orden von japanischen Prinzen an die Höfe Europas überbringen. Sein Hof hatte im Zuge der Meiji-Reformen ein Orden-System nach europäischem Vorbild eingeführt. Japans erster Orden, der *Orden der Aufgehenden Sonne* (*Kyokujitsu-shō*), wurde 1875 gestiftet. Der höchste Orden des Landes, der 1876 gegründete *Chrysanthemenorden*, wurde den meisten europäischen Monarchen (und, als Ausnahme, an Bismarck) verliehen. Zu den japanischen Prinzen, die japanische Orden an den europäischen Höfen überreichten, gehörte Prinz Komatsu Akihito, der auf seiner Reise von 1886–87 Kronprinz Edward (später Edward VII.) in Marlborough House die Insignien des *Chrysanthemenorden* verlieh.[202] Damit sollte die Haltung Großbritanniens bei der Abschaffung der Konsulargerichte in Japan honoriert werden.[203] Auf derselben Reise verlieh Komatsu Akihito den Orden auch Prinz Wilhelm (später Wilhelm II.) im Deutschen Reich.[204]

Wilhelm I. und Kronprinz Friedrich (später Friedrich III.) hatten ihn bereits früher erhalten. Prinz Arisugawa Takehito begab sich während seiner Reise 1897 auf eine besondere Mission nach Spanien, um dort König Alfonso XIII. bei einem Empfang im Miramar-Palast in San Sebastian die Insignien des *Chrysanthemenorden* zu überreichen.[205] Auch die Prinzen selbst wurden mit Orden geehrt. Nach dem Sieg Japans über Russland im Jahr 1905 etwa verlieh die englische Krone Prinz Fushimi Sadanaru das *Knight Grand Cross* des *Orden vom Bade (Order of the Bath)*.[206]

Die Monarchen, denen ein Orden verliehen worden war, waren darauf bedacht, diesen bei den Treffen öffentlich als Zeichen der gegenseitigen Verbundenheit zu tragen. Nach den Reisen wurden die Auszeichnungen auch im eigenen Land genutzt. Der osmanische Sultan beispielsweise trug bei seiner Rückkehr nach Konstantinopel 1867 stolz alle Orden, die ihm in Frankreich, England, Preußen und dem Habsburgerreich verliehen worden waren, um seinen Untertanen die dort erfahrene Anerkennung zu demonstrieren.[207]

Orden waren nicht die einzigen materiellen Objekte, die während der Besuche vergeben wurden. Auch der Austausch von Geschenken spielte bei Monarchentreffen eine wichtige Rolle zum Aufbau oder zur Vertiefung von Beziehungen zwischen den Höfen. Das Ritual war sowohl in europäischen als auch in außereuropäischen Kulturen tief verwurzelt.[208] Seit jeher war, wie die Historikerin Natalie Zemon Davis beobachtete, »der Austausch von Geschenken ein essenzielle Form menschlicher Beziehungen« in allen Gesellschaften weltweit.[209] Der Akt des Schenkens stellte ein komplexes kulturelles System der reziproken Verpflichtung zum Geben, Empfangen und Erwidern, auf der Grundlage von Eigennutz und Solidarität, dar, das in seiner Grundform tatsächlich ein globales historisches Phänomen war. Geschenke, die »theoretisch freiwillig sind«, mussten, wie der Anthropologe Marcel Mauss es ausdrückte, »in Wirklichkeit jedoch immer gegeben und erwidert werden«.[210] So entstand eine Situation, in der die Akteure einander moralisch und materiell verpflichtet waren. Im politischen Kontext konnte der Akt des Schenkens eine breite Palette von Funktionen haben, die von Geschenken, die zwischen Gleichrangigen als Zeichen von Anerkennung, Loyalität und Freundschaft ausgetauscht wurden, bis hin zu Tributgeschenken, die zwischen Herrscher und Untertan, Schutzherrn und Schützling, Patron und Klient ausgetauscht wurden, reichten. In der Diplomatie erfüllte das Schenken ähnliche politische Funktionen.[211] In der Welt der Monarchen verband es symbolisch europäische und außereuropäische Höfe und stärkte die politischen Bindungen zwischen den Staaten. Die Objekte selbst waren keineswegs neutral, sondern hatten Bedeutungen. Die Qualität des Geschenks war gewissermaßen ein Ausdruck der Qualität der Beziehungen. Die Wahl eines geeigneten Geschenks konnte eine heikle Angelegenheit sein, da ein inadäquates Präsent den Empfänger beleidigen und dadurch die Beziehung schädigen könnte. Letztendlich könnte das Geschenk auch den Wohlstand, die Großzügigkeit und die Macht des Schenkenden zum Ausdruck bringen. Die Präsente waren zudem oft auch eine Demonstration der handwerklichen und künstlerischen Kultiviertheit ihrer Länder, ein Ausdruck ihres zivilisatorischen Gewichts.[212]

Einige der von den Gästen nach Europa gebrachten Geschenke waren sehr erlesen. 1887 berichtete *The Illustrated London News* über Kapiʻolanis Begegnung mit Victoria:

Die Königin von Hawaiʻi hat der Queen ein Kunstwerk überreicht, das vollständig aus den Federn eines sehr seltenen Vogels (des Oo-Vogels) der Sandwichinseln besteht. Es scheint, dass jeder der Vögel nur zwei dieser besonderen Federn hat, und es wurden einige tausend Federn benötigt, um den Kranz herzustellen, der von der hawaiianischen Königin mit eigenen Händen angefertigt wurde. Er ist auf königsblauem Plüsch montiert, in einen goldenen Rahmen eingefasst, mit dem königlichen Wappen und dem Wappen der Königin von Hawai'i an den Seiten, und das Ganze ist wiederum von einer königsblauen Bordüre umgeben, besetzt mit achteckigen goldenen Sternen, die die acht Inseln der Sandwich-Gruppe symbolisieren.[213]

Sultan Abdülaziz schenkte Queen Victoria 1867 einige edle Pferde aus seinen royalen Ställen.[214] Der Austausch von Megafauna war für die frühneuzeitliche diplomatische Welt der Perser, Osmanen und Moguln von großer Bedeutung (wurde jedoch im neunzehnten Jahrhundert seltener) und diente den Monarchen auch als Machtdemonstration.[215] Geschenke (*tuḥfah* oder *hadiyah*) hatten im Osmanischen Reich seit Langem bedeutende politische Funktionen, sowohl in den Innen- als auch in den Außenbeziehungen.[216] Naser al-Din Schah und Mozaffar al-Din Schah brachten Gemälde, Porzellan und andere Geschenke an die europäischen Höfe.[217] Die Perser präsentierten ihren Gastgebern auch edle Hengste. Im Persien der Qajaren waren Geschenke (*tohfeh*, *hadieh*, *enayat* und, im Sinne eines Tributs, *pishkesh*) und die mit ihrem Austausch verbundenen ritualisierten Zeremonielle ebenfalls seit Langem von zentraler Bedeutung im politischen Leben des Landes und bildeten eine der Säulen des Staatswesens.[218] Die Politik des Schenkens war auch in den Außenbeziehungen Persiens fest etabliert. Während in der frühen Neuzeit der Austausch von Geschenken Teil der diplomatischen Beziehungen mit den Osmanen und Moguln war, gewann er im neunzehnten Jahrhundert zunehmend an Bedeutung in den

Beziehungen zu den europäischen Großmächten. Fath-Ali Schah und Napoleon I. tauschten bekanntermaßen zahlreiche imposante Geschenke aus – darunter dreiundzwanzig Pferde und die Säbel von Timur und Nader Schah, die die Perser nach Paris sandten, sowie Briefe, in denen der Schah den französischen Kaiser als seinen »Bruder« titulierte.[219] König Chulalongkorn – bestrebt, nach der französisch-siamesischen Krise von 1893, die Beziehungen zu Paris zu reparieren – schenkte bei seinem Besuch 1897 Félix Faure mehrere mit Sanskrit-Inschriften verzierte Becher aus massivem Gold.[220] 1907 überreichte der siamesische Potentat Großherzog Friedrich I. von Baden unter anderem mit Flammenmustern bemalte Wandschirme.[221] Chulalongkorn verteilte auch gern seine Fotografie als Geschenk, eine in Europa gängige Praxis. Er nahm diesen Austausch recht ernst und zeigte sich verärgert, wenn seine Höflinge nicht genügend Abzüge davon zur Verfügung stellen konnten. Als er 1907 ein Bild der britischen Queen Alexandra erhielt, bekam er einen kleinen Wutanfall, da er kein eigenes Bild mehr zum Erwidern des Geschenkes hatte.[222] »Ich bin äußerst verärgert, weil ich ihr nicht wie versprochen mein Bild schicken kann. Nichts ist auf dieser Reise so schlimm gescheitert wie die Sache mit meinen Bildern«, beklagte er. »Drei Monate sind jetzt vergangen, und ich habe immer noch keine Bilder, die ich verschenken könnte.« Auch in Japan war der Austausch von Geschenken seit Jahrhunderten ein wichtiger Bestandteil des politischen Lebens. Prinz Arisugawa Takehito ließ 1883 vom japanischen Gesandten in Madrid König Alfonso XIII. eine prächtige Rüstung überreichen, die einst von einem der japanischen Kaiser getragen wurde.[223] Geschenke mussten jedoch nicht immer extravagant sein. Johors Abu Bakar schenkte einmal Zigarren (Cheroots) aus Manila.[224] Grundsätzlich war der Austausch von Geschenken ein Brauch, dem alle besuchenden Monarchen große Bedeutung beimaßen.

Die Gäste erhielten im Gegenzug ebenfalls großzügige Präsente, zumeist Luxusgegenstände wie Uhren, Zigarettenetuis, Tabatieren und Vasen. Einige der Objekte wurden zur Hervorhebung einer engen politisch-dynastischen Bindung personalisiert. Nachdem Chulalongkorn vom Zaren ein Zigarettenetui mit der Gravur »Von einem Freund« erhalten hatte, erklärte er, dass er dieses mehr schätze als jedes andere Geschenk, das er bekommen habe.[225] Nicht nur das Geschenk selbst, sondern auch der Akt des Austauschs war von Bedeutung. Zuweilen wurde der Erfolg des gesamten Austauschs durch das Fehlverhalten eines der Monarchen zunichte gemacht. Chulalongkorn beispielsweise berichtete in einem Brief an seine Tochter, dass Edward VII. »mir ein goldenes Zigarettenetui mit seinem Namen und einer mit Diamanten besetzten Krone gegeben« habe, ihm aber ziemlich unhöflich »keine Gelegenheit gegeben hat, ihm angemessen zu danken, und uns sofort zum Speisesaal geführt hat.«[226]

Auch militärische Veranstaltungen – Paraden und Manöver – die während Monarchenbesuchen im neunzehnten Jahrhundert, dem Zeitalter des »Folkloreimperialismus«, abgehalten wurden, um die Stabilität von Allianzen und militärische Macht zu demonstrieren – waren den Gästen nicht unbekannt.[227] In Ländern von Meiji-Japan bis zum Osmanischen Reich waren große Manöver und Militärparaden, an denen zum Teil Zehntausende von Soldaten teilnahmen, zu der Zeit durchaus üblich.[228] Anlässlich von Chulalongkorns Besuch im Deutschen Reich 1897 nahm er mit Wilhelm II. an nicht weniger als sieben Militärparaden, Manövern und Spalieren teil. Beeindruckt von den Uniformen, der Disziplin und den synchronisierten Märschen der Soldaten, die er als »höchst lobenswert« bezeichnete, sandte er einige seiner Söhne zur militärischen Ausbildung nach Deutschland.[229] Wilhelm II. war, davon war er rasch überzeugt, zutiefst militaristisch. In Paris beobachtete er bei einem Militäraufmarsch in St. Quentin, der im Kontext des französisch-siamesischen Konflikts auch eine Demonstration französischer Macht war, die Fahrt eines bemannten Heißluftballons.[230] In England inspizierte er die Waffenkammer in London und die Rüstungsfabriken von Newcastle.[231] In Russland nahm er an einer großen Militärparade im Warschauer Łazienki Park teil.[232] In Belgien schritt Chulalongkorn einer Brüsseler Zeitung zufolge mit so viel Tempo die Spalier stehende Truppe ab, dass Leopold II. sich bemüßigt sah, seinen Gast mit einem Klopfen auf die Schulter in seinem Enthusiasmus zu zügeln.[233] Abdülaziz nahm an einer großen Militärparade auf der Champs-Élysées teil.[234] In Preußen beobachtete er ein Manöver mit 7.000 Mann.[235] Der Habsburg-Kaiser lud ihn zu einem Manöver in die Donaustadt Klosterneuburg ein.[236] In England nahm er am großen Marinemanöver in Portsmouth teil, das als größte Flottenschau aller Zeiten geplant war, wenngleich die raue See ihre vollständige Durchführung am Ende verhinderte.[237] London war im Wettbewerb mit den anderen europäischen Großmächten bestrebt, die Überlegenheit seiner Flotte zu demonstrieren. »Es wäre sehr wünschenswert, seinen Eindruck zu bestätigen, dass wir die größte Seemacht und die wohlhabendste Macht sind«, hatte Lord Lyons, Botschafter der Queen in Konstantinopel, vor dem Besuch in einem Brief an Außenminister Lord Stanley erklärt.[238] »Wenn wir ihm ein großartiges Marinemanöver bieten können«, fügte er hinzu, »würde dies viel dazu beitragen, ihn von unserem Reichtum und unserer Stärke auf See zu überzeugen.« Ähnlich schrieb er später an Edmund Hammond: »Das Bild, das wir ihm vermitteln sollten, ist, dass wir die wohlhabendste

Nation und die größte Seemacht sind. Alles, was wir ihm vorführen können, um ihm erste Eindrücke in diesen beiden Punkten zu vermitteln, wird dazu beitragen, unser Ansehen und unseren Einfluss aufrechtzuerhalten und verhindern, dass wir von den brillanten Vorführungen und dem Glanz von Paris in den Schatten gestellt werden.«[239] Das »große Marinemanöver« sei dabei »das Machbarste und Wichtigste«, was London zu bieten habe. Abdülaziz hatte in der Tat eine große Passion für die Marine; er investierte beträchtliche Summen in die osmanische Militärflotte, welche zu der Zeit eine der größten (wenngleich nicht unbedingt eine der effizientesten) der Welt war.

Die persischen Schahs besuchten Militärmanöver in Potsdam, auf dem Pariser Champ de Mars und in Windsor Great Park (Abbildung 10).[240] Naser al-Din Schah war, ebenso wie der Sultan, von Queen Victorias großem Marinemanöver angetan. Kalākaua war beeindruckt vom jährlichen Militärmanöver in Windsor Great Park, an dem nicht weniger als 50.000 Soldaten teilnahmen. Er besuchte auch militärische Veranstaltungen auf dem Kontinent, von Berlin bis Wien.[241] Die Gäste aus Japan, die zu der Zeit die weitreichendsten Militärreformen durchführten, zeigten ein besonderes Interesse an den europäischen Streitkräften. Komatsu Akihito inspizierte Waffenkammern, Kasernen und Militärkrankenhäuser und nahm an Militärmanövern auf dem gesamten Kontinent teil.[242] Zusammen mit Wilhelm I. besuchte er 1887 in Berlin eine Veranstaltung zur Feier des Sedantags, im Gedenken an Frankreichs Kapitulation von Sedan im Deutsch-Französischen Krieg im Jahr 1870.[243] Der Korrespondent der *Times* beobachtete: »Keiner der militärischen Vertreter der europäischen und asiatischen Mächte, die heute Morgen Zeuge der Parade der Preußischen Garde waren, konnte sich des Eindrucks entziehen, dass es auf dem europäischen Kontinent keine

Abbildung 10: Naser al-Din Schah und Franz Joseph I. bei einer Militär-parade am 6. August 1873 in Wien, Stich von Johann Nepomuk Schönberg, erschienen in der *Illustrierten Zeitung*.

feinere und effektivere Armee gibt.«[244] Zuweilen konnten solche Militär-Spektakel auch sehr konkrete politisch-militärische Botschaften an die Welt senden, wie etwa 1905, als – auf dem Höhepunkt des Russisch-Japanischen Krieges, während dem London die anglo-japanische Allianz von 1902 aufrechterhielt – Japans Prinz und Prinzessin Arisugawa während ihres Aufenthalts in England die Vickers Werft in Barrow-in-Furness für den Stapellauf des japanischen Kriegsschiffes *Katori* besuchten und Prinzessin Arisugawa sich mit einer Gruppe britischer und japanischer Frauen, die gestrickte Wollkleidung für japanische Soldaten spendeten, traf.[245] Nach dem Krieg, bei seinem Besuch im Jahr 1907, besichtigte Prinz Fushimi Sadanaru das Royal Arsenal in Woolwich, wo er die Waffenfabrik, die Kutschenabteilung und den Komplex mit den Patronen- und Geschossfabriken inspizierte.[246]

Schließlich fügten sich die Monarchen auch in ihrer Kleidung erstaunlich gut in Europa ein. An den europäischen

Höfen wurden seit der frühen Neuzeit elaborierte Gewänder zunehmend durch weniger prunkvolle Kleidung ersetzt, vor allem durch die Militäruniform, die die Befehlsgewalt des Monarchen über eine mächtige Armee signalisierte, und durch den bürgerlichen Frack.[247] Diejenigen in Europa, die erwartet (oder gehofft) hatten, dass die Gäste ihre Länder in exotischer Tracht bereisen würden, waren häufig überrascht (manchmal auch enttäuscht) über die Kleidung der Besucher. Die Höfe der außereuropäischen Monarchen hatten im Laufe des neunzehnten Jahrhunderts fast alle europäisch-inspirierte Kleidung eingeführt, insbesondere europäisch nachempfundene Uniformen, mit Militärhosen und Militärjacken oder -mänteln, oft mit Schulterklappen.[248] Der globale Modewandel – insbesondere die Einführung enggeschnittener Militäruniformen, die auch ein neues Bild von Maskulinität zum Ausdruck brachten – spiegelte auch eine neue globale Körperästhetik wider. Manchmal wurden in die neue Kleidung, in einen Prozess der Hybridisierung, lokale Stile integriert. Häufig kombinierten die Monarchen beispielsweise ihre Militäruniformen mit außereuropäischen Kopfbedeckungen, etwa im Fall der Osmanen dem roten *Fez* oder im persischen Fall dem Fell- oder Filzhut (*kolah*), oft verziert mit einer Aigrette aus Diamanten.

Im Osmanischen Reich begann der Hof Anfang des neunzehnten Jahrhunderts, unter der Herrschaft von Mahmud II., europäische Kleidung einzuführen.[249] Mahmud II. tauschte Kaftan und Turban gegen eine westliche Militäruniform. Tatsächlich ahmte er dabei seinen aufmüpfigen Vasallen Mohammad Ali Pascha in Ägypten, der schon früher europäischen Einflüssen gegenüber aufgeschlossen gewesen war (obwohl der Reformer selbst seine traditionelle ägyptische Kleidung nie aufgab), nach und übernahm so auf indirekte Weise europäische Kleidung. Die Nach-

Abbildung 11: Wilhelm II. in osmanischer Uniform und mit *Fez*, Konstantinopel, 1917, unbekannter Fotograf.

folger von Mahmud II. setzten diesen Trend fort. Und so konnte Lord Lyons als Botschafter der Queen bei der Hohen Pforte vor dem Besuch des Sultans 1867 Whitehall berichten: »In Sachen Kleidung wird es bei keinem von ihnen (mit Ausnahme des halben Dutzends Gardisten) große Besonderheiten geben; sie tragen Feze, die sie unter keinen Umständen abnehmen.«[250] Erwähnenswert ist hier vielleicht auch, dass sich Wilhelm II. während des Ersten Weltkriegs, sein Bündnis mit dem osmanischen Sultan zelebrierend, stolz in osmanischer Uniform und mit *Fez* fotografieren ließ (Abbildung 11).

Auch die persischen Monarchen hatten in den Jahren nach der Herrschaft von Fath-Ali Schah, der noch traditionell Schuhe mit hohen Absätzen getragen und sich in langen, ornamental verzierten Roben gewandet hatte, im neunzehnten Jahrhundert zunehmend europäische fürstliche Kleidung übernommen.[251] Unter Mohammad Schah, der bereits als Prinz mit europäischer Mode experimentiert hatte, wurde die Hofkleidung zunehmend von europäischen Stilen beeinflusst; und unter Naser al-Din Schah etablierte sich diese Europäisierung der höfischen Kleidung schließlich ganz. Die Schahs trugen nicht nur Uniformen im europäischen Stil, sondern zeitweise auch bürgerliche Anzüge und Zylinder und imitierten damit den europäischen Adel, der zu dieser Zeit begann, bürgerliche Kleidung zu tragen. Oftmals kombinierten die Schahs ihre Militäruniformen oder Anzüge mit persischen Kopfbedeckungen.

Der globale Kleidungswandel war auch auf Hawai'i zu beobachten, wo ab Mitte des neunzehnten Jahrhunderts Staatsdiener die traditionelle Kleidung aus Lendenschurz (*malo*), Rock (*pā'ū*) und Umhang (*kīhei*) zugunsten westlicher Kleidung aufgaben.[252] Lediglich die Federmäntel ('*ahu 'ula*) wurden gelegentlich in Kombination mit westlicher Kleidung beibehalten.

Siams höfische Kleidung, die lange Zeit unberührt von europäischen Einflüssen war, hatte sich erst im späten neunzehnten Jahrhundert europäischen Einflüssen geöffnet.[253] Besonders beliebt waren Militäruniformen im westlichen Stil, die denen der mächtigen Potentaten Europas ähnelten. Chulalongkorn erkannte die politische Funktion europäischer Kleidung. Bei seinem Besuch auf Java in Niederländisch-Ostindien im Jahr 1896 notierte er in seinem Tagebuch, dass »es ziemlich nützlich ist, Kleidung im westlichen Stil zu tragen, da die Einheimischen große Angst vor Menschen aus dem Westen haben«, und dass mit Hilfe dieser-

westlichen Kleidung »die Einheimischen effizient kontrolliert« werden könnten.[254] Er stellte auch fest, dass die Kleidung des Sultans von Yogyakarta westliche und javanische Stile kombinierte. Während seiner Aufenthalte in Europa zeigte der siamesische König ein besonderes Interesse an den dortigen höfischen Kleidungskonventionen. »Ausländische Besucher müssen formelle Kleidung tragen«, notierte er 1907 über die abendliche Kleiderordnung in Windsor.[255] »Sie müssen reguläre Abendgarderobe tragen. Also musste ich neue Hosen anfertigen lassen und neue Socken und Schuhe kaufen. Selbst schwarze Westen sind nicht akzeptabel.« »Was noch ungewöhnlicher ist«, fügte er hinzu, »ist, dass keine Hüte und keine Handschuhe erforderlich sind.« Chulalongkorn konsultierte zuweilen seine europäischen Gastgeber in Fragen der Kleiderordnung, um sicherzustellen, die Etikette zu befolgen. In seinen Notizen zum Abendessen in Windsor erklärte er: »Tatsächlich haben sie uns nicht untersagt, das zu tragen, was wir wollten. Die Bitte war lediglich impliziert. Ich wollte dem König nicht missfallen, also fragte ich nach. Dies erlaubte es ihnen, uns ihre Empfehlungen zu geben.« Der siamesische König war ein großer Freund westlicher Kleidung. Auf seinen Reisen durch Europa brachte er in seinen Briefen immer wieder seine Befriedigung über seine eigene elegante Erscheinung im Frack zum Ausdruck.[256] Auch zeigte er großes Interesse an der neuesten Damenmode in Europa, insbesondere in Paris, stets darauf bedacht, dass seine Hofdamen *à la mode* waren.[257]

Japans Meiji-Elite änderte im späten neunzehnten Jahrhundert ebenfalls ihre Kleidungsgewohnheiten.[258] Militäruniformen und Fracke im europäischen Stil wurden unter Herren des Adels beliebt, während Damen des japanischen Hofes, darunter die Kaiserin, begannen, westliche Kleider zu tragen, darunter sogar den *manteau de cour*. Bemerkenswert ist jedoch auch, dass Japans höfische Elite durchaus zwischen europäischer Kleidung – westlicher Mode, oder *yōfuku* – und traditioneller japanischer Kleidung, dem *kimono*, wechselte. Um die Jahrhundertwende konnte man dann in manchen Kreisen, im Zuge einer Welle des kulturellen Nativismus, eine Wiederbelebung traditioneller Kleidung beobachten. Grundsätzlich fanden ähnliche Veränderungen der Mode, unter dem hegemonialen Einfluss Europas, auch in der afrikanischen höfischen Welt statt, von Äthiopien bis Madagaskar. Es lohnt sich auch, diese Entwicklungen mit denen in China und Korea zu vergleichen, wo sich selbst reformorientierte Teile der höfischen Elite lange widersetzten, Kleidung europäischen Stils anzunehmen.

Europäische Beobachter, in Erwartung glanzvoller exotisch gekleideter fremder Potentaten, zeigten besonderes Interesse am Äußeren der Gäste. Die Presse wies regelmäßig auf das wenig exotische äußere Erscheinungsbild der Monarchen hin. »Seine Majestät«, schrieb *The Morning Chronicle* im Jahr 1824 in einem Artikel über Hawai'is König Kamehameha II., »ist von sehr vornehmer Erscheinung und könnte mit Ausnahme seines dunklen Teints, der von sehr tiefer Kupferfarbe ist, als Engländer durchgehen, da er in jeder Hinsicht unsere Kleidung korrekt übernommen hat.«[259] Seine Gemahlin habe sich »mit Ausnahme ihrer Kopfbedeckung, die sehr schlicht ist«, auch »weitgehend dem englischen Kleidungsstil angepasst«.

Anlässlich der Ankunft von Königin Kapi'olani und Prinzessin Lili'uokalani im Jahr 1887 in Liverpool bemängelten Beobachter gar den fehlenden Glanz im äußeren Erscheinungsbild der Gäste. »Die anwesenden diplomatischen, zivilen und militärischen Offiziellen, in voller Uniform, erbrachten eine prächtige Zurschaustellung goldenen Schmucks«, bemerkte *The Times*, »aber die Königin und die Prinzessin waren schlicht in schwarzer Reisegarderobe gekleidet.«[260] Während des Besuchs des Sultans schrieb *The Daily Telegraph*, dass dieser »von Kopf bis Fuß wie ein Gentleman aussieht«; das »offensichtlichste Unterscheidungsmerkmal, das ihn als Türken der Türkei erscheinen lässt« sei »sein Fez«.[261] »Was für prächtige Uniformen«, lobte *The Times* nach der Ankunft des Schahs in Europa 1873, »europäisch im Schnitt, asiatisch in der Verzierung«.[262] *Die Presse* in Wien bemerkte amüsiert: »Der Schah hat für Paris europäische Tracht angelegt, schwarzen Rock und Beinkleid, grauen Ueberrock und einen Claque-Hut, der ihm bis über die Augen fällt.«[263] Anlässlich von Chulalongkorns Besuch 1897 schrieb Englands führende Modefachzeitschrift *Tailor and Cutter*, dass »der König, seiner Kleidung zu urteilen nach, wie ein typischer englischer Gentleman aussieht«, während bei seinem Besuch 1907 das *National Geographic Magazine* würdigte, dass er in internationalen Kreisen als »der attraktivste Mann Asiens« gelte.[264] Allerdings spiegelte sich in der Berichterstattung auch eine gewisse Enttäuschung über das unspektakuläre Äußere der Gäste wider. *The Times* äußerte 1886 die Hoffnung, dass Komatsu Akihito »der Nationaltracht treu bleibe«, wandte jedoch sogleich ein, dass dies aufgrund der »Übernahme europäischer Moden« in Tokio »am japanischen Hof« eher »unwahrscheinlich« ist, und fügte hinzu, dass die Kaiserin von Japan »100.000 Dollar für eine europäische Garderobe ausgegeben« habe, »die hauptsächlich in Berlin angefertigt wurde«, und von dort nach Tokio versandt wurde.[265] Schließlich wurde die Hymne des Gastes – ein integraler Bestandteil von Treffen zwischen Monarchen im Europa des neunzehnten Jahrhunderts – auch zu verschiedenen Anlässen während der Besuche der außereuropäischen Gäste intoniert.[266] Monarchische Hymnen, die teilweise auf älteren königlichen Hymnen basierten und oft an feierliche Kirchenchoräle erinnerten, hatten sich im neunzehnten

Jahrhundert innerhalb Europas rasch verbreitet, wobei sie sich bald, im Zuge der Nationalisierung der europäischen Staaten nach dem Wiener Kongress, immer mehr zu Nationalhymnen wandelten. Die meisten Monarchien der uneroberten Länder außerhalb Europas hatten im Laufe des neunzehnten Jahrhunderts, beeinflusst von der Entwicklung in Europa, ebenfalls Hymnen eingeführt. Diese stammten häufig aus der Feder europäischer Komponisten.[267] Sie stellten einen formalen Ausdruck staatlicher Unabhängigkeit dar, was den gekrönten Gästen in Europa half, sich gemäß des hier erwarteten Standards der Zivilisation, als souveräne Herrscher zu präsentieren.

Der osmanische Sultan Mahmud II. führte im Zuge der Neuorganisation der Militärkapelle der Armee die erste osmanische Hymne ein, den *Mahmudiye Marşı* (*Marsch des Mahmud*), komponiert im europäischen Stil von seinem italienischen Kapellmeister Giuseppe Donizetti.[268] Besonders war im Osmanischen Reich, dass jeder Nachfolger Mahmuds II. seine eigene Hymne komponieren ließ. Sein Sohn Abdülmecid I. ließ seine Hymne, den ebenfalls von Donizetti geschriebenen *Mecidiye Marşı* (*Marsch des Mecid*), 1844 zur offiziellen osmanischen Staatshymne erklären. Der nächste Sultan, Abdülaziz, ließ seine Hymne *Aziziye Marşı* (*Marsch des Aziz*) von Donizettis Nachfolger Callisto Guatelli komponieren. Sie wurde bei offiziellen Anlässen während seiner Europareise im Jahr 1867 gespielt. Die europäische Presse versäumte nicht zu erwähnen, dass die Hymne »übrigens von einem Italiener« im Dienste des Sultans komponiert worden war.[269] Der Korrespondent des *Daily Telegraph* bemerkte, dass die Musiker vor der Ankunft des Monarchen in Dover »den Marsch des Sultans zur Belustigung, wenngleich nicht zum Genuss, der Menge übten«, und höhnte: »Alle orientalische Musik ist, wie mir immer gesagt wurde, von krampfartiger Natur; aber ich gestehe Zweifel zu haben, ob der Marsch, so wie er in Dover gespielt wurde, in seiner Melodie nicht vielleicht etwas exzentrischer war, als wenn er am Ufer des Bosporus gespielt worden wäre.«[270]

Persien hingegen hatte vor Naser al-Din Schahs erster royaler Reise im Jahr 1873 keine Hymne. Der Qajaren-Monarch, der sich der politischen Bedeutung patriotischer Musik an Europas Höfen bewusst war, beauftragte den französischen Offizier Alfred Jean-Baptiste Lemaire, Kapellmeister in der persischen Armee, die erste Hymne des Landes zu komponieren, die später als *Salam-e Schah* oder *Royaler Gruß* bekannt wurde.[271] Sie wurde auf dem Höhepunkt der ersten Europareise des Schahs, am 11. Juli 1873, während seines Aufenthalts in Paris, in *Le Voleur* veröffentlicht.[272] Die Hymne wurde regelmäßig während aller sechs Europareisen der persischen Monarchen gespielt. Der erste Besuch hatte somit zur Einführung eines wichtigen Symbols staatlicher Souveränität geführt – obwohl ironischerweise geschrieben von einem Komponisten aus dem imperialen Europa, verfasst im Stil europäischer Musik und erstmals veröffentlicht in einer europäischen Metropole. Darüber hinaus komponierte Alfred Lemaire ebenfalls für die erste Europareise des Schahs 1873 den *Qajaren-Marsch*, auch bekannt als *Marche Triomphale Persane*, ein royaler Ehrenmarsch.[273] Auch dieser wurde während des Aufenthalts des Schahs in Paris, am 12. Juli 1873, in *Le Monde Illustré* veröffentlicht.[274] Es war nicht der erste persische Marsch dieser Art. Tatsächlich hatte der vom Schah sehr verehrte deutsche Pianist Julius Heise, der an Felix Mendelssohns Leipziger Konservatorium der Musik ausgebildet worden war, im Jahr 1864 einen *Marche Triomphale: À Sa Majesté Impériale Nassir-Ed-Din Shah Kadjar de Perse* für Blasorchester komponiert und in Wien veröffentlicht.[275] Die europäischen Gastgeber ließen zum Teil bei offiziellen Anlässen während der Besuche der Schahs anstelle der Hymne den *Persischen Marsch* von Johann Strauss (II.), eine wunderbar orientalistische Komposition aus dem Jahr 1864, spielen.[276]

Siam führte erstmals im Jahr 1851 eine königliche Hymne ein. Zwei britische Offiziere, die im Dienst der siamesischen Armee standen, brachten damals den siamesischen Musikern bei, zu Ehren König Mongkuts, *God Save the Queen* zu spielen. Einige Zeit später schrieb der bedeutende Schriftsteller Noi Acharyankura (Phraya Srisunthonwohan) den siamesischen Text zu dem Lied, das *Chom Rat Chong Charoen* (*Lang lebe der Große König*) genannt wurde.[277] Anlässlich Chulalongkorns Besuch im britischen Singapur und im niederländischen Batavia 1871 stellten die siamesischen Gäste peinlich berührt fest, dass die Melodien der siamesischen und britischen Hymnen identisch waren. Der Hof in Bangkok übernahm umgehend das ältere Lied *Bulan Loi Luean* (*Der schwebende Mond am Himmel*), das ein niederländischer Kapellmeister, der im Dienst der siamesischen Armee stand, für eine Militärkapelle im europäischen Stil arrangierte, als neue Hymne. Im darauffolgenden Jahrzehnt, 1888, wurde schließlich die siamesische Königshymne *Sansoen Phra Barami* (*Lobpreise seine Gnade*), aus der Feder des russischen Komponisten Petr Shchurovskii stammend und mit einem Text von Prinz Naritsaranuwattiwong, eingeführt. Die Hymne wurde regelmäßig während Chulalongkorns Reisen in Europa intoniert. Auch seine eigene Militärkapelle an Bord der *Maha Chakri* spielte sie während seiner Besuche bei offiziellen Anlässen.[278]

Das hawaiianische Königshaus experimentierte ebenfalls mit verschiedenen Hymnen. Die erste war *E Ola Ke Ali'i I Ke Akua* (*Gott schütze den König*), die 1860 unter der Herrschaft Kamehamehas IV. eingeführt wurde. Der hawaiianische Text, geschrieben von Prinz (später König) Lunalilo, basierte, ähnlich wie die frühe siamesische Hymne, auf der Melodie der britischen Hymne *God Save the Queen*. Einige Jahre später, 1866, als Kamehameha V. sich dazu entschloss, die britische Melodie abzuschaffen, wurde die Hymne durch *He Mele Lāhui Hawaiʻi* (*Lied der hawaiianischen Nation*), geschrieben von Prinzessin Liliʻuokalani, ersetzt. Schließlich wurde im Sommer 1872 eine neue (und letzte) hawaiianische Hymne uraufgeführt.[279] Sie stammte aus der Feder des deutschen Kapellmeisters Henry Berger, der von Kamehameha V. eingestellt worden war, um die königliche Kapelle neu zu organisieren. Berger nannte die Komposition *Hymne des Kamehameha*. Kalākaua schrieb 1874 den Text dazu. Sie wurde 1876 als *Hawaiʻi Ponoʻī* (*Hawaiʻis Eigene*) als offizielle Hymne eingeführt. Ironischerweise erinnert die Melodie wiederum an *God Save the Queen* und die preußische Volks- und deutsche Kaiserhymne *Heil Dir im Siegerkranz*. Sie wurde während Kalākauas Weltreise regelmäßig gespielt.

In den anderen Ländern der uneroberten außereuropäischen Welt sah es ähnlich aus. Japans Hymne, *Kimigayo* (*Herrschaft Seiner Majestät*), wurde nach der Meiji-Restauration im Jahr 1869 eingeführt.[280] Sie basierte auf dem Text eines Waka-Gedichts aus der Heian-Zeit und Musik, die vom britischen Militärkapellmeister des Meiji-Kaisers, John William Fenton, komponiert wurde (die Melodie wurde dann 1880 ersetzt). Der chinesische Hof, der seit der zweiten Hälfte des neunzehnten Jahrhunderts mehrere Hymnen informell verwendet hatte, führte die erste offizielle Hymne, *Gong Jin'ou* (*Schale reinen Goldes*), erst 1911, kurz vor dem Sturz der Qing-Dynastie, ein.[281] Johor führte 1897 eine Hymne, komponiert vom armenischen Kapellmeister Mackertich Galistan Abdullah, ein. In Äthiopien entstand erst unter Haile Selassie eine Hymne.

Schließlich teilten Monarchen sowohl innerhalb als auch außerhalb Europas eine kulturelle Wertschätzung der politisch-dynastischen Vergangenheit. An nahezu allen Höfen der Welt spielten historische Narrative in der Politik der dynastischen Legitimation eine wichtige Rolle. Die historische Abstammung war oft von zentraler Bedeutung in der Ordnung monarchischer Herrschaft. Geschichtsbewusstsein, das in Europa als Standard der Zivilisation galt, diente auch als ein Unterscheidungsmerkmal zwischen den »Zivilisierten«, die Teil der globalen Staatengemeinschaft sein konnten, und den »Völkern ohne Geschichte«, die kolonisiert werden konnten. Orte geschichtlicher Bedeutung, oder *lieux de mémoire*, wie der Historiker Pierre Nora sie nannte – historische Gebäude, Gräber und Denkmäler –, die die Macht des Staates (und der Dynastie) in der Gegenwart legitimierten, spielten bei Monarchenbesuchen eine wichtige Rolle.[282] Der Akt des Gedenkens an historischen Stätten wurde dabei von den Monarchen häufig öffentlich zelebriert. Es ist dabei vielleicht auch erwähnenswert, dass das Geschichtsverständnis in diesem Zusammenhang eher statisch, historizistisch, war, im Gegensatz zu der aufkommenden historistischen Vorstellung von historischer Zeit, welche Vergangenheit, Gegenwart und Zukunft als voneinander getrennt betrachtete.[283]

Die außereuropäischen gekrönten Gäste zeigten in der Regel große Wertschätzung für die Geschichte ihrer Gastgeber. Insbesondere Chulalongkorn war von der europäischen Vergangenheit fasziniert und schrieb in seinen Briefen nach Hause regelmäßig über die Geschichte der von ihm besuchten Länder. In England beeindruckte er seine Gastgeber mit seinem Interesse an den historischen Artefakten des Landes. »Der König«, kommentierte *The Times*, »der in den Annalen dieses Landes keineswegs unbelesen ist, bat darum, den Krönungsstuhl zu sehen, der auf Befehl

Edwards I. angefertigt wurde und auf dem jener große Monarch gekrönt wurde.«[284] In seinen Briefen zeigte sich Chulalongkorn besonders interessiert an der Geschichte von Schloss Windsor.[285] In Frankreich besuchte er Schloss Fontainebleau, um den Ort zu besichtigen, an dem Napoleon III. mit großem Pomp die siamesische Botschaft von 1861 empfangen hatte.[286] In Italien zeigte er große Wertschätzung für die klassische Vergangenheit des Landes und erklärte, dass »die römische Geschichte für mich dort lebendig ist«.[287] Er trauerte auch an den Gräbern verstorbener Monarchen.[288] Sultan Abdülaziz, der dieses Interesse an der Geschichte teilte, besuchte das Grab Napoleons I. in Paris.[289]

Es war jedoch Naser al-Din Schah, der die stärkste Faszination für die europäische Geschichte zeigte.[290] Seit seiner Jugend war er ein begeisterter Leser der stetig wachsenden Zahl persischer Übersetzungen europäischer Geschichtsbücher. Auch nach seiner Krönung verbrachte er viel Zeit mit der Lektüre historischer Werke, insbesondere den Biografien großer Herrscher, die ihm in Übersetzungen von seinem reformorientierten Höfling Mohammad Hasan Khan (Sani' al-Dowleh, und später E'temad al-Saltaneh) zur Verfügung gestellt (und oft auch vorgelesen) wurden. Während seiner Aufenthalte in Europa konnte der Schah sein Interesse für die Vergangenheit in Gesprächen an den Höfen und, noch wichtiger, bei Besuchen historischer Stätten wie Palästen, Denkmälern und Grabstätten, zum Ausdruck bringen und die Europäer mit seinem Wissen beeindrucken.[291] Die Besuche von Gräbern – einschließlich des Grabes Napoleons I., den er zutiefst bewunderte, in Les Invalides in Paris, des Mausoleums von Prinz Albert in Frogmore und den Gräbern der habsburgischen Kapuzinergruft in Wien – waren dabei von besonderer Bedeutung. Queen Victoria zeigte sich nach ihrem ersten Treffen mit dem persischen Monarchen 1873 von dessen Interesse an Geschichte erstaunt. »Ich war überrascht von seinem Wissen über die Geschichte & über Nelson, Wellington«, schrieb sie ihrer Tochter Vicky in Potsdam und fand es »ziemlich erstaunlich für eine Person, die in einem so weit entfernten & unzivilisierten Land lebt.«[292] Ihr einflussreicher Sekretär Henry Ponsonby gab mit einiger Überraschung zu, dass »er über Henry V. Bescheid wusste – ›Le conquerant de France‹ rief er, und fügte dann hinzu ›Jusque Jeanne D'arc‹«, und gestand ein: »Er weiß offensichtlich recht viel über unsere Geschichte, mehr als wir über Persien und seine Dynastie der Qajaren.«[293]

All diese gemeinsamen höfischen Konventionen halfen den außereuropäischen Gästen letztlich, mit den Europäern zu interagieren und als ebenbürtige, »zivilisierte« Monarchen Anerkennung zu erlangen.

Für die Gemeinsamkeiten der höfischen Kultur gibt es verschiedene Gründe. Einige Bereiche höfischer Kultur – etwa die Jagd, der Austausch von Geschenken, militärische Veranstaltungen und ein kultiviertes Geschichtsbewusstsein – waren Teil eines vormodernen höfischen Lebens, das sich weltweit ähnelte. Andere Teile gemeinsamer höfischer Kultur jedoch hatten sich im Verlauf der Neuzeit (und vor allem im neunzehnten Jahrhundert) – als Monarchien weltweit zunehmend, aus außen- und innenpolitischen Gründen, europäische kulturelle Praktiken übernahmen – herausgebildet. Dies war zu beobachten in den Bereichen der Kleidung, der Vergabe von Orden, der Einführung von Wappen, der Entstehung von Hymnen, und so weiter. Dieser globale Wandel des höfischen Lebens war nicht zuletzt durch eine Standardisierung, Kodifizierung und Regulierung höfischer Praktiken gekennzeichnet. Das Phänomen war Teil eines größeren Prozesses der globalen Konversion, den Christopher Bayly als Teil der »Geburt der modernen Welt« beschrieben hat.[294] Die Europäisierung ihres

Hoflebens war den Gästen oft durchaus bewusst. William Armstrong beispielsweise notierte in seinem Tagebuch:

> Der König kannte die Sitten und Gebräuche europäischer Höfe, denn nachdem die Unabhängigkeit seiner Inseln anerkannt und Verträge mit fast allen zivilisierten Staaten der Welt ausgehandelt worden waren, wurde in seiner Hauptstadt ein diplomatisches und konsularisches Korps eingerichtet; und dieses hatte, mit dem Zeremoniell für den Empfang der Offiziere von Kriegsschiffen und anderer namhafter Besucher, die Etikette der Zivilisation an seinen Hof gebracht. Sein Königreich wurde von allen Nationen als zivilisiert anerkannt, und er war ein Monarch mit gutem und solidem Ansehen unter seinen königlichen Brüdern.[295]

The Times schrieb einmal von Mahmuds II. »Manie, die Monarchen Europas nachzuahmen« in ihrer höfischen Kultur.[296] In jedem Fall wäre es irreführend, die Begegnungen als »interkulturell« zu bezeichnen, da dies die Annahme voraussetzen würde, dass die Monarchen durch unterschiedliche Kulturen klar getrennt waren.

Natürlich gab es zum Teil deutliche Unterschiede in der Form der Monarchie. Die meisten monarchischen Staaten Europas, mit einigen Ausnahmen – allen voran dem autokratischen Russland (vor 1906) –, waren zur Zeit der Besuche im Gegensatz zu denen der ausländischen Gäste konstitutionelle Monarchien.[297] Dabei handelte es sich jedoch eher um Variationen, nicht um prinzipielle Unterschiede. Als Sultan Abdülaziz Großbritannien besuchte, wollte der Hof zeigen, dass eine parlamentarische Monarchie ebenso mächtig und prächtig sei wie eine absolutistische Monarchie. Botschafter Lord Lyons betonte bei den Vorbereitungen, dass es wichtig sei, möglichst viel royalen Prunk zu zeigen und dass die Loyalität der Untertanen gegenüber der Queen deutlich werde: »Ein Argument, das unsere Feinde und die Feinde von Reformen gern dem Sultan gegenüber vortragen, ist, dass die Stellung eines Konstitutionellen Souveräns der eines Despoten weit unterlegen ist – dass ein Konstitutioneller Souverän nicht in royaler Pracht leben kann«, erklärte er und empfahl: »Es wäre daher sehr wichtig, bei jedem Anlass, bei dem die Queen persönlich anwesend ist, so viel Formalität und Prunk wie möglich zu zeigen – und dass er von der Loyalität der Engländer und ihrer persönlichen Verehrung ihres Souveräns beeindruckt wird.«[298] Siams Chulalongkorn äußerte sich in einem Brief an seine Tochter über den Mangel an Pracht der Monarchie, den er bei seinem Besuch in Windsor beobachtete: »Der englische Hof hat die Atmosphäre eines Zuhauses. Er war anders als die royalen Höfe auf dem Kontinent.«[299] Die britische konstitutionelle Monarchie fand der siamesische Gast eher etwas seltsam:

Der König muss der Regierung gestatten, das Land so zu regieren, wie sie es für richtig hält. Wenn der König sich einmischt, kann die Situation im Chaos enden, was zur Hinrichtung des Königs führen kann. Daher muss der König dem Volk entgegenkommen … Alles, was man tun muss, ist, dem Volk zu erlauben, die Staatsgeschäfte frei zu führen. Die Regierung wird den König über ihre verschiedenen Entscheidungen informieren. Wenn der König eine andere Meinung hat, kann er diese äußern. Wenn ihre Differenzen nicht beigelegt werden können, muss der König nachgeben. Er kann nicht insistieren und einen Konflikt riskieren.[300]

Edward VII. jedoch sei für dieses System hervorragend geeignet, schrieb er: »Der gegenwärtige englische König ist sehr klug. Er weiß, wie man Kompromisse eingeht. Es gibt keine Konflikte zwischen ihm und seinen Untertanen. Er ist außerdem sehr intelligent und genießt großes Ansehen.«

Dennoch machte der siamesische Potentat deutlich, dass die Form der Monarchie kein Vorbild für sein eigenes Königreich sein könne. »Dieses System ist nur in diesem wunderbaren England möglich, weil die Staatsmaschinerie schon so lange reibungslos funktioniert«, erklärte er. »Wenn wir ihrem Beispiel folgen würden, würden wir stolpern und straucheln.«[301] In Schweden bemerkte er, dass der König zu sehr darauf bedacht sei, es allen recht zu machen, was den Respekt, seines Volkes ihm gegenüber, schwächte.[302] Die Monarchie, die ihn auf seinen Reisen am meisten beeindruckte, war die Russlands, wo der autokratische Zar »eher wie Gott als wie ein Mensch« behandelt werde, da »die Offiziellen und das Volk den Zaren mehr respektieren und fürchten als unser Volk seine königlichen Familien.« Im Allgemeinen betrachtete die höfische Elite Bangkoks die Europäer als generell aufmüpfiger und kritischer gegenüber der Monarchie als die siamesischen Untertanen. Chulalongkorn äußerte einmal sogar Besorgnis darüber, dass seine in Europa studierenden Prinzen sich europäische Prinzen zum Vorbild nehmen könnten. Er selbst stellte während seiner Herrschaft sicher, dass die monarchische Macht in Siam zentralisiert wurde.[303] In ähnlicher Weise zeigte sich Persiens Naser al-Din Schah, der in seinem Land formell ebenfalls über absolute politische Macht verfügte, von den Parlamenten, die er in den europäischen Monarchien besuchte, irritiert, im Gegensatz zu seinem Sohn Mozaffar al-Din Schah, der später, kurz vor seinem Tod, die erste Verfassung Persiens unterzeichnete.[304] Es war jedoch der japanische Hof, der mit seiner 1890 verabschiedeten Verfassung die konstitutionellen Monarchien Europas am weitesten nachahmte.[305] Letztlich fanden konstitutionalistische Forderungen im imperialen Zeitalter weltweit immer größere Resonanz, zum Teil zum Unbehagen der Monarchen.[306]

Kapitel 4:
Europäische Hegemonie
in der monarchischen Welt

Andere Teile des europäischen Zeremoniells waren den Gästen schwerer verständlich. Sie waren gezwungen, sich unbekannten höfischen Praktiken anzupassen, diese abzulehnen oder sie neu zu verhandeln. Jedoch wurde aufgrund der asymmetrischen Machtverhältnisse von den schwächeren außereuropäischen Monarchen gewöhnlich erwartet, diese zu akzeptieren. Die Besucher zeigten dabei häufig eine erstaunliche Bereitschaft (und Fähigkeit), sich europäischen Praktiken anzupassen.

Während des Ankunfts- und Abreise-Zeremoniells beispielsweise bewiesen die Monarchen eine außergewöhnliche Adaptionsfähigkeit an ihnen unbekannte europäische Bräuche. Sie übernahmen hier das Ritual des royalen Handschlags, welches bei Treffen zwischen europäischen Monarchen üblicherweise durchgeführt wurde.[307] Der Handschlag – ein Akt körperlicher Intimität als Zeichen dynastisch-politischer Verbindung – war für Monarchen aus Ländern außerhalb Europas oft ungewohnt. Die körperliche Berührung des Monarchen – etwa das royale Handauflegen, oder *touche royale*, das in der Geschichte des europäischen Königtums große Bedeutung hatte, wie von Marc Bloch einst in seinem Klassiker *Die wundertätigen Könige* anschaulich dargelegt – war in Europa keine Seltenheit; außerhalb Europas galt sie jedoch gewöhnlich als ein Tabu.[308] Die politische Bedeutung des verbindenden Händedrucks war Naser al-Din Schah beispielsweise unvertraut; er erkannte diese jedoch als im europäischen Kontext bedeutsam an.[309] In England führte der Schah bei seinen Begegnungen mit Queen Victoria sogar die Geste des Handkusses aus – ein angedeuteter, bewusst unvollendeter Kuss auf den Handrücken, der in Europa seine Ursprünge im Kuss des Siegelringes im Mittelalter und der Frühen Neuzeit hatte. In seinen Tagebüchern beschrieb er diese Begrüßungsrituale wiederholt als *ta'arof*, eine traditionelle persische Höflichkeitsform, der Austausch unverbindlicher Angebote und Höflichkeiten. Auch Abdülaziz praktizierte den Händedruck.[310] Als Franz Joseph I. ihn 1867 begrüßte, war er offenbar von dieser Demonstration des Respekts so berührt, dass er die Hände des Kaisers mit seinen beiden Händen umfasste.[311] Und als bei der Ankunft der osmanischen Gäste in Dover Kronprinz Edward als Zeichen des Respekts seine Kopfbedeckung abnahm, berührte der Sultan, der diese Geste nicht gewohnt war, seinen *Fez*.[312] Auch Chulalongkorn passte sich dem Ritual des Handschlags an, auch wenn es in Siam unvorstellbar war, den Körper des Monarchen zu berühren. Der siamesische König hatte die Geste jedoch bereits auf seinen Reisen durch die koloniale Welt ausgeführt.[313] Bemerkenswert ist, dass er bei seiner Rückkehr nach Siam 1897 bei einer Begrüßungszeremonie auf der Insel Si Chang fast die gesamte versammelte siamesische Hof-Elite mit einem Handschlag begrüßte.[314] Manchmal kam es sogar zu Umarmungen der Monarchen. Als der König von Portugal versuchte, sich mit einer Umarmung von Kalākaua zu verabschieden, erreichte sein Kopf kaum Kalākauas Schulter; der hawaiianische Koloss überragte ihn und klopfte ihm dabei auf den Rücken.[315] Unter den Damen des Adels tauschte man gelegentlich einen Kuss auf die Wange aus. Lili'uokalani schrieb in ihren Memoiren über das erste Treffen von Königin Kapi'olani und ihr mit der englischen Queen 1887: »Ihre Majestät Victoria begrüßte ihre Schwester-Souveränin Kapiolani mit einem Kuss auf jede Wange, und dann drehte sie sich zu mir um und küsste mich einmal auf die Stirn.«[316]

Eine etwas schwierigere Herausforderung stellten Tischrituale dar (Abbildung 12). Das große höfische Fest, als
Forum der Geselligkeit und der Politik tief in der europäischen Hofkultur verwurzelt, war ein zentraler Bestandteil europäischer Monarchenbesuche.[317] Die für den Brauch
erforderliche Etikette war den Gästen oft fremd. Einige
von ihnen wussten beispielsweise nicht, mit europäischem
Besteck umzugehen. Das moderne Besteck – Messer, Gabel und Löffel – verbreitete sich in Europa in der frühen
Neuzeit.[318] Während Messer und Löffel auf dem gesamten
Kontinent seit langer Zeit verwendet wurden, wurden Ga-
beln erst im sechzehnten Jahrhundert Utensil auf Europas
Esstischen, eine von den Medici ausgehende Entwicklung.
Der Einsatz dieses Bestecks verbreitete sich jedoch zunächst nicht über den Kontinent und seine Kolonien hinaus. Chulalongkorn war recht angetan von den edel ge-
deckten und bestecken Tafeln Europas.[319] Einige Monate
vor seinem ersten Europabesuch lernte Naser al-Din Schah,
der es gewohnt war, mit den Fingern zu essen – genauer,
das Essen vom Teller mit einem Stück Brot aufzuwischen –,
mit Messer und Gabel umzugehen.[320] Der junge Naser al-
Din Schah hatte noch seinem österreichischen Leibarzt Jacob Polak erklärt, dass er den Gebrauch von Besteck nicht
verstehen könne, da beim Essen doch »der Geschmack bei
den Fingern anfange«.[321] Am Vorabend seiner ersten Reise
im Jahr 1873 hatte er offenbar auch seinen Hof mit der
Sitte konfrontiert. Nachdem er gelernt hatte, mit Messer
und Gabel umzugehen, lud er einige persische Staatsmänner zu einem Bankett im europäischen Stil ein, während er
selbst sich zusammen mit einigen Frauen seines Harems
hinter Paravents versteckte, um den Kampf der Gäste mit
den europäischen Geräten zu beobachten.[322] Ihre Belustigung über die unbeholfenen Höflinge endete erst, als eine
der Damen versehentlich einen der Paravents umstieß und

Abbildung 12: Naser al-Din Schah bei einem Mittagessen in der Londoner Guildhall, Stich von 1889.

damit allgemeines Chaos auslöste, wobei die Frauen ihre Gesichter in ihren Röcken vergruben, während die Gäste sich unter dem Tisch versteckten, um ihre sittliche Unschuld zu beteuern.

An den Höfen Europas passten sich die reisenden Monarchen sogar dem Ritual des gegenseitigen Toasts und der Tischrede an und erhoben ihre Gläser zu Königen und Königinnen, Kaisern und Kaiserinnen.[323] Diese Anpassung war für die Besucher alles andere als einfach. Mozaffar al-Din Schah beschrieb die Rituale in seinem Tagebuch als etwas Ungewöhnliches. Die Aufzeichnungen seines Vaters zeigen ebenfalls, wie verwirrend Tischrituale zuweilen für ihn waren, wie er europäische Verhaltensmuster imitierte und wie schwierig es für ihn war, »eine Rede zu halten vor so vielen Menschen, die uns anstarrten und uns beobachteten, zumal ich es nicht gewohnt bin, solche Reden an solchen Anlässen zu halten. Es war schwierig.«[324] Alle anderen außereuropäischen Monarchen passten sich ebenfalls den Tischritualen an. Kaiser Wilhelm II. erhob 1897 sein Glas auf Chulalongkorn und feierte die Bande der Freundschaft zwischen den Ländern, gefolgt von einem Trinkspruch des siamesischen Herrschers.[325] Zar Nikolaus II. erklärte in seinem Trinkspruch auf Chulalongkorn, »Eure Majestät in meinem Reich willkommen zu heißen«, während der siamesische König seinerseits seine Freude darüber zum Ausdruck brachte, »hierhinzukommen und Ihrer Majestät persönlich meinen Respekt zu erweisen«.[326] Das Ritual empfand der siamesische Monarch als alles andere als einfach. Er hielt daher seine Reden gewöhnlich kurz. Einmal erklärte er am Ende einer Ansprache, die er bei einem Mittagessen in Edinburgh hielt: »Ich kann nicht mehr als dies sagen, weil die Sprache nicht die meine ist, und ich fürchte, dass, wenn ich mehr sagen würde, ich vielleicht etwas Unangebrachtes sagen würde.«[327] Sultan Abdülaziz erkläre in seiner eingangs erwähnten Tischrede in der Londoner Guildhall (Rathaus) 1867, dass seine persönlichen Begegnungen mit den gekrönten Häuptern Europas zur »friedlichen Koexistenz« von Osmanen und Europäern beitragen würden.[328] »Dass der Herrscher der Osmanen überhaupt eine Rede hielt, ist fast schon eine Revolution«, kommentierte ein Journalist, »aber dass er mit seinen eigenen Lippen solche Gefühle zum Ausdruck brachte und solche Absichten verkündete, zeigt, dass diese Alte Welt – mit ihren scheinbar unzerstörbaren Feindschaften zwischen Glaubensbekenntnissen und Klassen –

aufbricht, um eines Tages neu und verwandelt hervorzu-
treten.«[329] In seiner an den Sultan gerichteten Tischrede, in
der er ihn als »aufgeklärten Souverän« willkommen hieß,
brachte der Recorder, ein hoher Funktionär der Stadt London, Russell Gurney, den Wunsch zum Ausdruck, der Besuch möge die anglo-osmanischen Beziehungen stärken.[330]
Beim Bankett zu Ehren von Kalākaua in der Londoner
Guildhall im Jahr 1881 erhob sich der Bürgermeister, um
auf die Gesundheit des Gastes zu toasten. Die Tischrede
des hawaiianischen Königs, in der dieser seine Verbundenheit mit dem Britischen Empire zum Ausdruck bringen
wollte, wurde von Armstrong sorgfältig vorbereitet; dieser
hielt später in seinem Reisetagebuch fest:

> Auf seine Bitte hin bereitete ich in Grundrissen eine
> Rede vor, die er sich beim Ankleiden für das Bankett
> versuchte einzuprägen; aber die späte Stunde des Tages
> hatte ihn schläfrig gemacht, und sein sonst ausgezeich-
> netes Gedächtnis war träge. Mir fiel auf, dass er während
> des Banketts mehrmals die Augen schloss … Als er auf-
> stand, um auf den Toast zu antworten, begann er: »Eure
> Königliche Hoheit, mein Bürgermeister, meine Herren.«
> Dann zögerte er; er hatte die vorbereitete Rede verges-
> sen und trieb in einem offenen Boot auf der stürmischen
> und gefährlichen See einer spontanen Rede. Er schaute
> sich im Raum um, an die Decke, auf die dreihundert
> Gäste, die ihn ansahen, war aber wie immer unerschüt-
> terlich. Er dankte zunächst der königlichen Familie und
> den Kolonialgouverneuren für ihre Gastfreundschaft und
> erklärte, dass ihm kein Ereignis auf seiner Weltreise mehr
> Freude bereitet habe als sein Empfang in London. Dar-
> aufhin gab es viel Applaus, und er fasste sofort den Mut,
> weiter zu reden … Er fuhr noch ein paar Augenblicke
> fort, und setzte sich dann mit großer Zufriedenheit

und unter lautem Applaus hin. Seine Königliche Hoheit nickte ihm über die breite Gestalt des Bürgermeisters hinweg, der zwischen ihnen saß, sanftmütig zu, und der König sah mich an, als würde er sagen: »Siehst du, ich bin in der Lage, auf mich selbst aufzupassen.«[331]

Auch zeigten die royalen Gäste wenig Scheu, die bei offiziellen Essen in Europa aufgetischten Speisen zu konsumieren, auch wenn ihnen diese im Vergleich zu ihrer eigenen Küche oft ungewöhnlich vorkamen. Die Anpassung war nicht immer einfach. Als Chulalongkorn bereits während seiner Passage nach Europa mit westlichem Essen konfrontiert wurde, beklagte er sich: »Noch nie zuvor fühlte ich mich den Delikatessen meines Lebens so beraubt.«[332] Später gewöhnte er sich an das Essen: »Die europäischen Gerichte, die unter der Aufsicht des Kapitäns zubereitet wurden, waren einigermaßen genießbar.« Dennoch sorgte er dafür, dass für seine Rückreise Lebensmittel aus Siam beschafft wurden. Während seines Aufenthalts in Europa öffnete er sich immer weiter der europäischen Küche. Besonders mochte er Omeletts mit Schinken und Pilzen, dessen Rezept er nach Bangkok sandte, und Desserts wie mit Schokolade überzogene Birnen, Kirschen und Erdbeeren. Er mischte gelegentlich auch siamesische und europäische Küche. Während seiner Reise im Jahr 1907 etwa ließ er seine Spaghetti, die er »zu langweilig und ölig« fand, mit thailändischem Chili-Gewürz und Limettensaft verfeinern und fand das Resultat »köstlich«.[333]

Auch die persischen Monarchen arrangierten sich bereitwillig mit der kulinarischen Kultur Europas. Natürlich gab es auch Grenzen. Naser al-Din Schah berichtete über die Mahlzeit, die ihm nach seiner Ankunft in England 1873 serviert wurde: »Wir saßen mit den Prinzen zusammen und es wurde warmes Essen und Obst serviert. Sie brachten zuerst Schildkrötensuppe, was mir nicht bewusst war, und so aß ich alles auf. Nachdem ich die Speisekarte studiert hatte, musste ich mich übergeben.«[334] Die Schahs beklagten regelmäßig die Qualität des Essens in Europa, das ihrer Meinung nach minderwertiger war als das in Persien. Mozaffar al-Din Schah freute sich 1900, als er im Osmanischen Reich endlich wieder Wassermelonen angeboten bekam: »Diese wachsen auch in unserem Land. Solche Dinge waren uns in Europa versagt.«[335] Während Naser al-Din Schah, der wenig religiösen Skrupel zeigte, in Europa auch gerne Alkohol konsumierte und dies auch in seinen Reisetagebüchern festhielt, blieb sein frommerer Sohn Mozaffar al-Din Schah abstinent.[336] Der Genuss von Alkohol – insbesondere Wein – war im Persien der Qajaren keine Seltenheit.[337] Die habsburgische Presse scherzte 1873 über die Trinkgelage der Perser in Frankreich: »Mahomed mag sich das Gesicht verhüllen, über die Fluthen von Bordeaux und Champagner, die da den Weg durch die gläubigen Gurgeln fanden.«[338] Die russische Presse erklärte 1902, dass, obwohl die »Perser Fanatiker sind«, die nach »all den Gesetzen leben, die ihnen ihr großer Prophet hinterließ«, diese doch dem Alkohol nicht abhold waren und wies darauf hin, dass Alkoholismus in Persien »weit verbreitet« sei.[339] Der osmanische Sultan hatte, obwohl er bei offiziellen Anlässen europäische Gerichte aß, seinen eigenen Koch mitgebracht.[340] Der Konsum von Wein war, wie in Persien, auch in osmanischen Hofkreisen verbreitet.[341] Der Sultan von Johor hingegen trank auch bei offiziellen Anlässen in Europa keinen Alkohol. Doch auch er verzehrte bereitwillig die Speisen, die ihm an Europas Tafeln serviert wurden.[342] Auch gibt es keine Hinweise darauf, dass die hawaiianischen Monarchen die europäische Küche ablehnten. Und auch die japanischen Gäste zeigten gegenüber europäischem Essen keinerlei Vorbehalte. Insgesamt ermöglichte diese Toleranz gegenüber dem Unbekannten den Besuchern einmal mehr, sich in den höfischen Sphären des Kontinents zu akkulturieren.

Auch der Besuch von Konzerten, Opern, Balletten und Theaterveranstaltungen – fester Bestandteil royaler Treffen in Europa – war manchen der Gäste neu.[343] Die meisten außereuropäischen Souveräne waren es nicht gewohnt, an langen Bühnenaufführungen teilzunehmen und Musik zu hören, die ihren Ohren fremd war. Dennoch ließen sich alle auf die Aufführungen bereitwillig ein und genossen diese teilweise auch. Das europäische Theater fand gerade erst etwas Einfluss in den außereuropäischen Staaten der Gäste. Das Persien der Qajaren hatte mit einigen Ausnahmen – vor allem dem *takieh dowlat*, einem großen Theater für die Aufführung schiitischer Passionsspiele – keine bedeutende Theatertradition.[344] Europäische Musikkonzerte fanden in Teheran, gegen den Widerstand des religiösen Establishments, der Ulama, nur sporadisch statt.[345] Obwohl die Schahs traditionelle persische Melodien bevorzugten, waren sie gegenüber westlicher (militärischer und klassischer) Musik aufgeschlossen. Nach Naser al-Din Schahs erster Europareise im Jahr 1873, von der er einige Klaviere mitbrachte, fanden gelegentlich private Pianokonzerte am Hof statt. Queen Victoria schenkte dem Schah zudem einige europäische Musikinstrumente, da sie davon überzeugt war, dass er ein Freund europäischer klassischer Musik war. Das Osmanische Reich hatte sich im Gegensatz dazu zum Zeitpunkt der Reise des Sultans bereits europäischem Theater, Opern und Konzerten geöffnet.[346] Auch die höfische Elite Siams zeigte sich europäischen Einflüssen gegenüber hier aufgeschlossener. Nach seiner Rückkehr nach Siam 1897 ließ Chulalongkorn regelmäßig europäische Stücke am Hof aufführen. Er war fasziniert von europäischen Theaterstücken, Balletten und Opern.[347] Besonders schätzte er dabei die

Tatsache, dass europäische Opernsänger und -sängerinnen ihre Gesichter subtiler schminkten als chinesische Künstler, die oft dicke Gesichtsfarbe nutzten. Mit einem guten Blick fürs Detail verglich der siamesische Monarch auch europäische und siamesische Bühnendarbietungen:

Tatsächlich unterscheiden sich westliche Musikvorstellungen nicht von unseren. Die Form ist ähnlich, nur die Techniken unterscheiden sich. An der Grand Opéra zum Beispiel tanzen und singen die Künstler, sprechen aber nicht miteinander. Wenn ich sage, dass sie tanzen, dann tanzen sie wirklich. Sie heben ihre Beine sehr hoch, überkreuzen sie, werfen ihren Oberkörper zurück oder drehen ihren Körper. Auch machen westliche Tänzer schwindelerregende Sprünge, spielen viel mit den Füßen und die Schritte werden in einem schnellen Rhythmus ausgeführt. Unsere Tänzer nutzen sowohl Füße als auch Hände, allerdings in einem viel langsameren Tempo. Ihre Gesten sind ruhiger und weniger offensichtlich. Das ist es, was die Westler zum Lachen bringt, wenn sie unsere Tänze sehen. Aber wenn wir ihre Tänze mit einem wahrhaft thailändischen Blick betrachten, können uns ihre Darbietungen auch unanständig vorkommen. Die Tänzerinnen heben ihre kurzen Röcke und machen affenartige Sprünge. Für Frauen ist es nicht schön, solche Manieren zu haben.[348]

Dennoch mussten die Gäste in Europa Bühnenaufführungen und Musik, die ihren Sinnen fremd waren, tolerieren, um am Programm des royalen Besuchs teilnehmen zu können.

Schließlich sorgte auch die Anwesenheit von Damen bei offiziellen höfischen Veranstaltungen für Irritationen.[349] Vor allem für den Sultan und die Schahs war die Situation ungewohnt.[350] Im Gegensatz zum homosozialen, geschlechtersegregierten Milieu der Osmanen- und Qajaren-Höfe nahmen in Europa adelige Damen an vielen höfischen Aktivitäten teil. Kontakte zwischen den Geschlechtern in der höfischen Sphäre, wie etwa das Am-Arm-Führen einer Frau oder das öffentliche Tanzen bei Bällen – gewöhnlich sogar mit der Ehefrau eines anderen Mannes – waren dem persischen und osmanischen Adel neu. Besonders deutlich wurden die Unterschiede im Fall der physischen Erscheinung der Hofdamen, der öffentlichen Zurschaustellung des weiblichen Körpers in tief ausgeschnittenen Ballkleidern, alles im Detail beschrieben in Naser al-Din Schahs Tagebüchern. Und dennoch, trotz all dieser Unterschiede, lernten die Perser und Osmanen recht schnell, mit den unvertrauten Geschlechterrollen umzugehen. Beide geleiteten sogar regelmäßig bereitwillig Königinnen und Kaiserinnen am Arm.[351] *Le Petit Journal* behauptete später etwas sensationalistisch: »Als bekannt wurde, dass der Führer des Islam sich in der Öffentlichkeit mit einer Frau ohne Schleier zeigte und der Kaiserin seinen Arm anbot, erschallte in Konstantinopel ein Schrei des Entsetzens.«[352] Die europäischen Höfe hatten keine Vorbehalte gegen diese Begegnungen.[353]

Die europäische Presse gab sich häufig lustvoll orientalistischen Fantasien über die Begegnungen der außereuropäischen Monarchen mit europäischen Damen hin. »Es wird gesagt, dass der Sultan, als er die Einladung in die City annahm, den Wunsch geäußert habe, viele englische Damen und englische Blumen zu sehen«, behauptete *The Times* über das Galadinner in der Londoner Guildhall.[354] »Beide waren in Perfektion da.« Der Korrespondent des *Daily Telegraph* in Wien schrieb über die angebliche Enttäuschung der Bevölkerung über die Abwesenheit des Harems des Sultans: »Wo war der Harem? Wo der Obereunuch – der Kislar Aga? Die Popularität des Sultans war, so glaube ich ernsthaft, durch seine Abwesenheit gefährdet – die Menschen hatten das Gefühl, dass er unter falschem Vorwand nach Wien gekommen sei.«[355] Die Begegnungen der Schahs mit europäischen Damen wurden in der Presse in ähnlicher Weise ausgeschlachtet.[356]

Chulalongkorn war zuweilen irritiert von seinen Begegnungen mit europäischen Damen. Obwohl gewöhnliche siamesische Frauen des Volkes zu dieser Zeit häufig nur Tücher trugen, um ihre Brüste zu bedecken, oder mitunter öffentlich auch barbusig waren, zeigten Damen des siamesischen Adels nicht viel von ihrem Körper im öffentlichen Raum. Der siamesische Monarch äußerte sich besonders kritisch gegenüber europäischen Damen, die an Orten, an denen Männer und Frauen gemeinsam badeten, in engen Badeanzügen schwammen.[357] Doch auch er führte ohne große Mühe europäische Damen bei höfischen Veranstaltungen am Arm. Nach einem großen Galadinner in Windsor im Jahr 1907 notierte er beispielsweise stolz in einem Brief an seine Tochter, wie er Queen Alexandra bei der Eröffnung des Abends am Arm geleitet hatte: »Ich begleitete sie und wir führten die Gruppe.«[358]

Heikler war die Frage des Empfangs polygamer Herrscher – etwa der Monarchen Persiens, Johors, Siams und des Osmanischen Reiches – an den monogamen Höfen Europas. Europäische Monarchen repräsentierten nach Außen – im Gegensatz zu ihren Gästen, die nicht-monogame Ehen zum Teil als politische Strategie nutzten, um Bündnisse mit den mächtigen Familien ihrer Länder aufrecht zu halten – das christliche und bürgerliche Ideal der monogamen Familie. Polygamie, geächtet als moralisches Laster, galt als Zeichen zivilisatorischer Rückständigkeit. Die polygamen Herrscher reisten gewöhnlich ohne Begleitung von Frauen oder in einigen Fällen mit nur einer Frau, um Differenzen im Hinblick auf das höfische Protokoll in Europa zu vermeiden. Abdülaziz, der fünf Frauen hatte (nicht Ehefrauen im engeren Sinne) – immer noch nur ein Fünftel der

Zahl seines Bruders und Vorgängers Abdülmecid –, reiste allein.[359] In der Tat herrschte an europäischen Höfen im Vorfeld der Besuche häufig Sorge im Hinblick auf diese Frage. Besorgt hatte Lord Lyons, als Botschafter der Queen an der Hohen Pforte, vor der Abreise des Sultans aus Konstantinopel die Frage beim osmanischen Außenminister Mehmed Fuad Pascha zur Sprache gebracht. »Seine Exzellenz versicherte mir ausdrücklich, dass es ganz sicher sei, dass der Sultan von keiner Frau, keiner Sklavin, keinem Eunuchen oder sonst einer Person begleitet würde, deren Anwesenheit die europäischen Gefühle in irgendeiner Weise verletzen könnte«, berichtete er an Whitehall.[360] Weitere Berichte bestätigten diese Vereinbarung: »Es ist sicher, dass mit dem Sultan keine Frau, keine Sklavin oder irgendeine anstößige Person reisen wird.«[361] (An dieser Stelle ist erwähnenswert, dass die französische Kaiserin Eugénie bei ihrem Besuch in Konstantinopel 1869 hauptsächlich Abdülaziz' Mutter, Pertevniyal Valide Sultan, und andere Damen im Privaten traf, und als Abdülhamid II. 1889 und 1898 Wilhelm II. und Augusta empfing, war keine einzige Frau seines Harems oder seiner Familie bei höfischen Veranstaltungen anwesend.[362]) Die persischen Schahs, die große Harems unterhielten, reisten gewöhnlich auch unbegleitet nach Europa. Nur während seines ersten Besuchs im Jahr 1873 wurde Naser al-Din Schah von einer seiner Lieblingsfrauen, Fatemeh Soltan Lavasani (Anis al-Dowleh), begleitet; doch veranlassten Bedenken hinsichtlich des Protokolls und angesichts des Wunsches seiner Frau, bei offiziellen Veranstaltungen in Europa anwesend zu sein, den Schah, sie kurzerhand kurz nach der Ankunft in Russland, zusammen mit ihren weiblichen Bediensteten, nach Teheran zurückzuschicken.[363] Sultan Abu Bakar von Johor, der am Ende mit vier Frauen verheiratet war, nahm keine seiner Gemahlinnen mit nach Europa.[364] Die Maskulinität der

Abbildung 13: Chulalongkorn begrüßt eine europäische Dame beim Empfang in der siamesischen Gesandtschaft, Ashburn Place, South Kensington, London, 1897, Stich eines unbekannten Künstlers.

reisenden osmanischen, persischen und johorischen Höfe war ungewöhnlich in Europa, wo es unter Monarchen üblich war, gekrönte Paare bei geschlechtergemischten Veranstaltungen zu empfangen. Chulalongkorn – der über 150 Frauen hatte, mit denen er 77 Kinder zeugte – brachte 1897 nur eine Frau mit, die mächtige Oberkönigin Saowapha; 1907 blieb sie als Regentin in Siam (Abbildung 13).[365] (Einige siamesische Hofdamen, darin geschult, an höfischen Veranstaltungen teilzunehmen, waren am Hof in Bangkok während der Besuche von Ausländern, wie Prinz Oscar von Schweden und Norwegen 1884 oder Kronprinz Nikolaus von Russland 1891, anwesend.[366]) Am Ende zeigten

Abbildung 14: Prinz Komatsu Akihito und seine Frau Arima, Hotel Kaiserhof in Berlin, Zeichnung von A. v. Rößler, veröffentlicht in *Die Gartenlaube* 11 (1887).

sich in den höfischen Geschlechterordnungen häufig tiefergreifende Unterschiede zwischen Gästen und Gastgebern. Insgesamt jedoch unternahmen die Besucher ernsthafte Anstrengungen, sich in die europäische Geschlechterordnung einzufügen. Die monogamen hawaiianischen und japanischen Herrscherhäuser, die an geschlechtergemischte höfische Veranstaltungen gewöhnt waren und deren Monarchen oft von ihren Partnern begleitet wurden, hatten hier weniger Schwierigkeiten (Abbildung 14).[367] Die Einfügung in die europäische Genderordnung ermöglichte es den Monarchen einmal mehr, sich als »zivilisierte« Souveräne zu präsentieren.

Am Ende fügten sich die fremden Souveräne in all diesen Fällen fast natürlich in den europäischen höfischen Raum ein. Das adäquate, an die dortigen Verhältnisse angepasste Verhalten der Monarchen in Europa lag ganz in ihrem eigenen politischen Interesse. Auch wenn ihre Anpassung an die europäische Etikette die Anerkennung europäischer Hegemonie (und Unterordnung) implizierte, so half ihnen ein angemessenes Verhalten an den Höfen Europas, ihren Status und den ihres Landes auf der internationalen Bühne zu fördern.

Insgesamt gelang den außereuropäischen Gästen die Anpassung oder leichte Neuverhandlung der europäischen Hofetikette – Formen symbolischen Handelns – durch Vorbereitung – sie konnten sich hier auf die Instruktion ihrer Staatsmänner, die Zeit in Europa verbracht hatten, verlassen – oder *Ad-Hoc*-Improvisation. Interessanterweise las Chulalongkorn sogar zur Vorbereitung auf seine erste Europareise die europäischen Reisetagebücher Naser al-Din Schahs.[368]

Die Anpassung an ungewohnte Bräuche wurde von den Gästen bisweilen bewusst eingestanden. Chulalongkorn etwa verkündete nach seiner Ankunft in Europa 1897: »Ich begann, europäisch zu leben.«[369] Von den Schahs sind ähnliche Aussagen bekannt.[370] Die Anpassung, wenngleich immer noch eine Anerkennung europäischer Überlegenheit, galt so auch als Geste der Höflichkeit. Die persischen Herrscher konnten sich in diesen Zusammenhängen beispielsweise auf das persische Konzept *mehmandari* (Ehrung von Gästen) berufen. Ähnliche kulturelle Bräuche der Höflichkeit hatten auch die anderen reisenden Monarchen.

Die europäischen Gastgeber hoben wiederholt explizit das »zivilisierte« Verhalten ihrer Gäste hervor. Monarchen in ganz Europa, darunter Queen Victoria, bezeichneten die Schahs nach ihren Aufenthalten in Europa als »zivilisiert«.[371] Die englische Queen war auch vom hawaiiani-schen König Kalākaua angetan, den sie in ihrem Tagebuch als »gentlemanlike & angenehm« beschrieb.[372] »Unser Aufenthalt in London war sehr erfolgreich«, schrieb der König nach Hause.[373] William Armstrong erklärte: »In seinem königlichen Verhalten war er, und bewies dies, jedem Monarchen, den er auf seiner Reise traf, ebenbürtig.«[374] Der osmanische Sultan hinterließ in Europa einen ähnlichen Eindruck. Lord Lyons, als britischer Botschafter an der osmanischen Pforte, behauptete sogar, dass es der Zweck der Reise des Sultans sei, Europa den zivilisatorischen Fortschritt seines Landes vorzuführen. »Es wird nichts unseren Auffassungen gegenüber Schockierendes vorfallen oder etwas Ungewöhnliches an den Gebräuchen des Sultans oder seines Gefolges geben«, schrieb er und erklärte, dass die »Intention« der Osmanen darin bestehe, Europa zu zeigen, »wie weit die Türken in der Zivilisation fortgeschritten sind.«[375] Auch Chulalongkorn galt an den Höfen Europas bald als zivilisierter Fürst. »Der König, sowie die Prinzen machten einen außerordentlich sympathischen Eindruck«, notierte der deutsche Botschafter in St. Petersburg, Hugo von Radolin, 1897.[376] »Sie sprachen vortrefflich englisch, haben sehr gute europäische Manieren und tragen kleidsame, nach europäischem Muster gemachte Uniformen.« Joseph Maria von Radowitz, Berlins Botschafter in Madrid, stimmte zu, dass das »Auftreten der siamesischen Gäste« insgesamt »einen sympathischen und civilisierten Eindruck gemacht« habe.[377] Natürlich implizierte selbst die Betonung des zivilisierten Verhaltens der Gäste Alterität, da die Zivilisationsfrage bei Begegnungen zwischen europäischen Monarchen gar nicht erst thematisiert worden wäre. Insgesamt waren die Treffen nie ganz frei von rassistischer und exotistischer Diskriminierung, wie im nächsten Kapitel dargelegt werden soll.

Kapitel 5:
Außenseiter in der Welt der Höfe

Monarchenbesuche in Europa waren für die fremden Herrscher nicht ohne Risiko, da sie auch kulturelle Alterität herausstellen und zu Ausgrenzung führen konnten. In einigen Fällen waren die Gäste schlicht nicht in der Lage, sich in die höfische Kultur Europas einzufügen. Manchmal fehlten die Fähigkeiten; manchmal wussten sie nicht, was erwartet wurde; und manchmal standen europäische höfische Praktiken im Widerspruch zu den eigenen, welche wiederum für sie wichtig waren, um Autorität unter ihrem eigenen Gefolge aufrechtzuerhalten. Die Liste der Anekdoten über die Fauxpas der Gäste ist lang.

Problematisch etwa waren Defizite in der französischen Sprache, der *lingua franca* des europäischen Adels. Diese Sprachbarriere führte zu Unterhaltungen, die häufig auf ein paar »Merci«, »Oui« und »Non« beschränkt waren; und da ihr Französisch oft nicht für ein ganzes Gespräch ausreichte, sprachen sie insgesamt recht wenig. Dies war am besten bei den Reisen der persischen Schahs zu beobachten.[378] Die Gäste empfanden die Sprachbarriere als echte Bürde, und sie unterstrich ihre Fremdheit in Europa. Der osmanische Sultan hatte ähnliche Probleme. Charles Grey, Privatsekretär der Queen, teilte Premierminister Lord Derby mit, dass eine »Stippvisite« des Sultans »für alle Seiten am angenehmsten wäre, da er wohl nicht in der Lage ist, auch nur ein Wort in einer anderen Sprache als Türkisch zu sprechen!«[379] Außenminister Lord Stanley gab in seinem Tagebuch seiner Unzufriedenheit über die Abhängigkeit von Übersetzern als Vermittlern Ausdruck: »Wir haben mit Hilfe Fuad Paschas, der als Dolmetscher fungierte, gesprochen. Ich weiß nicht, ob er gewissenhaft übersetzt hat.«[380] Lord Lyons erklärte – von mangelnden Sprachkenntnissen auf eine allgemeinere Unfähigkeit, den zivilisatorischen Fortschritt Europas zu begreifen, schließend –, dass, da der Sultan »keine Kenntnisse der Sprachen der Länder, die er besucht hat« habe, es »nicht zu erwarten« sei, dass er sich »größeres Wissen« während seiner Reise aneignen könne.[381] Andere hatten es leichter. Hawai'is Königin Emma, die fließend Englisch sprach, lernte auf ihrer langen Reise durch Europa etwas Französisch. Chulalongkorn, Kalākaua und Abu Bakar konnten Englisch, jedoch nur sehr wenig Französisch. Queen Victoria habe »insbesondere gefragt, wo ich Englisch gelernt habe, da mein Akzent perfekt war«, brüstete sich Kalākaua.[382] »Wir erfuhren«, notierte Armstrong in seinem Tagebuch, »dass die Queen während des Besuchs des Königs in ausgezeichneter Stimmung gewesen war; sie war besonders angetan davon, dass er die englische Sprache so leicht und mit englischem Akzent sprach; kein anderer ausländischer Souverän, der England besucht hatte, sprach es so fließend.«[383] Dies sei ein großer Vorteil in der globalen Welt der Höfe: »Der Gebrauch der englischen Sprache durch den König verschaffte ihm einen großen Vorteil gegenüber einigen anderen royalen Gästen.«[384] Ebenso stellte er mit gewissem Stolz fest, dass sowohl Prinz Wilhelm (später Wilhelm II.), als auch seine Frau Augusta in Berlin »die Beherrschung der englischen Sprache durch den König bewunderten«.[385] Der siamesische Hofchronist war überzeugt, dass der Besuch Chulalongkorns »ein echter Erfolg« gewesen sei, »weil er sich leicht und mit Vertrautheit mit europäischen Monarchen unterhalten konnte«, als »erster asiatischer Monarch, der mit ihnen direkt auf Englisch anstatt mit Hilfe von Dolmetschern sprach«.[386] Doch als Félix Faure mit seinem siamesischen Gast Englisch redete, zeigte sich die französische Presse wenig überraschend empört darüber, dass sich ihr Präsident in einer Fremdsprache unterhielt.[387] Am Ende konnten Englischkenntnisse nicht in jeder Hauptstadt Europas Französisch ersetzen. Chulalongkorn berichtete, dass er bei seinem Treffen in Baden-Baden mit Großfürst Mikhail von Russland, der nur wenig Englisch verstand, auf einen Dolmetscher angewiesen war: »Zu Beginn war die Verständigung wirklich ein wenig mühsam und stockend, aber später ging es ganz fließend.«[388] Das Fehlen der an europäischen Höfen vorausgesetzten Sprachkenntnisse ließ die Monarchen der außereuropäischen Welt dort oft fremd erscheinen. Bemerkenswert ist jedoch auch, dass manche der Besucher bewusst darauf bestanden, bei Hofe ihre eigene Sprache zu verwenden, und sich so der europäischen Hegemonie widersetzten. Insbesondere Abu Bakar hielt, obwohl er fließend Englisch sprach, seine Reden vor europäischem Publikum auf Malaiisch, um sie dann von einem Dolmetscher übersetzen zu lassen.[389]

Auch hatten die Gäste in einigen Fällen Probleme, sich in das in Europa minutiös geplante öffentliche Zeremoniell einzufügen. Einige von ihnen hielten sich oft nicht an den genauen Zeitplan des öffentlichen Zeremoniells.[390] Ebenso entsprach der Habitus der Gäste in der Öffentlichkeit oft keineswegs der vom europäischen Publikum gewohnten Performance. Die europäische Presse – gewöhnt an eine nahezu perfekte Vorstellung ihrer Monarchen – nahm wiederholt Anstoß an dem desorganisierten Verhalten der Besucher. Artikel über unorganisierte und willkürlich handelnde exotische Potentaten waren natürlich nicht im Interesse der außereuropäischen Höfe. Während der Besuche kursierten zahlreiche Gerüchte über das angebliche Fehlverhalten der Gäste. Vor allem um die Besuche der Schahs rankten sich die abenteuerlichsten Geschichten, von Berichten über wilde Feste mit Prostituierten bis zu Schauermärchen über das blutrünstige Schlachten von Tieren in ihren königlichen Gemächern. William Armstrong notierte mit Genugtuung in seinem Tagebuch, sein hawaiianischer Herrscher habe »nicht die Gewohnheiten des Schahs von Persien gezeigt, der, während er in Buckingham Palace wohnte, einen der Salons in einen Schlachthof für Hühner umfunktionierte, da es Brauch in Persien war, in Gegenwart des Herrschers zu schlachten und zu kochen, um das Risiko eines Gift-Anschlags zu beseitigen«, eine Geschichte, die eine Erfindung der zeitgenössischen Presse war.[391] In ähnlicher Weise wurde in der von der Regierung herausgegebenen hawaiianischen Broschüre zur Feier von Kalākauas Weltreise darauf hingewiesen, dass der »Schah von Persien« im Gegensatz zu »unserem aufgeklärten und humanen pazifischen Monarchen« nach Europa gereist sei, »um barbarischen Reichtum zu verschwenden und barbarische Vorlieben« auszuleben.[392] Vor allem aber die Pünktlichkeit, ein weiteres Maß guter Manieren, wurde oft zum Problem. Königin Emma beleidigte ihre Gastgeberin, Lady Franklin, in der Upper Gore Lodge, als sie sie trotz wiederholter Bitten eine Stunde lang warten ließ, bevor sie zum Abendessen erschien.[393] Allerdings waren es nicht ausschließlich die Europäer, die sich irritiert zeigten. Chulalongkorn war verärgert über die mangelnde Organisation am Hofe von Carlos I. in Portugal und beklagte in einem Brief an seine Frau: »Nichts war klar hier. Pünktlichkeit ist unbekannt«; »Ich werde froh sein, hier wieder abzureisen.«[394]

Die beschwerliche Reisen waren für die fremden Monarchen natürlich kräftezehrend. Der Botschafter der Queen in Konstantinopel, Lord Lyons, mahnte Edmund Hammond bereits vor der Reise des osmanischen Herrschers, die schwache körperliche Verfassung des Gastes zu berücksichtigen: »Der Sultan leidet unter Bluthochdruck, der seinen Kopf erröten lässt und kann möglicherweise nicht lange in heißen Räumen stehen; und bevor er es nicht ausprobiert hat, kann er noch nicht sagen, inwieweit er bis spät in den Abend wach bleiben und andere Dinge meistern kann, die er nicht gewohnt ist.«[395] Abdülaziz hatte tatsächlich Probleme. Die Presse beobachtete beispielsweise, dass er während seines Aufenthalts in Wien »von der Reise etwas erschöpft wirkte und träge auf den enthusiastischen Jubel reagierte« und dass er während des ersten Aktes im Ballett »der Bühne nur wenig Aufmerksamkeit schenkte; er schien sehr erschöpft zu sein und lehnte sich in seinem Sessel zurück, den Kopf auf die linke Hand gestützt«, was als Fauxpas angesehen werden konnte.[396] »Von Anfang bis Ende«, spottete ein Reporter über den Besuch der osmanischen Gäste bei der Pariser Weltausstellung, »zeigte der Sultan nur wenig Interesse an dem, was um ihn herum geschah.«[397] Naser al-Din Schah beschwerte sich regelmäßig über die Strapazen seiner Reisen, während Mozaffar al-Din Schah, der bei schlechterer Gesundheit war, sogar bisweilen während offizieller Veranstaltungen bei Hofe auch mal einschlief.[398] Der offiziellen Verpflichtungen überdrüssig, sagten die Schahs regelmäßig geplante Termine ab. Chulalongkorn, der 1897 in Rom unter der Last des umfangreichen Unterhaltungsprogramms litt, war, wie er es ausdrückte, »unerträglich müde« und gab zu, dass er »es schon ziemlich satt« hatte.[399] Nachdem er um ein Uhr nachts von den Feierlichkeiten im Palast in Cascais, Lissabon, in seine Gemächer zurückgekehrt war, teilte er dem portugiesischen König mittels Telegramm mit, dass er den geplanten Besuch des Palastes in Sintra am nächsten Tag aufgrund von Müdigkeit absagen müsse.[400] Völlig erschöpft, beschloss der siamesische Potentat auch einmal, sich krank zu melden, um etwas Ruhe zu bekommen; seiner Frau telegraphierte er: »Wenn ich persönlich erkläre, dass ich müde bin, wird mir niemand glauben, deshalb wurde der Arzt gebeten, mir Ruhe zu verordnen.«[401] Solch Zurschaustellen von Müdigkeit, Zeichen mangelnder physischer Kraft, ließ die Monarchen schwach erscheinen.

Auch das Gefolge der Gäste stach oft heraus. Ein Reporter beschrieb 1867 eine Szene im Salon des Bootes, das dem osmanischen Sultan für seine Fahrt auf der Donau zur Verfügung gestellt worden war: »Typen in fast allen Arten orientalischer Tracht spielten Whist, Piquet oder Trent-et-un, mit hier und da einem großen, faulen, schönen Tscherkessen oder Albaner, zu ungebildet, um zu lesen, sich zu unterhalten oder Karten zu spielen, ausgestreckt auf den purpurroten Samtsofas in tiefem Genuss von Kief und Tabak.«[402] Bei einer anderen Gelegenheit zeichnete er ein noch farbenfroheres Bild eines exotischen Gefolges: »Da waren Neger mit schwarzer Haut und gequollenen Lippen; Albaner in weißen Leinenhemden, goldenen Strumpfhosen und mit Pistolen, die in um ihre Taillen befestigten Gürteln steckten; Tscherkessen mit Mützen aus Astrachan-Wolle und in Reihen auf ihrer Brust angeordneten Patronentaschen; es gab Nubier, Perser, Kopten, Griechen und ich weiß nicht wen noch, die alle miteinander in einem Jargon schwatzten, der für jeden – mit Ausnahme vielleicht eines halben Dutzend Personen – völlig unverständlich war.«[403] Die Hierarchien der reisenden Höfe entsprachen oft nicht denen in Europa. »Es bedurfte großer Mühen, diesen orientalischen Reisenden ihre Plätze zuzuweisen, ohne grob gegen die türkische Etikette zu verstoßen«, erklärte ein Journalist über die Zugfahrt von Dover nach London, »und da es, inmitten der Fülle an Lametta und Gold sehr schwierig war zu erkennen, wer Gebieter und wer Diener war, befürchte ich, dass die Gesetze der osmanischen Präzedenz nicht besonders streng eingehalten werden konnten.«[404] In ähnlicher Weise sorgte das persische Gefolge mit seinem

Verhalten, ob real oder erfunden, an den Höfen Europas für Gesprächsstoff.[405] Die Monarchen selbst äußerten zeitweise Scham über ihren Tross. Chulalongkorn bezeichnete 1897 seine eigene Entourage als eine Peinlichkeit, wobei er beklagte, dass sie sich »wie Kha« benahmen, eine Minderheit in Siam, auf die er herabschaute.[406] In einer Ansprache an sein fast 300 Mann starkes Gefolge gleich zu Beginn seiner Reise hatte der siamesische Monarch dieses ermahnt, sich im Ausland zu benehmen, da die Europäer Siam sonst als unzivilisiertes Land ansehen würden.[407] Es läge in ihrer Verantwortung, den Europäern zu zeigen, dass sie aus einem Land mit einer langen Geschichte kämen, das stolz unter den zivilisierten Nationen Europas stünde. Auch die anderen außereuropäischen Monarchen unternahmen einige Anstrengungen, das Erscheinungsbild und Verhalten ihrer Suiten zu kontrollieren. Doch während sich die Monarchen selbst mit einigem Aufwand an ihnen ungewohnte Verhältnisse an den europäischen Höfen anpassen konnten, erwies sich dies für ihr Gefolge oft als eine größere Herausforderung.

Aber auch die Europäer waren für Veränderungen des bei Monarchenbesuchen sonst üblichen Zeremoniells verantwortlich. Die europäischen Höfe nahmen häufig Änderungen vor, die ihrer Vorstellung der kulturellen Andersartigkeit der Gäste entsprangen. Dabei exotisierten sie diese regelmäßig.[408] Dies spiegelte sich unter anderem in der Einführung exotischer Dekoration im zeremoniellen Raum wider. Anlässlich des Besuchs des Sultans schmückten die Franzosen beispielsweise die Anlegestelle, an der der Sultan in Toulon empfangen wurde, orientalistisch. Für den Empfang war eigens ein »wunderschöner orientalischer Kiosk« mit »luxuriösen Diwanen«, wie es ein Journalist ausdrückte, errichtet worden.[409] Abdülaziz zeigte nach seiner Ankunft dafür jedoch wenig Interesse und ging schnell weiter. Die Habsburger Behörden wiederum schmückten den Wiener Westbahnhof entsprechend ihren orientalistischen Vorstellungen mit exotischen Pflanzen und grünweißen Wandbehängen, den Farben des Propheten.[410] Ähnliches ließ sich in den Gemächern des Sultans in Schloss Schönbrunn beobachten. »Diese Räume«, berichtete die Presse, »wurden für den Anlass neu dekoriert und im orientalischen Stil hergerichtet«.[411] In England wies Edmund Hammond in einem Brief an Thomas Biddulph, den Wirtschaftsverwalter der Queen, den Hof für den Abendempfang im Buckingham Palace an, bei der Einrichtung die Gewohnheiten des Sultans zu berücksichtigen: »Ich denke auch, dass sie eine Art Ottomane in den Ballsaal stellen müssten, damit er bequem sitzen kann, was ihm auf einem englischen Stuhl wahrscheinlich schwerfallen wird.«[412] Teile der Dekoration, die für die Besuche der persischen Schahs organisiert wurden, spiegelten ebenfalls stereotypische Muster angeblich orientalischen Geschmacks wider, die zumeist Produkt der europäischen Fantasie waren und wenig mit der persischen Realität zu tun hatten.[413] Palmen, persische Teppiche, farbenreiche Kissen wurden arrangiert. In Berlin wurde 1889 am Potsdamer Bahnhof ein »Persisches Zelt« zur Begrüßung des Schahs errichtet und in London wurde im selben Jahr die Front eines großen Pappmaschee-Palastes an die Fassaden eines Hauses gebaut, an dem der Schah auf dem Weg zur Guildhall vorbeifuhr. Gewöhnlich konnten die Perser wenig mit diesen ihnen präsentierten Dekorationen anfangen; sie verstanden häufig schlicht den orientalistischen Code ihrer Gastgeber nicht. Für die japanischen Gäste wurden ähnliche Anstrengungen unternommen. Als Japans Prinz und Prinzessin Arisugawa 1905 im Londoner Savoy Hotel dinierten, wurden Teile der Hotel-Anlage in Anlehnung an einen japanischen Garten umgestaltet.[414]

Ein Blick auf das Opern- und Theaterprogramm der Schahs in Berlin zeigt wiederum, dass den Gästen fast ausschließlich Stücke zu orientalischen Themen gezeigt wurden, die größtenteils aus den Federn von Europäern stammten.[415] 1873 sah Naser al-Din Schah die Balletts *Aladdin* und *Sardanapal.* Beide Stücke spielen im Orient und artikulieren orientalistische Stereotype. 1878 besuchte er das Ballett *Morgano,* welches auf Geschichten aus *1001 Nacht* beruhte. Und 1889 sah er Vincenzo Bellinis Ballett *Der Seeräuber,* »mit seinen orientalischen Bildern und fantastischen, farbenfrohen Tänzen«, wie es die *Frankfurter Zeitung* beschrieb. Ähnlich wurde Japans Prinz Komatsu Akihito 1886 in London Gilbert and Sullivans komische Oper *Der Mikado* im Savoy Theater vorgeführt, die ein veralberndes Bild der japanischen Monarchie zeichnete.[416] Später zeigten die Gastgeber in London etwas mehr Fingerspitzengefühl. Kurz vor der Ankunft des japanischen Prinzen Fushimi Sadanaru in England 1907 erfuhr der Hof, dass eine neue Produktion des *Mikado* zur gleichen Zeit Premiere feiern sollte.[417] Um die Gäste nicht zu beleidigen, wurde die Aufführung auf Druck des Büros des Lord Chamberlain abgesagt.

Als der Khedive 1867 die Weltausstellung in Paris besuchte, bemerkte er, dass die Franzosen in der ägyptischen Ausstellung versucht hatten, ein mittelalterliches Kairo darzustellen, samt Palast; der ägyptische Herrscher verweilte etwas in dem Gebäude, sich als mittelalterlicher Potentat gebend, und wurde so selbst Objekt der Ausstellung.[418] Die royalen Gäste der Weltausstellungen konnten so schnell Teil dieser werden. Ein Monarchenbesuch wurde zur Völkerschau.

Die europäischen Monarchen machten zuweilen keinen Hehl daraus, dass sie ihre Gäste als exotische Fremde wahrnahmen. Besonders betroffen war das hawaiianische Königshaus. Queen Victoria beispielsweise verhörte Queen Emma zur Kleidung (oder dem Mangel derer) ihrer Untertanen: »Wie kleidet sich Ihr Volk?«, fragte sie, worauf Emma antwortete: »Wie die einfachen Leute in England.« Victoria, nicht nachgebend: »Aber früher?« Emma: »In der Tat sehr wenig Kleidung – ein Tuch um den Körper, und den Nacken bedeckt mit Blättern und Blumen.« Victoria lachte.[419] Armstrong hielt fest, dass er während eines Empfangs durch den Graf und die Gräfin Spencer für den Prinzen und die Prinzessin von Wales im Kensington Museum, »die Kommentare, die über den König gemacht wurden«, überhörte – darunter: »Mir wurde erzählt, er hat dreißig Frauen«, »Wo ist sein Land; liegt es in der Nähe von Amerika?«, »War sein Großvater Kannibale?«.[420] Er stellte fest, dass, obwohl die Hawaiianer sich »mit den überlegenen Menschen der höchsten Klasse« umgaben, es doch »Beweis der Tatsache ist, dass ein hoher Rang nicht zur Beseitigung der unangenehmen Seiten des Lebens führt; dass der Prinz und der Pauper viel gemein haben; in der Tat, jemand der mit dem höfischen Leben vertraut war, sagte mir, dass es voll von Ärger und Schwierigkeiten sei, trotz der süßen Luft der Anbetung die es umgibt.«[421] Den Besuchern fielen auch Unterschiede zwischen dem Verhalten von Europäern in der europäischen höfischen Welt und außerhalb Europas auf. Chulalongkorn etwa bemerkte, dass ein deutscher Diplomat, der sich während seines Aufenthalts in Bangkok sehr großspurig, arrogant und herablassend gezeigt hatte, in seinem eigenen Land plötzlich viel zurückhaltender war.[422] Vor allem das Gefolge litt teilweise unter europäischem Hochmut. Mohammad Hasan Khan, einer der distinguiertesten Höflinge Naser al-Din Schahs, notierte während seines Aufenthalts in England 1889 in seinem Tagebuch: »Dem Schah gegenüber sind sie sehr respektvoll, aber uns behandeln sie wie Hunde.«[423]

Grundsätzlich war Status nicht in jeder Situation von größerer Bedeutung als Ethnizität.[424] In der Praxis war die Bedeutung von Klasse und Ethnizität immer *situativ*. Der soziale Status der Gäste war in den meisten offiziellen Situationen entscheidend – und in der Tat Grundlage für die Entscheidung der europäischen Höfe, für sie ein europäisches Zeremoniell zu organisieren –, und dennoch konnte in anderen Situationen ihre physische äußerliche Erscheinung und geographische Herkunft entscheidend sein. Allein die Tatsache, dass die außereuropäischen Monarchen sich mit dieser Unsicherheit auseinandersetzen mussten, gestaltete ihre Situation schwieriger – weniger privilegiert – als die der europäischen Monarchen, die die Höfe Europas besuchten. Die außereuropäischen Gäste bewegten sich sowohl in einer statusbasierten (adeligen) als auch in einer rassistischen Welt. Der physische Körper konnte bisweilen von größerer Bedeutung sein als der symbolische (soziale) Körper. Ornamentalismus prägte wichtige Teile der Begegnungen, doch nicht alle.

Die europäischen Höfe stellten die Besuche zuweilen auch paternalistisch als Bildungsreisen primitiver Monarchen dar, die bestrebt waren, ihre Länder der überlegenen europäischen Zivilisation zu öffnen. Die offiziellen Erklärungen vonseiten einiger der außereuropäischen Höfe, welche den Studiencharakter der Besuche hervorhoben, und die Politik der Reformen in ihren Ländern befeuerten solche Interpretationen. »Wir dürfen den Besuch des Sultans nicht bloß unter dem Blickwinkel von Macht & Prunk betrachten«, verkündete Edmund Hammond 1867, »was wünschenswert ist, ist, seinem Geist neue Ideen zu eröffnen.«[425] Der britische Diplomat Francis Ottiwell Adams stimmte zu: »Es scheint, als ob Seine Majestät wirklich daran interessiert ist, sich Wissen anzueignen und die Funktionsweise verschiedener Institutionen kennenzulernen.«[426]

Dem Sultan, dargestellt als wankelmütig und leicht manipulierbar, sollten nur nützliche Einladungen vorgelegt werden. Frankreichs Außenminister Lionel de Moustier sagte angeblich, er wolle verhindern, dass der Sultan Versailles besichtige, da dieser sonst sofort etwas ähnlich Kostspieliges in Konstantinopel bauen wollen würde.

Bemerkenswert ist, dass auch die außereuropäischen Gäste selbst in Bezug auf die Länder Europas häufig zivilisatorische Sprache verwendeten. Der osmanische Außenminister Mehmed Fuad Pascha etwa betonte in einem Brief an seinen Botschafter in London, Kostaki Musurus Pasha, »den höchsten Wert«, den die Reise des Sultans zu »den zivilisiertesten Ländern des Westens« für das Osmanische Reich habe.[427] Die Idee von »Zivilisation« und »zivilisierten Staaten« wurde zu der Zeit routinemäßig von Staatsmännern, Hofbeamten und Diplomaten in Ländern wie Äthiopien (*silitāne*), China (*wenming*), Japan (*bunmei*), dem Osmanischen Reich (*medeniyet*; zunächst, in vor-*tanzimat* Zeiten, auch *temeddun*), Persien (*tamaddon*) und Siam (*siwilai*, in Anlehnung an den englischen Begriff; und, materiellen Fortschritt konnotierend, *khwam charoen*) verwendet. Die europäischen Mächte wurden in den uneroberten Staaten der außereuropäischen Welt regelmäßig als »zivilisierte Mächte« bezeichnet. Einige der Besucher versuchten jedoch, den Spagat zwischen der Anerkennung des materiellen Fortschritts Europas und der Ablehnung der Vorstellung einer grundsätzlicheren zivilisatorischen Superiorität Europas zu schaffen. Am deutlichsten wurde dies in Chulalongkorns Bemerkungen zur europäischen Zivilisation. Der siamesische Herrscher unterschied zwischen europäischer Wissenschaft und Technologie, die er als überlegen anerkannte, und europäischen menschlichen Qualitäten, die er für minderwertig hielt. Vor seiner ersten Reise, im Jahr 1894, bemerkte er einmal: »Ich hasse die Westler wirklich. Sie sind gierig. Sie sind sehr unzuverlässig, wenn sie nicht bekommen, was sie wollen. Menschen wie wir sind leidenschaftlich und kümmern sich umeinander.«[428] Während seiner Reisen durch Europa gelangte er zu der Überzeugung, dass es den Europäern im Vergleich zu den Siamesen hinsichtlich ihrer ethischen und ästhetischen Standards an Zivilisation mangelte.[429] Er zeigte sich davon überzeugt, dass er genauso zivilisiert war wie seine europäischen Gegenüber.[430] Ähnliche Ansichten herrschten zu der Zeit unter den Eliten in vielen anderen Teilen der außereuropäischen Welt.[431]

Darüber hinaus könnten auch religiöse Unterschiede von Bedeutung sein, wie in der Garter-Kontroverse, der Polygamie-Frage oder der Alkohol-Problematik deutlich wurde. Es gab einige religiöse Zeremonien, die üblicherweise Teil monarchischer Besuche christlicher Herrscher in Europa waren, an denen die meisten der außereuropäischen Gäste nicht teilnehmen konnten. Die Europäer betrachteten ihre Besucher zuweilen explizit als religiöse Außenseiter. *The Times* erinnerte beispielsweise 1867 ihre Leser daran, dass die Vorfahren ihres Gastes, des Sultans, »vor nicht einmal 200 Jahren der Schrecken der Christenheit waren«, während *The Daily Telegraph* feststellte, »dass vor zwei oder drei Jahrhunderten die Präsenz eines Sultan in Paris oder London entweder die Demütigung der Christenheit oder die Gefangennahme eines einfallenden Fürsten« durch christliche Armeen bedeutet hätte.[432] Der Besuch in Wien war dabei natürlich besonders symbolträchtig: »Soliman versuchte vergeblich die Mauern dieser alten Stadt zu zertrümmern. Abdul Aziz betrat sie gestern Morgen an der Seite des Kaisers und wurde von Tausenden seiner Bürger mit ohrenbetäubendem Beifall begrüßt.«[433] Auch die persischen Schahs wurden, obwohl sie Kirchen besuchten und sich mit christlichen Klerikern trafen, regelmäßig als religiöse *Andere* dargestellt.[434] Das Gleiche galt für Chulalongkorn, obwohl auch er keine Vorbehalte gegen den Besuch christlicher Kapellen, Kirchen und Kathedralen in Europa hatte.[435] Der siamesische Herrscher führte während seiner Reise weiterhin die wichtigsten buddhistischen Riten durch.[436] Die hawaiianische Königsfamilie hingegen stützte sich bei den Begegnungen an Europas Höfen häufig auf ihre gemeinsame Religion. Die fromme Königin Emma nahm während ihres Besuchs 1865 zusammen mit Vertretern der Kirche an zahlreichen ekklesiastischen Veranstaltungen teil. Bei einem Abendessen in London lobte der Bürgermeister in seiner Tischrede den missionarischen Eifer, durch den ganz Hawai'i in kürzester Zeit christianisiert wurde.[437] Robert Crichton Wyllie, Hawai'is schottlandstämmiger Außenminister, bezeichnete den Besuch von Königin Emma sogar als »die episkopale Mission«.[438] Ebenso besuchten Königin Kapi'olani und Prinzessin Lili'uokalani 1887 eine Gartenparty des Erzbischofs von Canterbury im Lambeth Palace.[439] Erwähnenswert ist hier auch, dass auch der Hof in Addis Abeba, im Streben nach Anerkennung äthiopischer Souveränität, in seinen Beziehungen zu den europäischen Weltreichen seine Position als Teil der christlichen Welt betonte. Insgesamt jedoch erwiesen sich religiöse Grenzen für außereuropäische Höfe oft als weniger leicht zu überwinden als andere Unterschiede. Die nichtchristlichen Monarchen waren zuweilen auch innerhalb ihrer eigenen Länder mit Kritik an ihren Reisen in die Reiche der Ungläubigen konfrontiert. Insbesondere die Schahs hatten mit dem Widerstand von Teilen der persischen Ulama zu kämpfen.[440] Der osmanische Sultan hingegen schien weniger Probleme mit den religiösen Kreisen seines Reiches zu haben. »Die Geschichten über den Widerstand des Cheik ul Islam und der Ulemas sind, da bin ich mir sicher, völlig falsch«, berichtete Lord Lyons am Vorabend von Abdülaziz' Besuch 1867 aus Konstantinopel.[441]

Abbildung 15: König Kalākauas »Königliches Amusement« in Wien, Karikatur von L. Appelrath, veröffentlicht in *Humoristische Blätter* 33 (1881).

Die Presse, eine immer größere Macht in der politischen Welt im Europa des neunzehnten Jahrhunderts, zeichnete unterdessen ein ambivalentes Bild der Besuche, betonte mal Gleichheit, mal Alterität.[442] Im Allgemeinen war die Berichterstattung der Zeitungen über die Gäste eher nüchtern, nicht von groben Stereotypen geprägt. Oft wurden die gekrönten Gäste als Monarchen, nicht als exotische Fremde, porträtiert. Im Laufe der Jahre wurden jedoch die Presse-Berichte, insbesondere in den Boulevardzeitungen, in der Tendenz zunehmend rassistisch, exotistisch und imperialistisch (Abbildung 15).[443] Die Anzahl herablassender Artikel wuchs. Ein Teil der Presse behandelte die Gäste als fremdartige Figuren, die der Belustigung des europäischen

Publikums dienen sollten. Es gibt hier auch frühe Beispiele. Hawai'is König Kamehameha II. und Königin Kamāmalu wurden während ihres Aufenthalts in London 1824 als »ihre wilden Majestäten« verspottet; ihr Besuch soll das Lied *The King of the Cannibal Islands* inspiriert haben, das in England recht populär wurde.[444] Die persischen Monarchen, deren Besuche in ganz Europa eine beispiellose Schah-Manie auslösten, zeigten sich irritiert über die zum Teil wenig schmeichelhafte Berichterstattung über sie; sie waren nicht an kritische und humoristische Presseartikel gewöhnt.[445] Auch Chulalongkorn war Berichten zufolge verärgert über beleidigende Bemerkungen und absurde Geschichten, die über ihn in den Blättern kursierten.[446] Viele Zeitungen betonten, unter impliziter Annahme einer gewissen zivilisatorischen Minderwertigkeit der reisenden Monarchen, auch die Reformen, die sie in ihren Ländern eingeleitet hatten. Häufig stellten sie die Besuche, beeinflusst von der kolonialistischen Idee der »Zivilisierungsmission«, als Studienreisen dar. Die Besuche wurden dabei als Versuch erklärt, das Zivilisationsniveau der Länder zu heben. (Diese Idee ist auch hier durch die Aussagen einiger der Gäste befeuert worden, die Errungenschaften Europas näher kennenlernen zu wollen.) *Le Petit Journal* etwa lobte 1873, dass die Qajaren mit der »Erneuerung Persiens« begonnen hätten, einen »Plan zur Wiederherstellung Persiens Einfluss in der Welt« verfolgten und, möglicherweise beeinflusst von Japan und China, »die bittenden und fortschrittsstrebenden Hände nach Europa ausgestreckt« hätten, um die Gefahr des Imperialismus abzuwehren.[447] Mark Twain, als Berichterstatter des *New York Herald* über den Besuch des Schahs 1873, schrieb mit einiger Skepsis:

Wenn die Berge von Geld, die das zivilisierte Europa zur Unterhaltung des Schahs ausgibt, ihn dazu bringen, einige der milden und barmherzigen Sitten anzunehmen, die in christlichen Reichen vorherrschen, dann wäre es gut und weise angelegtes Geld. Wenn er lernt, dass ein Thron ebenso stark auf den Zuneigungen eines Volkes beruhen kann wie auf seinen Ängsten; dass Barmherzigkeit und Gerechtigkeit Hand in Hand gehen können, ohne die Autorität des Souveräns zu beeinträchtigen; dass eine dem Untertanen gewährte größere Freiheit die Macht des Monarchen nicht beeinträchtigen muss; wenn er diese Dinge lernt, wird Persien der Gewinner seiner Reise sein, und das Geld, das Europa für seine Unterhaltung aufgewendet hat, gewinnbringend investiert worden sein.[448]

Die zaristische *Moskovskie Vedomosti* lobte 1889 die Reformbemühungen des Schahs zur »inneren Verbesserung des Staates«, wobei sie viele der in Persien jüngst eingeführten Innovationen auflistete.[449] *The Times* erklärte 1897, dass sich der siamesische Monarch »beeilt, das, was er bei uns am meisten bewundert, in seinem eigenen Land einzuführen«, um es zu europäisieren.[450] Die Reformen wurden gleichzeitig mit dem Ringen des Landes um den Erhalt seiner Souveränität in Verbindung gebracht. »Der König war einer der ersten Siamesen, der erkannte, dass das Festhalten an den alten orientalischen Regierungsmethoden den Untergang Siams als Macht bedeuten muss«, hieß es in der Zeitung. »Dank der Erkenntnis des Königs, dass eine Abkehr vom alten Regime für das Wohlergehen des Volkes und für das Leben des Landes notwendig ist, ist Siam nun auf einem guten Weg, sich einen Platz in der Familie der Nationen zu verdienen.« Gleichzeitig mahnte der Autor etwas herablassend zur Geduld: »Es kann nicht erwartet werden, dass ein Volk wie das der Siamesen in der Lage sein sollte, sofort die wahre Bedeutung des neuen Phänomens der westlichen Zivilisation, mit dem es plötzlich konfrontiert ist, zu begreifen.« Siam befände sich »ein Jahrhundert hinter« der westlichen Zivilisation. Dennoch galten die Monarchen, wenn sie den Weg der Reform weiter beschritten, als potenziell ebenbürtig. »Der König von Siam«, erklärte die niederländische Tageszeitung *Het Nieuws van den Dag*, der »von vielen fälschlicherweise für eine Art Negerkönig gehalten wird«, sei in Wirklichkeit »ein hochzivilisierter und aufgeklärter asiatischer Monarch, der in Hinblick auf Entwicklung und Staatsführung einen höheren Rang als der Mikado Japans einnehmen sollte, und, wie dieser, entschlossen ist, seinem Land die Segnungen der westlichen Zivilisation zu sichern.«[451] Der konservative französische *Figaro* sah dies ähnlich. Die Zeitung verurteilte im Vorfeld des Besuches von 1897, dass sich einige eifrige Schreiberlinge bereits anschickten, die Fantasien zu recyceln, die sie anlässlich der Besuche von Naser al-Din Schah veröffentlicht hatten, und wies ihre Leser drauf hin, dass »man nicht vergessen darf, dass der König von Siam, wenngleich seine Staaten asiatisch sind, ein Souverän von einer Würde wie die der Europäer ist«, ein Monarch.[452] Insgesamt nahm die Begeisterung der Öffentlichkeit über die Besuche der fremden Monarchen im Laufe der Jahre ab. »Die Zeiten, in denen die Ankunft eines asiatischen Souveräns in Europa«, schrieb bereits 1873 ein Journalist in Bezug auf die royalen Missionen aus China, Japan, Siam und Burma sowie auf die Besuche des osmanischen Sultans und des persischen Schahs, »zu öffentlicher Aufregung führten«, seien vorüber.[453] Dann betonte der Autor – in Rückgriff auf das klassische Bild, das in der europäischen Presse über die Reisen häufig verwendet wurde – deren zivilisierende Wirkung. »Indem sie sich in der Vergangenheit gewissermaßen vom Zentrum der Zivilisation isolierten, verurteilten sich die meisten Fürsten Asiens dazu, stationär zu bleiben und in ihren Ländern jeden Gedanken des Fortschritts zu unterdrücken«, bemerkte er, erklärte aber, dass jetzt, »seitdem ständige Beziehungen zwischen den europäischen Mächten und bestimmten Staaten des Orients hergestellt wurden, sie das Streben, sich auf das Niveau des Okzidents zu erheben, erfasst hat«. Während die Gäste durch sorgfältige Verhandlungen im Vorfeld der Besuche Einfluss auf ihre Repräsentation an den europäischen Höfen nehmen konnten, lag die Berichterstattung der Presse (häufig zu ihrem Bedauern) außerhalb ihrer Kontrolle.

Erwähnenswert ist schließlich, dass die Besuche außereuropäischer Adeliger auch ihre Ungleichheit in Status und politischer Macht verdeutlichen konnten. Die extremsten Beispiele hier sind der Sühnebesuch Prinz Khosrow Mirzas 1829 in St. Petersburg, wo er sich beim Zaren für die Ermordung des russischen Diplomaten Aleksandr Griboedov und seines Gefolges in Teheran durch einen persischen Mob entschuldigte, sowie die Mission des 18-jährigen chinesischen Prinzen Chun, der 1901 nach dem Boxer-Aufstand nach Europa entsandt wurde, um das Bedauern des chinesischen Kaisers über die Ermordung des deutschen Diplomaten Clemens von Ketteler auszudrücken. Die Grenze zwischen den Reisen außereuropäischer Souveräne und den Besuchen unterworfener oder kolonisierter Herrscher, die nach Europa kamen, um ihrem europäischen Herrscherhaus Tribut zu zollen, konnte hier hauchdünn sein.

Die Mission von Prinz Khosrow Mirza stellt ein bedeutendes Kapitel in der Geschichte der persisch-russischen Beziehungen im imperialen Zeitalter dar.[454] Nach der Ermordung von Aleksandr Griboedov erließ Fath-Ali Schah, der einen weiteren Krieg mit seinem mächtigen Nachbarn verhindern wollte, aus eigener Initiative einen *farman* (Dekret), der die Mission unter Khosrow Mirza nach Russland anordnete, um sich beim Romanov-Hof zu entschuldigen. Nikolaus I., der einen Konflikt mit Persien vermeiden wollte, da er zu der Zeit mit einer militärischen Auseinandersetzung mit den Osmanen auf dem Balkan und im Kaukasus beschäftigt war, akzeptierte das Angebot. Khosrow Mirza, Lieblingssohn von Kronprinz Abbas Mirza und Enkel von Fath-Ali Schah, machte auf dem Weg in die zaristische Hauptstadt Halt in Moskau, wo er sich mit Griboedovs Mutter traf, um mit ihr gemeinsam zu trauern. Die Perser, die im Großen Kremlpalast logierten, nahmen an einem Galadinner teil (obwohl sie nicht mit Besteck umgehen konnten) und besuchten die Universität und eine Aufführung im Bolschoi. Die Gesandtschaft traf am 11. August 1829 in St. Petersburg ein. Sie wurden als royale Gäste im Taurischen Palais untergebracht. Khosrow Mirza überbrachte Persiens Entschuldigung, indem er bei einer offiziellen Zeremonie am 22. August einen Brief von Fath-Ali Schah an Nikolaus I. vorlas. Die Perser brachten auch wertvolle Geschenke mit – einen großen Diamanten, kostbare Manuskripte, feinste Kaschmirteppiche, edlen Schmuck und einen prächtigen Säbel –, die der Zar entgegennahm. Der russische Hof überreichte den Gästen im Gegenzug ebenfalls zahlreiche Geschenke. Während ihres Aufenthalts verkehrten die persischen Gäste mit dem russischen Adel in Tsarskoe Selo, Peterhof und im Winterpalast. Khosrow Mirza wurde mit seinem Charme und Witz bald zum Liebling der russischen Gesellschaft. Er blieb mehr als ein halbes Jahr und verließ schließlich am 27. Februar 1830 die russische Hauptstadt. Einige Jahre später fand Khosrow Mirza Erwähnung in der 1836 erschienenen Kurzgeschichte »Nos« (»Die Nase«) von Nikolai Gogol, die in Aleksandr Pushkins Literaturzeitschrift *Sovremennik* (*Der Zeitgenosse*) erschien und die Dmitrii Shostakovich 1930 zu einer Oper umschrieb.[455] Der Besuch, obwohl eine Sühnemission, wurde zu einem Triumph höfischer Diplomatie, der Persiens Stellung in der Welt stärkte, nicht schwächte.

Prinz Chun, ein Bruder des Guangxu-Kaisers, reiste in Begleitung seines Gefolges über Italien und die Schweiz ins Deutsche Reich.[456] Sein Besuch löste einen Skandal in der monarchischen Welt aus. In Deutschland wurde er zunächst als Akt der Unterwerfung dargestellt. Der national-konservative *Berliner Lokal-Anzeiger* erklärte in seiner Ankündigung des Gastes, dass das Ziel der Reise darin bestehe, »die materielle Züchtigung der Asiaten durch eine moralische Demütigung zu verstärken«, im Herzen des Kaiserreiches.[457] Vor Chuns Ankunft in Berlin kam es zu Konflikten über das zeremonielle Protokoll: Wilhelm II. (im Gegensatz zum Auswärtigen Amt) bestand darauf, dass die chinesischen Gäste ein demütigendes Ritual der Unterwerfung durchführen sollten, bei dem die Mitglieder der Delegation dazu verpflichtet würden, bei jeder Verbeugung des Prinzen vor Wilhelm II. auf die Knie zu fallen und dort zu verbleiben, während der Prinz mit dem deutschen Kaiser sprach. Die Chinesen interpretierten die Forderung als eine Aneignung des Kotau-Rituals, das während George Macartneys berühmter China-Mission im Jahr 1793 zum Konflikt über das Protokoll geführt hatte, als sich der britische Gast weigerte, sich dem chinesischen Hofprotokoll zu unterwerfen, welches ihn zum Kotau verpflichtet hätte.[458] Beim Kotau kniete der Besucher mit beiden Knien auf dem Boden und verneigte sich dreimal vor dem chinesischen Kaiser, wobei die Stirn jedes Mal den Boden berühren musste. Im Laufe des neunzehnten Jahrhunderts verlor der Kotau jedoch in Chinas Außenbeziehungen an Bedeutung, da europäische Besucher ihn in China nicht mehr durchführten und er in Europa ohnehin nie durchgeführt worden war. Die von Wilhelm II. geforderte zeremonielle Prozedur war zwar nicht identisch mit dem Kotau (und die Deutschen verwendeten den Begriff auch nicht), wäre aber ein Akt der Unterwerfung gewesen, der, deutsche Superiorität hervorhebend, eine klare Hierarchie etabliert hätte. Chinas Gesandter in Berlin, Lü Haihuan, war empört: »Dies ist ein präzedenzloser Vorgang in China und im Ausland.«[459] Der junge Prinz, mittlerweile in Basel, weigerte sich, seine Reise nach Berlin fortzusetzen, wobei er vorgab, krank zu sein, bis der Hohenzollern-Hof seine Forderung zurücknahm. Verhandlungen folgten. Am Ende gab Wilhelm II., der keine militärische Option hatte, seinen Willen durchzusetzen, widerstrebend nach. Chun kam am 3. September 1901 in der deutschen Hauptstadt an, wo er im luxuriösen Hotel Bellevue am Potsdamer Platz nächtigte. Die Audienz fand am folgenden Tag im Grottensaal des Neuen Palais in Potsdam statt (Abbildung 16). Chun überreichte einen Reuebrief, in dem sich der chinesische Kaiser für die Ermordung des Gesandten entschuldigte und seinen Wunsch zum Ausdruck brachte, die Beziehungen zwischen den Ländern zu verbessern. Anschließend hielt der Prinz eine Rede, in der er sein Bedauern über den Vorfall in China bekundete. Der Qing-Hof übermittelte seine Entschuldigung somit in aller Form, vermied aber gleichzeitig erfolgreich einen Akt der Unterwerfung, der die chinesische Souveränität beschädigt hätte. Wilhelm II. verurteilte in seiner Erwiderung den Mord als einen Angriff auf das Völkerrecht und internationale Konventionen. Es kam zudem zu einem weiteren, wenngleich weniger schwerwiegenden, Konflikt über das Protokoll, der bald entschärft wurde: Die chinesischen Gäste brachten Geschenke des Guangxu-Kaisers, der Kaiserinwitwe Cixi und des Prinzen Chun für Wilhelm II., Augusta und Kronprinz Wilhelm mit nach Berlin. Der grimmige Kaiser weigerte sich jedoch, die Geschenke anzunehmen, da er der Auffassung war, dass dies den Charakter einer Sühnemission untergraben würde.[460] Um sein Gesicht zu wahren, überreichte Prinz Chun die Geschenke schließlich erfolgreich an deutsche Museen, die unter der

Abbildung 16: Wilhelm II. empfängt Prinz Chun im Neuen Palais in Potsdam, 4. September 1901, Zeichnung von Walter Graf von Looz-Corswarem, veröffentlicht in *The Illustrated London News* (14. September 1901).

Schirmherrschaft Wilhelms II. standen. Im Anschluss an die offizielle Audienz wurde der Prinz wie ein royaler Gast mit allen Ehren behandelt. Er blieb einen Monat, in dem er Paläste, Kirchen, Zoos und Fabriken in Berlin, Stettin, Danzig (Gdansk) und Essen besuchte.

Letztlich waren es immer die europäischen Monarchen, die, als Gastgeber, entschieden, ob ein Treffen überhaupt zustande kam. Einige außereuropäische Monarchen mussten um Zugang zu den Höfen Europas regelrecht kämpfen. Queen Victoria zum Beispiel versuchte 1867, ein Treffen mit Abdülaziz zu vermeiden, und Wilhelm II. wollte den Besuch Mozaffar al-Din Schahs 1902 verhindern.[461] Kalākaua hatte wiederholt Mühe, von den gekrönten Häuptern Europas persönlich empfangen zu werden.[462] Zuweilen waren es Politiker, in Sorge um die außenpolitischen Interessen ihres Landes, die ihre Monarchen davon überzeugen

143

mussten, die fremden Besucher zu empfangen. Der britische Außenminister Lord Stanley beklagte im Frühjahr 1867 in seinem Tagebuch: »Die Queen schreibt, sie hoffe, dass ich den Besuch des Sultans verhindern werde. Wie ist das möglich?«[463] »Es wird viel zu tun sein, um sie dazu zu bewegen, sich dem Sultan gegenüber angemessen höflich zu verhalten«, schrieb Edmund Hammond an Botschafter Lord Cowley in Paris und erwog sogar, über das Parlament und die Presse Druck auf seine Monarchin auszüben zu lassen.[464] Die Queen, die sich nach dem Tod von Prinz Albert 1861 noch zurückgezogen in Trauer befand, stimmte schließlich zu. Zunächst zeigte sie sich jedoch nur bereit, den osmanischen Monarchen erst beim Marinemanöver am fünften Tag seines Besuchs an Bord der *Osborne* zu empfangen; und selbst dieses Treffen hoffte sie kurz zu halten.[465] Premierminister Lord Derby sah sich gezwungen, die »unangenehme«, aber »wichtige« Angelegenheit vor der Queen direkt zur Sprache zu bringen.[466] Und obwohl sie ihn wissen ließ, dass sie den Besuch »äußerst ungelegen« und »sehr ärgerlich« fand, stimmte sie am Ende zu, einige Tage länger als geplant in Windsor zu bleiben, um den Sultan dort am Tag nach seiner Ankunft in England zu begrüßen.[467] Johors Sultan Abu Bakar reiste 1885 ohne offizielle Einladung nach Rom, um König Umberto I. und Papst Leo XIII. zu treffen, und schaffte es vor Ort, Audienzen im Palast und im Vatikan gewährt zu bekommen.[468] Um einen Gesichtsverlust zu vermeiden, beschlossen einige der außereuropäischen Monarchen, zunächst *inkognito* durch Europa zu reisen und sich dabei gleichzeitig die Option für offizielle Empfänge offenzuhalten.[469]

Einigen Herrschern der außereuropäischen Welt gelang es schlicht nicht, Einladungen an die europäischen Höfe zu erhalten, sosehr sie sich auch darum bemühten. Als Neuseelands schwacher Maori-Monarch, König Tawhiao, 1884 unter großem Aufsehen London besuchte, verbrachte er ganze vier Monate mit Besichtigungen, während er auf eine Audienz bei der Queen wartete, die am Ende abgelehnt wurde.[470] (Maori-Häuptling Hongi Hika gelang es im Gegensatz dazu, im Jahr 1820 Georg IV. zu treffen.) Ähnlich wurde 1895 König Khama aus dem südlichen Afrika (heute Botswana) ein Empfang durch Queen Victoria verwehrt; er und sein Gefolge wurden vom Kolonialminister Joseph Chamberlain, der mit ihrer Betreuung beauftragt war, ziemlich schroff behandelt.[471] Die europäischen Monarchen waren darauf bedacht, ihr soziales Milieu so exklusiv wie möglich zu halten. In einigen Fällen verweigerten sie außereuropäischen Herrschern schlicht den physischen (und symbolischen) Zugang. Bis zuletzt wurde die soziale Sphäre der globalen Monarchie von den hegemonialen Höfen Europas dominiert.

Bemerkenswert ist auch, dass die europäischen Staaten in der Regel nur ihre Diplomaten an die außereuropäischen Höfe sandten; europäische Monarchen hingegen reisten zu der Zeit fast nie an die Höfe jenseits Europas.[472] Die einzigen europäischen Monarchen, die im imperialen Zeitalter in unabhängige außereuropäische Länder reisten, waren der Habsburger Kaiser Franz Joseph I. und die französische Kaiserin Eugénie, die 1869 Sultan Abdülaziz in Konstantinopel trafen; Wilhelm II., der 1889 und 1898 Sultan Abdülhamid II. und 1917 Sultan Mehmed V. Besuche abstattete; und der letzte Habsburg-Herrscher Karl I., der zusammen mit seiner Frau Zita 1918 den osmanischen Monarchen besuchte (Abbildung 17).[473] Es waren hauptsächlich Europas Prinzen, die die Höfe jenseits europäischer Grenzen besuchten.[474] Unter ihnen war Prinz Albert Edward (später Edward VII), der älteste Sohn Queen Victorias, der 1862 das Osmanische Reich bereiste; in Jerusalem ließ er sich ein Kreuz auf den Arm tätowieren. Sein Bruder, Prinz Alfred, der zweitälteste Sohn Queen Victorias, reiste nach Hawaiʻi, wo er von Kamehameha V. mit großem Pomp empfangen wurde, und nach Japan, wo er 1869 den Meiji-Kaiser traf. Prinz George (später König George V.) und Prinz Albert Victor, die Söhne Prinz Albert Edwards, wurden 1881 in Tokio empfangen, wo sich der künftige britische König einen blau-roten Drachen und sein Bruder ein paar Störche tätowieren ließ. Prinz Arthur von Connaught, der Neffe Edwards VII., besuchte Japan auf seiner Weltreise 1890; dann 1906, als er dem Meiji-Kaiser den Hosenbandorden verlieh; und schließlich 1912, als er der Beerdigung des Kaisers beiwohnte. Der deutsche Prinz Heinrich, der jüngere Bruder des späteren Kaiser Wilhelms II., besuchte 1879 während seiner Weltreise als Marinekadett den japanischen Hof und kehrte 1912 zurück, um an der Beerdigung des Kaisers teilzunehmen. Der vierte Sohn Zar Alexanders II., Großfürst Alexei Aleksandrovich, traf 1872 den Meiji-Kaiser. Der älteste Sohn des Zaren, Kronprinz Nikolaus (später Nikolaus II.), besuchte 1891 Japan, wo er ein Attentat überlebte (und sich eine Drachen-Tätowierung stechen ließ), und Siam. Italiens Prinz Tommaso, der Herzog von Genua, Cousin und Schwager König Umbertos I. stoppte in Tokio während seiner Weltreise im Jahr 1879. Prinz Waldemar, der jüngste Sohn König Christians IX. von Dänemark, besuchte oft den Hof von Siam, wo er sich mit König Chulalongkorn anfreundete. Insgesamt fanden Begegnungen zwischen europäischen und außereuropäischen Monarchen nichtsdestotrotz gewöhnlich in Europa statt, was die zunehmende Machtasymmetrie zwischen den von ihnen repräsentierten Ländern widerspiegelte.

Neben den royalen Gästen gab es auch zahlreiche europäische Aristokraten, die sich an die Höfe der außereuropäischen Welt wagten. Allein der osmanische Hof empfing unter anderem 1839 François d'Orléans, Prinz von Joinville, 1845 Antoine d'Orléans, Herzog von Montpensier, 1854

Abbildung 17: Ankunft Wilhelms II. in Konstantinopel, 1898, Stich eines unbekannten Künstlers.

Prinz George, Herzog von Cambridge, und 1860 Leopold, Herzog von Brabant.[475] George Sutherland-Leveson-Gower, der Herzog von Sutherland, und seine illustre Entourage, die 1889 die asiatischen Meere bereisten, wurden in Bangkok wärmstens von König Chulalongkorn bewirtet und später in Abu Bakars Palast in Johor Bahru gefeiert.[476] Das Gegenteil – ein prächtiger Empfang nichtmonarchischer Aristokraten der außereuropäischen Welt, ohne offizielle Mission, an den Höfen Europas – war hingegen ungewöhnlich. Die europäischen Aristokraten waren oft beeindruckt von den westlichen Umgangsformen, die sie an den Höfen außerhalb Europas beobachteten. Florence Caddy, eine Dame aus der Reisegruppe des Herzogs von Sutherland, notierte in ihrem Reisetagebuch über das Bankett am siamesischen Hof: »Das Abendessen wurde im europäischen Stil serviert, das Glas und das Porzellan, alles aus Europa, waren mit den königlichen Wappen und König

Chulalongkorns langem Namen, wenngleich vielleicht nicht all seinen zahlreichen Namen, graviert und bemalt. Der König und die Prinzen tranken alle europäische Weine. Das Dessert war das Einzige, was für uns eine größere Neuheit darstellte.«[477]

Schließlich bleibt noch – und damit kehren wir zurück zu der Geschichte, mit der dieses Buch begann –, auf das seltenere Phänomen der Treffen zwischen außereuropäischen Monarchen im imperialen Zeitalter hinzuweisen.[478] Naser al-Din Schah stattete dem osmanischen Sultan Abdülaziz 1873 auf seiner Rückreise aus Europa einen Besuch ab. Prinz Komatsu Akihito traf Abdülhamid II. 1887 in Konstantinopel. Abu Bakar von Johor besuchte nicht nur die Kolonialwelt – Britisch-Indien 1875–76, Britisch-Ceylon 1878, Niederländisch-Java 1881 und Britisch-Hongkong 1883 –, sondern auch 1883 Japan, wo er den Meiji-Kaiser traf, und China; und 1866 und 1893 das Osmanische Reich, wo er von den Sultanen empfangen wurde. Chulalongkorn reiste auch ausgiebig durch die Kolonialwelt; er besuchte Britisch-Singapur, Niederländisch-Java (dreimal), Britisch-Burma und Britisch-Indien. Siams Prinz Damrong, Chulalongkorns Bruder, kam 1891 nach Konstantinopel. Mozaffar al-Din Schah besuchte den osmanischen Sultan am Ende seiner ersten Europareise im Jahr 1900. Japans Kronprinz Yoshihito (späterer Taishō-Kaiser) reiste 1907 nach Korea, damals bereits Protektorat, wo er den letzten Monarchen des Reiches, Sunjong, Kronprinz Yi Un und sogar den entthronten Kaiser Gojong traf. Bemerkenswert ist, dass auch die Interaktionen zwischen den außereuropäischen Monarchen häufig auf europäischer Etikette basierten, vom Händedruck über den Austausch von Orden bis hin zur Verwendung von Messer und Gabel.[479] Zu den bedeutendsten dieser Treffen unter den Monarchen der uneroberten außereuropäischen Staaten zählten die eingangs

Abbildung 18: König Kalākaua von Hawai'i in Japan, sitzend neben Prinz Komatsu Akihito (links) und Japans Finanzminister Sano Tsunetami (rechts); dahinter sein Kämmerer, Charles Hastings Judd, der japanische Staatsbeamte Tokunō Ryōsuke und William N. Armstrong, 1881, unbekannter Fotograf.

geschilderten Besuche Kalākauas während dessen Weltreise 1881 in Japan, China, Siam, Johor und Ägypten (Abbildung 18). Es sei bezeichnend, so erklärte der Historiker Lorenz Gonschor, dass seine Besuche außerhalb Europas mehr als vier Fünftel der von seiner Regierung veröffentlichten Reisebroschüre einnehmen.[480] Und dennoch erwiesen sich für die außereuropäischen Höfe, die um Souveränität kämpften, insgesamt letztlich doch die Beziehungen zu den europäischen Großmächten als am politisch bedeutendsten.

Schlusswort

Im imperialen Zeitalter spannen europäische und außereuropäische Dynastien weltweite Verbindungen. Der Hof wurde zu einem globalen Ort royaler Begegnungen. Die Treffen der Monarchen, wenngleich sie zuweilen auch Alterität hervorheben konnten, offenbarten insgesamt bemerkenswerte Ähnlichkeiten in der sozialen Struktur. Sie veranschaulichten in gewisser Weise die Herausbildung einer monarchischen Sphäre als globales soziales Milieu. Soziale performative Praktiken – Formen symbolischen Handelns, die teils auf einer gemeinsamen Kultur und teils auf Akkulturation basierten – bildeten den Kitt, der diese globale Klasse zusammenhielt.[481]

Weltpolitisch nutzten die schwächeren außereuropäischen Herrscher die monarchischen Treffen, um ihre Beziehungen zu den hegemonialen europäischen Großmächten zu stärken. Darüber hinaus, auf einer allgemeineren Ebene, boten die Besuche den Monarchen Gelegenheit, ihre Länder in eine globale Staatenordnung zu integrieren, die von den europäischen Mächten dominiert wurde. Ihre Empfänge in den Ländern Europas – auf der Grundlage von zeremonieller Gleichrangigkeit – boten den Monarchen der unabhängigen außereuropäischen Welt eine Möglichkeit, Anerkennung der Souveränität ihrer Länder zu erhalten. Die Besuche, gewissermaßen als Instrumente der Außenpolitik, ermöglichten es ihnen, Prestige, oder symbolisches Kapital, zu gewinnen, was ihnen weltpolitisch eine Position verschaffte, die sie durch militärische oder materielle Stärke allein nicht erreichen konnten.[482]

Insgesamt verbanden sich in den royalen Besuchen auf komplexe Weise die Welt der Außenpolitik und die Welt einer sozialen Klasse. Die Gäste nutzten ihren sozialen

Status als Monarchen zur Verfolgung der Ziele ihres Staates. Im Verlauf ihrer Besuche zeigten sie, dass sie Teil der »zivilisierten« Gesellschaft der Monarchen waren – indem sie die sozialen Praktiken dieser Klasse durchführten – und gleichzeitig Teil der »zivilisierten« Gesellschaft der Staaten waren. Wir können dieses Phänomen nur dann vollständig verstehen, wenn wir Sozialgeschichte und die Geschichte der Außenpolitik und Weltordnung miteinander verknüpfen. Dieses Buch ist in gewisser Weise auch ein Plädoyer für die Integration der Sozialgeschichte in die Geschichte der internationalen Beziehungen, zwei Forschungsfelder, die häufig immer noch als voneinander getrennt angesehen werden.

Natürlich hatten die reisenden Monarchen regelmäßig mit einer Umgebung zu kämpfen, die sie diskriminierte, infantilisierte, ja sogar erniedrigte. Zuweilen war es eher die Schwäche und Fremdheit der Gäste, und nicht monarchische Parität, die die Besuche charakterisierte. Darüber hinaus mussten die außereuropäischen Höfe in einigen Fällen die Erfahrung machen, dass in den Hauptstädten Europas letztlich machtpolitische, strategische und ökonomische Interessen des Staates wichtiger waren als persönliche dynastische Verbindungen zwischen Monarchen. Die konkreten politischen Resultate der Reisen waren oft dürftig. Nichtsdestotrotz waren Monarchenbesuche insgesamt für die uneroberten außereuropäischen Staaten von erheblicher Bedeutung in ihrem Ringen um den Erhalt ihrer Souveränität. Am Ende gelang es den meisten dieser Länder, ihre formelle Unabhängigkeit während des imperialen Zeitalters zu wahren. Es waren nicht nur militärische und ökonomische Stärke, die das Schicksal der Mächte in der Epoche des Imperialismus bestimmten.[483] Die Bedeutung von Monarchie, die Herrscher weltweit gesellschaftlich und politisch verband, kann nicht ignoriert werden. Die farbenfrohen royalen Empfänge ermöglichten es außereuropäi-

Abbildung 19: Porträt der Souveräne der Welt (*Sejō kakkoku shaga teiō kagami*), das neben den europäischen Monarchen auch Persiens Naser al-Din Schah, Chinas Guangxu-Kaiser und Kaiserinwitwe Cixi sowie Japans Meiji-Kaiser und seine Frau Kaiserin Shōken zeigt, japanischer Holzschnitt von Yōshū (Hashimoto) Chikanobu, 1879.

schen Monarchen, ihre tatsächliche politische Schwäche zu verbergen, was in ihren Bemühungen, europäischer imperialer Kontrolle zu entgehen, als durchaus bedeutsam erachtet wurde.

Grundsätzlicher betrachtet bieten die Monarchenbesuche einen einzigartigen Einblick in die globale Welt der Monarchie, die sich im imperialen Zeitalter herausbildete. Weitere Formen des Kontakts zwischen europäischen und außereuropäischen Monarchen waren royale Korrespondenz sowie der Austausch von Geschenken und Orden. Die Briefe und Telegramme, die zwischen den Monarchen immer häufiger ausgetauscht wurden, waren oft sowohl im Stil als auch im Inhalt von erstaunlicher Vertrautheit – regelmäßig sprachen sie sich etwa mit »ma sœur« oder »mon frère« an. Darüber hinaus begaben sich nun außereuropäische Prinzen in größerer Zahl zu Studienzwecken nach Europa. Diese Interaktionen, nicht nur Monarchenbesuche, prägten die entstehende globale monarchische Ge-

Abbildung 20: Die Herrscher von sechzehn Ländern beraten bei einer Versammlung über eine wünschenswerte zukünftige Welt. Dargestellt sind der japanische Meiji-Kaiser (16), Victoria von Großbritannien (1), Wilhelmina der Niederlande (2), Wilhelm II. von Deutschland (3), Alfonso XIII. von Spanien (4), Christian IX. von Dänemark (5), Chulalongkorn von Siam (6), der Guangxu-Kaiser von China (7), US-Präsident William McKinley (8), Nikolaus II. von Rußland (9), Oscar II. von Schweden und Norwegen (10), Frankreichs Präsident Émile Loubet (11), Franz Joseph I. von Österreich-Ungarn (12), Gojong von Korea (13), Leopold II. von Belgien (14), Umberto I. von Italien (15); japanische Illustration eines unbekannten Künstlers, 1903.

meinschaft. Sie alle teilten, auch aufgrund ihrer direkten und indirekten Verbindungen, zunehmend ähnliche Lebensstile, Gewohnheiten und habituelle Verhaltensweisen sowie ähnliche Werte, Ideale und Geschmäcker. Gleichzeitig verstanden – konzeptionalisierten – Zeitgenossen Monarchie als eine globale soziale Klasse. (Diese Beobachtungen treffen zu einem gewissen Grade übrigens auch auf die Aristokratie im Allgemeinen zu.) Schließlich wurde diese verwobene Welt des Königtums auch regelmäßig in der europäischen (Abbildung 1, 5, 6 und 7) und außereuropäischen Kunst (Abbildung 19, 20 und 21) visualisiert.[484]

Abbildung 21: Persischer Teppich, der einen großen Baum prominenter politischer Führer – monarchische und nichtmonarchische Personen – zeigt, darunter Mohammad Ali Schah oben, und ausländische Monarchen aus Vergangenheit und Gegenwart, wie Sultan Abdülhamid II., Queen Victoria, Franz Joseph I., Alexander III., Wilhelm II., Oskar II., und Alfonso XIII., Khedive Abbas II., und der Meiji-Kaiser, gewebt in der Tradition von Bildteppichen mit Darstellungen von Monarchen, Teppich gewebt im Jahr 1324/1907, kurz nach der Krönung Mohammad Ali Schahs von Webern aus der Werkstatt Ali Akbar Kermanis in Kerman (Iranisches Teppichmuseum, Teheran).

Selbstverständlich gab es auch Grenzen der globalen Integration der Monarchie. Während einige Formen der Kontakte – Besuche, Korrespondenzen, Geschenkaustausch – möglich waren, kamen andere Verbindungen – vor allem dynastische Ehen und Patenschaften – nicht zuletzt aus religiösen Gründen nicht zustande. Außereuropäische Herrscherfamilien wurden nie Teil des kosmopolitischen Ehe- und Patenschaft-Systems, das die herrschenden Häuser Europas verband.[485] Manche der außereuropäischen Souveräne standen internationalen Ehebündnissen äußerst kritisch gegenüber.[486] Auch ist bemerkenswert, dass Ehebündnisse und Patenschaften unter außereuropäischen Herrschaftsfamilien ebenfalls selten waren. Hawaiʻis Vorschlag für ein Ehebündnis mit Japan, den Kalākaua 1881 unterbreitete, oder der Plan für ein Ehebündnis zwischen Äthiopien und Japan, wie er in den 1930er-Jahren von einigen Kreisen in Addis Abeba und Tokio entwickelt wurde, scheiterten letztendlich.[487] Japans kaiserliche Familie nutzte nach der Machtübernahme in Korea Heiratspolitik in ihren Beziehungen zum koreanischen Herrscherhaus; Persiens Kronprinz Mohammad Reza Pahlavi heiratete 1939 Prinzessin Fawzia, Schwester von Ägyptens Königs Farouk I.[488] Letztlich behinderten diese Grenzen, so bedeutend sie auch waren, jedoch nicht die Herausbildung eines globalen Milieus der Monarchen. Im imperialen Zeitalter, als höfische Kulturen weltweit konvergierten, intensivierten Höfe rund um die Welt miteinander auf vielfältige Weise ihre Verbindungen. Das Resultat war zu einem gewissen Grad eine globale Gemeinschaft von Monarchen.

Danksagung

Dieses Buch erwuchs aus meiner im Sommer 2023 gehaltenen Kantorowicz-Vorlesung. Ich danke Vinzenz Hediger, Bernhard Jussen, Rebekka Voß und Zhiyi Yang für die Einladung. Monika Beck sorgte für eine reibungslose Organisation der Vorlesung. Einige Teile des Buches erschienen zuvor in englischer Sprache als Artikel im *Historical Journal* (2024), und ich danke den Herausgebern für die Erlaubnis, das Material hier verwenden zu können. Ich habe das Manuskript dieses Buches zur gleichen Zeit verfasst wie mein Buch über die Geschichte der großen Reisen der persischen Schahs im Europa des imperialen Zeitalters. Aus diesem Grund habe ich versucht, das Material zu den Besuchen der Qajaren-Monarchen in diesem Buch auf ein Minimum zu beschränken, um Überschneidungen so weit wie möglich zu vermeiden. Überlappungen jedoch gibt es in den allgemeinen Beobachtungen zu den Besuchen. Ich möchte Houchang E. Chehabi, Christof Dejung, Richard J. Evans, Michael Goebel, Alois Maderspacher, Murat R. Şiviloğlu und Pornthida Sutjiadi für ihre Kommentare zu früheren Versionen des Manuskripts danken. Andreu Martínez d'Alòs-Moner, Richard Drayton, Takashi Fujitani, Lorenz Gonschor, Henning Holsten, Patrick Jory, Charles Kurzman, Anna Olejnik, Ron Po, Keanu Sai, Pascale Siegrist, Chika Tonooka, Sven Trakulhun und Christian Windler standen mir während der Arbeit mit Rat zur Seite. Mein besonderer Dank gilt außerdem meinen wissenschaftlichen Assistenten Angie Kwan, Matvej Dubianskij, Omar Nasr, James Swarbrick und Clemens Wagner. Auch möchte ich mich beim Wallstein Verlag bedanken. Hier hat Markus Ciupke für die einwandfreie Produktion des Buches gesorgt. Dankbar bin ich zudem dem Leverhulme Trust, der mir durch den Leverhulme-Preis die Möglichkeit gegeben hat, mich über längere Zeit frei von Lehrverpflichtungen ganz meiner Forschung zu widmen. Das Department for International History der LSE, das Berliner Wissenschaftskolleg unter der Leitung von Barbara Stollberg-Rilinger und das Swedish Collegium for Advanced Study unter der Leitung von Christina Garsten boten mir ein ideales wissenschaftliches Umfeld, um über das Thema dieses Buches nachzudenken, zu lesen und zu schreiben. Vor allem möchte ich meinen Eltern Sabine und Iradj Motadel, die beide das Manuskript mit großer Sorgfalt gelesen und kommentiert haben, für ihre unermüdliche Unterstützung danken. Dieses Buch ist meiner verstorbenen Großmutter Dorothea Dorn gewidmet, die eine der ersten Personen war, mit der ich über die hier dargelegte Welt der Monarchie diskutierte.

Anmerkungen zur Sprache

In diesem Buch werden Wörter aus Sprachen mit nicht-lateinischen Alphabet verwendet. Russische Wörter wurden gemäß des vereinfachten Library of Congress Systems transliteriert. Jedoch werden die deutschen Namen der russischen Zaren verwendet. Amharische Begriffe wurden auch nach dem System der Library of Congress transliteriert. Chinesische Wörter wurden gemäß des Pinyin-Systems geschrieben. Japanische Wörter wurden nach dem modifizierten Hepburn-System transliteriert. Japanische Nachnamen stehen wie üblich vor den Vornamen. Osmanische Wörter wurden in moderner türkischer Schreibweise geschrieben. Persische Begriffe wurden nach einer vereinfachten Version des von der Zeitschrift *Iranian Studies* verwendeten Transliterationssystems geschrieben. Thailändische Wörter wurden gemäß des Royal Thai General System of Transcription transliteriert. Bei hawaiianischen Wörtern galt das Pukui-Elbert-System als Richtschnur. Einige im Deutschen gebräuchliche Wörter, die ursprünglich aus einer dieser Sprachen stammen, wurden gemäß der im Duden vorgegebenen Rechtschreibung verwendet. Die in diesem Buch zitierten historischen Quellen sind zum Teil nach unterschiedlichen Kalendern datiert – nach dem gregorianischen Kalender im Fall der meisten europäischen Dokumente; nach dem islamischen Hijri-Kalender im Fall persischer und osmanischer Dokumente; nach dem persischen Jalali-Kalender im Fall anderer persischer Dokumente und nach dem julianischen Kalender im Fall russischer Dokumente – und wenn Quellen mit islamischem, persischem oder julianischem Datum zitiert werden, wird in den Referenzen immer auch das entsprechende gregorianische Datum angegeben. Die Namen »Abessinien«, »Persien« und »Siam« wurden im imperialen Zeitalter häufig in europäischen Sprachen verfassten Dokumenten verwendet. Im zwanzigsten Jahrhundert wurden sie jeweils durch »Äthiopien«, »Iran«, und »Thailand« ersetzt. In allen Fällen werden beide Versionen in diesem Buch gleichbedeutend verwendet.

Abbildungsverzeichnis

Abbildung 1: Britische Postkarte, die die »Regierenden Monarchen« zeigt, darunter Porträts des Königs von Siam, des osmanischen Sultans, des Meiji-Kaisers von Japan und des Guangxu-Kaisers von China, 1908. (Alamy)

Abbildung 2: Der Empfang von Naser al-Din Schah auf Schloss Windsor, 20. Juni 1873, Aquarell von Nicholas Chevalier aus dem Jahr 1874. (Royal Collection Trust, RCIN 920788)

Abbildung 3: Sultan Abdülaziz und Napoleon III. in Paris, 1867, Stich von 1868. (Brown Digital Repository, Brown University Library).

Abbildung 4: König Chulalongkorn, Zarin Alexandra Feodorovna und Zar Nikolaus II. sitzen in der Mitte im Alexanderpalast, südlich von St. Petersburg, 1897. Der siamesische König ist eingehakt bei der jüngeren Schwester des Zaren, Großfürstin Olga Alexandrovna. (Alamy)

Abbildung 5: Napoleon III. und seine gekrönten Gäste, darunter Sultan Abdülaziz und der Khedive Ismail, zu Pferd vor dem Triumphbogen in Paris, 1867, Ölgemälde von Charles Porion aus dem Jahr 1895. (Château de Compiègne) (Alamy)

Abbildung 6: Napoleon III., umgeben von seinen royalen Gästen auf der Weltausstellung, darunter, am unteren linken Rand, Sultan Abdülaziz, Khedive Ismail und, Japan repräsentierend, Tokugawa Akitake, Lithographie eines unbekannten Künstlers, 1867. (Alamy)

Abbildung 7: Napoleon III., umgeben von seinen royalen Gästen auf der Weltausstellung, darunter Sultan Abdülaziz, Khedive Ismail und, Japan repräsentierend, Tokugawa Akitake, Druck eines unbekannten Künstlers, 1867. (Musée Carnavalet) (Alamy)

Abbildung 8: Madagaskars letzte Monarchin, Königin Ranavalona III., stehend neben einem Throntisch, ca. 1890, Unbekannter Fotograf. (Alamy)

Abbildung 9: Queen Victoria verleiht Sultan Abdülaziz den Hosenbandorden an Bord der Yacht *Victoria und Albert*,

17. Juli 1867, Aquarell von George Housman Thomas aus dem Jahr 1867. (Royal Collection Trust, RCIN 450804)

Abbildung 10: Naser al-Din Schah und Franz Joseph I. bei einer Militärparade am 6. August 1873 in Wien, Stich von Johann Nepomuk Schönberg, erschienen in der *Illustrierten Zeitung*. (Alamy)

Abbildung 11: Wilhelm II. in osmanischer Uniform und mit *Fez*, Konstantinopel, 1917, unbekannter Fotograf. (Alamy)

Abbildung 12: Naser al-Din Schah bei einem Mittagessen in der Londoner Guildhall, Stich von 1889. (Alamy)

Abbildung 13: Chulalongkorn begrüßt eine europäische Dame beim Empfang in der siamesischen Gesandtschaft, Ashburn Place, South Kensington, London, 1897, Stich eines unbekannten Künstlers. (Alamy)

Abbildung 14: Prinz Komatsu Akihito und seine Frau Arima, Hotel Kaiserhof in Berlin, Zeichnung von A. v. Rößler, veröffentlicht in *Die Gartenlaube* 11 (1887) (Public Domain)

Abbildung 15: König Kalākauas »Königliches Amusement« in Wien, Karikatur von L. Appelrath, veröffentlicht in *Humoristische Blätter* 33 (1881). (Alamy)

Abbildung 16: Wilhelm II. empfängt Prinz Chun im Neuen Palais in Potsdam, 4. September 1901, Zeichnung von Walter Graf von Looz-Corswarem, veröffentlicht in *The Illustrated London News* (14. September 1901). (Public Domain)

Abbildung 17: Ankunft Wilhelms II. in Konstantinopel, 1898, Stich eines unbekannten Künstlers. (Alamy)

Abbildung 18: König Kalākaua von Hawai'i in Japan, sitzend neben Prinz Komatsu Akihito (links) und Japans Finanzminister Sano Tsunetami (rechts); dahinter sein Kämmerer, Charles Hastings Judd, der japanische Staatsbeamte Tokunō Ryōsuke und William N. Armstrong, 1881, unbekannter Fotograf. (Alamy)

Abbildung 19: Porträt der Souveräne der Welt (*Sejō kakkoku shaga teiō kagami*), das neben den europäischen Monarchen auch Persiens Naser al-Din Schah, Chinas Guangxu-Kaiser und Kaiserinwitwe Cixi und Japans Meiji-Kaiser und seine Frau Kaiserin Shōken zeigt, japanischer Holzschnitt von Yōshū (Hashimoto) Chikanobu, 1879. (Metropolitan Museum, New York, und Alamy)

Abbildung 20: Die Herrscher von sechzehn Ländern beraten bei einer Versammlung über eine wünschenswerte zukünftige Welt. Dargestellt sind der japanische Meiji-Kaiser (16), Victoria von Großbritannien (1), Wilhelmina der Niederlande (2), Wilhelm II. von Deutschland (3), Alfonso XIII. von Spanien (4), Christian IX. von Dänemark (5), Chulalongkorn von Siam (6), der Guangxu-Kaiser von China (7), US-Präsident William McKinley (8), Nikolaus II. von Rußland (9), Oscar II. von Schweden und Norwegen (10), Frankreichs Präsident Émile Loubet (11), Franz Joseph I. von Österreich-Ungarn (12), Gojong von Korea (13), Leopold II. von Belgien (14), Umberto I. von Italien (15); japanische Illustration eines unbekannten Künstlers, 1903. (Public Domain)

Abbildung 21: Persischer Teppich, der einen großen Baum prominenter politischer Führer – monarchische und nichtmonarchische Personen – zeigt, darunter Mohammad Ali Schah oben, und ausländische Monarchen aus Vergangenheit und Gegenwart, wie Sultan Abdülhamid II., Queen Victoria, Franz Joseph I., Alexander III., Wilhelm II., Oskar II., und Alfonso XIII., Khedive Abbas II., und der Meiji-Kaiser, gewebt in der Tradition von Bildteppichen mit Darstellungen von Monarchen, Teppich gewebt im Jahr 1324/1907, kurz nach der Krönung Mohammad Ali Schahs von Webern aus der Werkstatt Ali Akbar Kermanis in Kerman. (Iranisches Teppichmuseum, Teheran) (Public Domain)

Anmerkungen

1 Anonym: O.T., *Saturday Press* (22. Januar 1881), bietet eine Darstellung von Kalākauas Abreise aus Hawaiʻi.

2 *King Kalakaua's Tour Round the World. A Sketch of Incidents of Travel, With a Map of the Hawaiian Islands*, hg. von Pacific Commercial Advertiser Company, Honolulu 1881, 9.

3 Lorenz Gonschor: *A Power in the World. The Hawaiian Kingdom in Oceania*, Honolulu 2019, 76–86, zu Kalākauas Besuchen außereuropäischer Staaten während seiner Weltreise. Donald Keene: *Emperor of Japan. Meiji and His World, 1852–1912*, New York 2002, 346–350; und Masaji Marumoto: »Vignette of Early Hawaii-Japan Relations. Highlights of King Kalakaua's Sojourn in Japan on His Trip around the World as Recorded in His Personal Diary«, in: *Hawaiian Journal of History* 10 (1976), 52–63, bieten einen Überblick seines Besuches in Japan, während Rebecca E. Karl: *Staging the World. Chinese Nationalism at the Turn of the Twentieth Century*, Durham, NC, 2002, 58–63, einen Überblick seines Besuches in China gibt.

4 Zit. in Keene: *Emperor of Japan*, 347–348; und Gonschor, *A Power in the World*, 77–80.

5 Cemil Aydin: *The Politics of Anti-Westernism in Asia. Visions of World Order in Pan-Islamic and Pan-Asian Thought*, New York 2007, untersucht, mit Blick auf Japan und das Osmanische Reich, Entwürfe von Weltordnung, die im späten neunzehnten Jahrhundert außerhalb Europas entstanden.

6 William N. Armstrong: *Around the World with a King. The Story of the Circumnavigation of His Majesty King David Kalakaua*, New York 1904, 73–77, welches 2000 neu aufgelegt wurde.

7 Zit. in Marumoto: »Vignette of Early Hawaii-Japan Relations«, 60.

8 *King Kalakaua's Tour Round the World*, hg. von Pacific Commercial Advertiser Company, 62.

9 Armstrong: *Around the World with a King*, 125.

10 Jeroen Duindam: *Dynasties. A Global History of Power, 1300–1800*, Cambridge 2015, ist eine hervorragende Untersuchung des Phänomens.

11 Robert Aldrich: *Banished Potentates. Dethroning and Exiling Indigenous Monarchs under British and French Colonial Rule, 1815–1955*, Manchester, 2018.

12 David Cannadine: *Ornamentalism. How the British saw their Empire*, London 2001. Die Beiträge in Robert Aldrich und Cindy McCreery (Hg.): *Crowns and Colonies. European Monarchies and Overseas Empires*, Manchester 2016; Aldrich und McCreery (Hg.): *Royals on Tour. Politics, Pageantry and Colonialism*, Manchester 2018; und, mit

Blick auf das Ende der europäischen Weltreiche, Aldrich und McCreery (Hg.): *Monarchies and Decolonisation in Asia*, Manchester 2020, betrachten das Phänomen vergleichend. Matthew P. Fitzpatrick: *The Kaiser and the Colonies. Monarchy in the Age of Empire*, Oxford 2023, untersucht das Phänomen im Fall des deutschen Kolonialreiches. Milinda Banerjee: »Ocular Sovereignty, Acclamatory Rulership, and Political Communication: Visits of Princes of Wales to Bengal«, in: Heidi Mehrkens und Frank Lorenz Müller (Hg.), »*Winning their Trust and Affection«. Royal Heirs and the Uses of Soft Power in Nineteenth-Century Europe*, London 2016, 81–100; und, für den Besuch von Kameruns Prinz Samson Dido von Didotown 1886 Berlin, Pascal Grosse: »Koloniale Lebenswelten in Berlin, 1885–1945«, in: Ulrich van der Heyden und Jürgen Zeller (Hg.), *Kolonialmetropole Berlin. Eine Spurensuche*, Berlin 2002, 195–201, sind Fallstudien. Die Kapitel in John Parker (Hg.): *Great Kingdoms of Africa*, London 2023, bieten Überblicke außereuropäischer Monarchien vor und nach der Kolonisierung. François-Joseph Ruggiu: »The Kingdom of France and its Overseas Nobilities«, *French History* 25, 3 (2011), 298–315, bietet Einblicke in die Geschichte europäischer Aristokraten in der kolonialen Welt.

13 Bridget Theron: »King Cetshwayo in Victorian England. A Cameo of Imperial Interaction«, in: *South African Historical Journal* 56, 1 (2006), 60–87.

14 Johannes Paulmann: *Pomp und Politik. Monarchenbegegnungen in Europa zwischen Ancien Régime und Erstem Weltkrieg*, Paderborn 2000. Zur Theatralität von Monarchenbesuchen, eine Metapher, die auch von Zeitgenossen verwendet wurde, siehe Ebd., 337–344 und 415–416, und, zur Theater-Metapher im Allgemeineren, David Blackbourn: »Politics and Theatre. Metaphors of the Stage in German History, 1848–1933«, in: Ders. (Hg.): *Populist and Patricians. Essays in Modern German History*, London 1987, 246–264.

15 Dieter Langewiesche: *Die Monarchie im Jahrhundert Europas. Selbstbehauptung durch Wandel im 19. Jahrhundert*, Heidelberg 2013, zur Nationalisierung der Monarchie in Europa; und die Beiträge in Milinda Banerjee, Charlotte Backerra und Cathleen Sarti (Hg.): *Transnational Histories of the »Royal Nation«*, New York 2017, zur weltweiten Nationalisierung der Monarchie.

16 Jules Verne: *Le Tour du monde en quatre-vingts jours*, Paris 1873; und, für die deutsche Übersetzung, Ders.: *Reise um die Erde in 80 Tagen*, Pest 1873. Die Geschichte wurde zunächst als Fortsetzungsroman in *Le Temps* zwischen dem 6. November 1872 und dem 22. Dezember 1872 veröffentlicht.

17 L. Carl Brown: *The Tunisia of Ahmad Bey, 1837–1855*, Princeton 1974, 325–334; und Christian Windler: *La Diplomatie comme expérience de l'autre. Consuls français au Maghreb (1700–1840)*, Genf 2002, 459.

18 A. Candilio und L. Bressan: »Sultan Abu Bakar of Johore's Visit to the Italian King and the Pope in 1885«, in: *Journal of the Malaysian Branch of the Royal Asiatic Society* 73, 1 (278) (2000), 43–53; und A. Rahman Tang Abdullah: »Sultan Abu Bakar's Foreign Guests and Travels Abroad, 1860s-1895. Fact and Fiction in Early Malay Historical Account«, in: *Journal of the Malaysian Branch of the Royal Asiatic Society* 84, 1 (300) (2011), 1–22; und allgemeiner Keng We Koh: »Travel and Survival in the Colonial Malay World. Mobility, Region, and the World in Johor Elite Strategies, 1818–1914«, *Journal of World History* 25, 4 (2014), 559–582. Eunice Thio: »British Policy Towards Johore. From Advice to Control«, in: *Journal of the Malaysian Branch of the Royal Asiatic Society* 40, 1 (211) (1967), 1–41, betrachtet die Situation in Johor allgemeiner.

19 Judy Ayşe Upton-Ward: »European-Ottoman Relations in the Nineteenth Century. The Visit of Sultan Abdülaziz to Europe«, in: Kemal Çiçek (Hg.): *The Great Ottoman-Turkish Civilization*, Bd. 1, Ankara 2000, 458–468; und, detaillierter, Ders.: »European Attitudes towards the Ottoman Empire, A Case Study. Sultan Abdülaziz's Visit to Europe in 1867«, Unveröffentlichte Doktorarbeit, Universität Birmingham 1999. Weitere wichtige Studien sind Ali Kemali Aksüt: *Sultan Aziz'in Mısır ve Avrupa Seyahati (Die Reisen von Sultan Sultan Aziz nach Ägypten und Europa)*, Istanbul 1944; Cemal Kutay: *Sultan Abdülaziz'in Avrupa Seyahati (Sultan Abdülaziz' Reise nach Europa)*, Istanbul 1970; Nihat Karaer: *Paris, Londra, Viyana. Abdülaziz'in Avrupa Seyahati (Paris, London, Wien. Abdülaziz' Reise nach Europa)*, Istanbul 2003; François Georgeon: *Abdulhamid II. Le sultan calife*, Paris 2003, 31–35; und, reich bebildert, Aylin Koçunyan und Sinan Kuneralp (Hg.): *Un sultan à Paris, une impératrice à Constantinople; Paris'te Bir Padişah, İstanbul'da Bir İmparatoriçe, 1867–1869*, Istanbul 2020. Für einen Reisebericht, verfasst von einem Mitglied seines Gefolges, siehe Halimî Efendi: »Cennetmekân-ı Firdevsi Âşiyân Sultan Abdülaziz Han Hazretlerinin Avrupa Seyahatnâmesidir« (»Dies ist das europäische Reisetagebuch seiner Hoheit, Sultan Abdülaziz Khan, dessen Seele in den höchsten Sphären des Paradieses ruhen soll«), in: *Tarih-i Osmani Encümeni Mecmuası* 7–8 (1919–1921), 90–101. Ein offizieller Bericht der Reise wurde in der amtlichen Gazette nach der Rückkehr des Sultans veröffentlicht, siehe *Takvim-i Vekayi* 888 (13. Rabi' al-Thani 1284 / 14. August 1867).

20 Julie Stewart Williams und Suelyn Ching Tune: *Kamehameha II. Liholiho and the Impact of Change*, Honolulu 2001, 117–135.

21 Ruby Hasegawa Lowe: *Kamehameha IV. Alexander Liholiho*, Honolulu 1997, 27–50; und Rosalin Uphus Comeau, *Kamehameha V. Lot Kapuāiwa*, Honolulu 1996, 18–24. Das Tagebuch, das Liholiho während der Reise 1849–1850 führte, erschien als *The Journal of Prince Alexander Liholiho. The Voyages Made to the United States, England and France in 1849–1850*, hg. von Jacob Adler, Honolulu 1967.

22 Alfons L. Korn: *The Victorian Visitors*, Honolulu 1958, 202–288; und George S. Kanahele: *Emma. Hawai'i's Remarkable Queen*, Honolulu 1999, 189–225. Königin Emma von Hawai'i führte ein Reisetagebuch und schrieb Briefe während ihrer Zeit in Europa; Teile dieser Texte erschienen in Korn, *The Victorian Visitors*.

23 Helena G. Allen: *Kalakaua. Renaissance King*, Honolulu 1995, 108–129; sowie Marumoto: ›Vignette of Early Hawaii-Japan Relations‹; Tin-Yuke Char: »A Hawaiian King visits Hong Kong, 1881«, in: *Journal of the Hong Kong Branch of the Royal Asiatic Society* 16 (1976), 92–106; Eduardo Mayone Dias: »Here Comes ›Kalakana‹. King Kalakaua's Visit to Portugal as Seen by the Portuguese Press«, *Biography* 7, 1 (1984), 74–90; Karl R. Wernhart: *Der König von Hawaii in Wien 1881. Der Besuch des polynesischen Herrschers Kalakaua*, Wien 1987; Douglas V. Askman: »Kalākaua and the British Press. The King's Visit to Europe, 1881«, in: *Hawaiian Journal of History* 52, 1 (2018), 27–55; Cindy McCreery: »Orders from Disorder? King Kalākaua's 1881 Global Tour and the Hawaiian Monarchy's late nineteenth-century Deployment of Royal Orders and Decorations«, in: *History Australia* 18, 2 (2021), 219–240; und, mit Fokus auf die Besuche außereuropäischer Staaten, Gonschor: *A Power in the World*, 76–86. Kalākaua führte während seiner Weltreise von 1881 ein Tagebuch, das nicht veröffentlicht wurde, aber im Archiv einsehbar ist (Bishop Museum Library). Seine Briefe nach Hause, die sich im hawaiianischen Staatsarchiv (Hawai'i State Archives) befinden, wurden veröffentlicht als »The Royal Tourist: Kalakaua's Letters Home from Tokio to London«, hg. von Richard A. Greer, in: *Hawaiian Journal of History* 5 (1971), 75–109. Armstrong: *Around the World with a King*, ist das Reisetagebuch eines Mitglieds seines Gefolges. *King Kalakaua's Tour Round the World*, hg. von Pacific Commercial Advertiser Company, ist eine zeitgenössische auf Englisch verfasste Broschüre über die Reise, veröffentlicht vom staatlichen Verlag, kann als offizieller Reisebericht betrachtet werden. Es ist hier erwähnenswert, dass es Pläne für eine Europareise Kalākauas bereits kurz nach seiner Krönung gab, im Jahr 1874, siehe Green an Wodehouse, Honolulu, 14. Oktober 1874, Britisches Nationalarchiv (British National Archives), Kew (TNA), FO 331/140.

24 Emily V. Warinner: *A Royal Journey to London*, Honolulu 1975; und, für eine kürzere Darstellung, Hazel Wilson: *Last Queen of Hawaii. Liliuokalani*, New York 1963, 125–130; Helena G. Allen: *The Betrayal of Liliuokalani. Last Queen of Hawaii, 1838–1917*, New York 1982, 193–209. Lili'uokalani führte ein Tagebuch und schrieb ihre Memoiren, veröffentlicht als *The Diaries of Queen Liliuokalani of Hawaii, 1885–1900*, hg. von David W. Forbes, Honolulu 2019; und *Hawaii's Story by Hawaii's Queen*, Boston 1898, 116–176.

25 Chula Chakrabongse: *Lords of Life. The Paternal Monarchy of Bangkok, 1782–1932*, London 1960, 253–256, bietet einen Überblick

der Reisen von 1897 und 1907. Detailliertere Studien sind Niels P. Petersson: »König Chulalongkorns Europareise 1897. Europäischer Imperialismus, symbolische Politik und monarchisch-bürokratische Modernisierung«, in: *Saeculum* 52 (2001), 297–328; Maurizio Peleggi: *Lords of Things. The Fashioning of the Siamese Monarchy's Modern Image*, Honolulu 2002, 26–39 und, zum spektakulären Zeremoniell bei seiner Rückkehr nach Siam im Jahr 1907, 114–129; Suphot Manalapanacharoen: »König Chulalongkorn und die Stadt Berlin«, in: Ulrich van der Heyden und Joachim Zeller (Hg.), *Macht und Anteil an der Weltherrschaft. Berlin und der deutsche Kolonialismus*, Münster 2005, 251–256; Neil A. Englehart, »Representing Civilization. Solidarism, Ornamentalism and Siam's Entry into International Society«, *European Journal of International Affairs* 16 (2010), 417–439, 426–433; und Robert Aldrich: »France and the King of Siam. An Asian King's Visits to the Republican Capital«, *French History and Civilization* 6 (2015), 225–239; und die Beiträge in Charit Tingsabadh (Hg.): *King Chulalongkorn's Visit to Europe. Reflections of Significance and Impacts*, Bangkok 2000; und Pornsan Watanangura (Hg.) *The Visit of King Chulalongkorn to Europe in 1907. Reflecting on Siamese History*, Bangkok 2008. Irene Stengs: *Worshipping the Great Moderniser. King Chulalongkorn, Patron Saint of the Thai Middle Class*, Singapore 2009, 55–66, beleuchtet die Bedeutung der Reisen von 1897 und 1907 in der thailändischen Erinnerungskultur. Einige Schriften Chulalongkorns zu seiner Reise von 1897 erschienen in Pornsan Watanangura, Naruemit Sodsuk und Khanitta Boonpan (Hg.): *The First Visit of King Chulalongkorn to Europe in 1897. A Collection of Letters and Documents from the First Visit to Europe of King Chulalongkorn in 1897*, Bangkok 2003. Chulalongkors Tagebuch, in der Form von Briefen, die er während seiner Reise von 1907 seiner Tochter Niphanophadol nach Bangkok schickte, erschienen als Chulalongkorn, *Klai baan* (*Far from Home*), Bangkok 1923 und wurden wiederholt neu aufgelegt, unter anderem als Chulalongkorn: »*Glai Baan*«. *Fern von Zuhause, Far from Home, Loin des Siens*, Bangkok 1997, der seine Briefe aus Deutschland (1–109; auf Thailändisch und Deutsch), England (110–142; auf Thailändisch und Deutsch) und Frankreich (143–170; auf Thailändisch und Französisch). *König Chulalongkorns Reisetagebuch. »Glai Baan« (Fern von Zuhause) 1907*, hg. von der Deutsch-Thailändischen Gesellschaft, Bonn 1998, enthält nur die in Deutschland geschriebenen Briefe. Anchalee Pupaka: »King Rama V's Travelogues. The Distribution of Modern Knowledge«, in: *Silpakorn University Journal of Social Sciences, Humanities, and Arts* 14, 3 (2014), 31–49, 44–47, untersucht Chulalongkorns Aufzeichnungen.

26   Chakrabongse: *Lords of Life*, 234.

27   David K. Wyatt: *The Politics of Reform in Thailand. Education in the Reign of King Chulalongkorn*, New Haven, CT, 1969, 238, stellt

fest, dass mehr als 50 Angehörige des siamesischen Adels zur Jahrhundertwende in Europa studierten.

28 Narisa Chakrabongse (Hg.): *Letters from St. Petersburg. A Siamese Prince at the Court of the Last Tsar*, Bangkok 2022, ist die Korrespondenz zwischen dem Prinzen und seinem Vater, dem König, während dieser Zeit. Sud Chonchirdsin: »The Ambivalent Attitudes of the Siamese Elite towards the West during the Reign of King Chulalongkorn, 1868–1910«, in: *South East Asia Research* 17, 3 (2009), 433–456, 443–444, zu der Hochzeit, die am siamesischen Hof Unmut auslöste.

29 Peter Kornicki: »First Encounters. From 1868 to 1902«, in: Peter Kornicki, Antony Best und Hugh Cortazzi (Hg.): *British and Japanese Royal and Imperial Relations, 1868–2018. 150 Years of Association, Engagement and Celebration*, Folkestone 2019, 3–71, gibt Einblicke in verschiedene Besuche japanischer Prinzen, darunter Komatsu Akihito (29–35 und 49–50), Arisugawa Takehito (45–47) und Fushimi Sadanaru (47–48); und Antony Best: »A Royal Alliance: Court Diplomacy, 1902–1941«, in: Kornicki, Best und Cortazzi (Hg.), *British and Japanese Royal and Imperial Relations, 1868–2018*, 75–140, bietet ebenfalls Einblicke in Besuche verschiedener japanischer Prinzen, darunter Komatsu Akihito (78–79), Arisugawa Takehito (82) und Fushimi Sadanaru (87–90 und 92); und, für einen Überblick, »Appendix 1 (Chronology of Royal and Imperial Visits 1868–2018)«, in: Kornicki, Best und Cortazzi (Hg.), *British and Japanese Royal and Imperial Relations, 1868–2018*, 221–226, der zeigt, dass es zwischen 1870 und 1914 zu mehr als 20 Besuchen japanischer Prinzen nach Europa kam. Antony Best: *British Engagement with Japan, 1854–1922. The Origins and Course of an Unlikely Alliance*, London 2021, betrachtet ebenfalls einige der Besuche japanischer Prinzen, darunter Komatsu Akihito (37–39 und 158), Arisugawa Takehito (83–84 und 158) und Fushimi Sadanaru (155–156). Prinz Kitashirakawa Yoshihisa kam als Mitlied der Iwakara Mission nach Europa, siehe die Kapitel in Ian Nish (Hg.), *The Iwakura Mission to America and Europe. A New Assessment*, London 1998, und, für einen Bericht der Reise, Kunitake Kume: *Japan Rising. The Iwakura Embassy to the USA and Europe*, hg. von Chushichi Tsuzuki und R. Jules Young, Cambridge 2009.

30 Conrad Totman: *The Collapse of the Tokugawa Bakufu, 1862–1868*, Honolulu 1980, 280; und, mit Fotografie, Francis Macouin und Keiko Omoto, *Quand le Japon s'ouvrit au monde*, Paris 1990, 36.

31 Izabela Orlowska: »Abyssinia's Monarchy and European Imperial Domination«, in: H.E. Chehabi und David Motadel (Hg.), *Unconquered States. Non-European Powers in the Imperial Age*, im Erscheinen; und, zu den äthiopisch-europäischen monarchischen Beziehungen im Allgemeinen, Gian Paolo Calchi Novati, »Barbarians, Despots or Brothers? European Diplomacy and Ethiopian Monarchs in the XIX Century«, in: *Journal of Ethiopian Studies* 40, 1/2 (2007), 309–330.

32 David Motadel: *The Shah's Grand Tour: Global Monarchy in the Age of Empire*, im Erscheinen. Einige Überlegungen zu den Besuchen erschienen in David Motadel: »Qajar Shahs in Imperial Germany«, in: *Past and Present* 213, 1 (2011), 191–235. Abbas Amanat: *Pivot of the Universe. Nasir al-Din Shah Qajar and the Iranian Monarchy, 1831–1896*, London 1997, 425–428; und Afshin Marashi: *Nationalizing Iran. Culture, Power, and the State, 1870–1940*, Washington 2008, 22–31, bieten ebenfalls wichtige Überlegungen zu den Besuchen. Die Tagebücher, die die Schahs während ihrer Reisen 1873, 1878, 1889, 1900 und 1902 führten (kein Tagebuch existiert zum Besuch von 1905), sind alle publiziert. Zwei von ihnen liegen in englischer Übersetzung vor, als Naser al-Din Shah: *Diary of His Majesty the Shah of Persia During His Tour Through Europe in A.D. 1873*, hg. und übers. von James W. Redhouse, London 1874; neu gedruckt Costa Mesa, CA, 1995; und Naser al-Din Shah: *A Diary kept by his Majesty the Shah of Persia, during his Journey to Europe in 1878*, hg. und übers. von Albert Houtum Schindler und Baron Louis de Norman, London 1879. Die unzensierten Versionen der Reisetagebücher Naser al-Din Schahs wurden alle vom iranischen Nationalarchiv in den 1990er-Jahren veröffentlicht: *Ruznameh-ye khaterat-e Naser al-Din Shah dar safar-e avval-e Farangestan* (*Das von Naser al-Din Schah während seiner ersten Reise nach Europa geführte Tagebuch*), hg. von Fatemeh Qaziha, Teheran 1377/1998, fortan Naser al-Din Schah, *Tagebuch* (1873); *Ruznameh-ye khaterat-e Naser al-Din Shah dar safar-e dovvom-e Farangestan* (*Das von Naser al-Din Schah während seiner zweiten Reise nach Europa geführte Tagebuch*), hg. von Fatemeh Qaziha, Teheran, 1379/2000, fortan Naser al-Din Schah, *Tagebuch* (1878); und *Ruznameh-ye khaterat-e Naser al-Din Shah dar safar-e sevvom-e Farangestan* (*Das von Naser al-Din Schah während seiner dritten Reise nach Europa geführte Tagebuch*), hg. von Fatemeh Qaziha und Mohammad Esma'il Rezvani, 2 Bde., Bd. 1 (Teheran 1378/1999), welcher erstmals 1369/1990 erschien; und Bd. 2 (Teheran, 1374/1995), welcher erstmals 1369/1990 erschien, fortan Naser al-Din Schah, *Tagebuch* (1889). Mozaffar al-Din Schah schrieb nur während seiner ersten und zweiten Reise Tagebuch, siehe Mozaffar al-Din Shah Qajar, *Safarnameh-ye mobarakeh-ye shahanshahi* (*Tagebuch des Gesegneten Königs der Könige*), Bombay, 1320/1903, neu aufgelegt als *Safarnameh-ye mobarakeh-ye Mozaffar al-Din Shah beh Farang* (*Das von Mozaffar al-Din Schah während seiner Reise nach Europa geführte Tagebuch*), hg. von Ali Dehbashi, Teheran 1361/1982, fortan Mozaffar al-Din Schah, *Tagebuch* (1900); und *Dovvomin safarnameh-ye Mozaffar al-Din Shah beh Farang* (*Das von Mozaffar al-Din Schah während seiner zweiten Reise nach Europa geführte Tagebuch*), hg. von Fakhr al-Molk, Teheran, 1362/1983, fortan Mozaffar al-Din Schah, *Tagebuch* (1902). Anmerkungen zu Naser al-Din Schahs Reisetagebüchern bieten Naghmeh Sohrabi: *Taken for Won-*

der. *Nineteenth-Century Travel Accounts from Iran to Europe*, Oxford 2012, 73–103; und Hamid Dabashi: *Reversing the Colonial Gaze. Persian Travelers Abroad*, Cambridge 2019, 154–184.

33   Mark Twains Presseberichte über Naser al-Din Schahs Aufenthalt in England erschienen in Mark Twain: ›The Shah‹, in: *New York Herald* (4. Juli 1873); Ders.: »Shah-Doings«, in: *New York Herald* (9. Juli 1873) und Ders.: »Shah'd«, in: *New York Herald* (11. Juli 1873). Die Artikel wurden später zusammen veröffentlicht in Mark Twain: *Europe and Elsewhere*, New York 1923, 31–86 (»O'Shah«); für das Zitat, siehe 57–69 (»The Shah as a Social Star«, London, 21. Juni 1873), 68.

34   Künstler-Sänger-Verein: *Der Schah von Persien: Grosse historisch, romantische Oper mit Ballet, in 4 Akten*, München 1874; und Anonym: »London, Saturday, July 19«, in: *The Standard* (19. Juli 1873).

35   Mustafa Serdar Palabıyık: »The Sultan, the Shah and the King in Europe. The Practice of Ottoman, Persian and Siamese Royal Travel and Travel Writing«, in: *Journal of Asian History* 50, 2 (2016), 201–234, 205–214, zu den Motiven.

36   Naser al-Din Schah: Memorandum, o.D. (1294/1877), gedruckt im Appendix von Naser al-Din Schah, *Tagebuch* (1878), 291–294 (Dokument 1), welches sich im Iranischen Nationalarchiv befindet (*Sazman-e Asnad-e Melli-ye Iran*), Hof-Dokumente (*Asnad-e Boyutat*), A51–250. Motadel: »Qajar Shahs in Imperial Germany«, 192–193; und Ders.: *The Shah's Grand Tour*; sowie Manoutchehr M. Eskandari-Qajar: »European Imperialism and the Qajar Court«, in: Chehabi und Motadel (Hg.): *Unconquered States*, bieten weitere Überlegungen zu den Motiven.

37   Fereydun Adamiyat: *Andisheh-ye taraqqi va hokumat-e qanun. asr-e Sepahsalar*, Teheran 1351/1972, 260.

38   Ahmad Sani' al-Saltaneh: O.T. (Vorwort) (Dhu l'Hajjah 1320 / März 1903), in: Mozaffar al-Din Schah: *Tagebuch* (1902), 1. Motadel: »Qajar Shahs in Imperial Germany«, 193; Ders.: *The Shah's Grand Tour*; und Eskandari-Qajar: »European Imperialism and the Qajar Court«, bieten weitere Überlegungen zu den Motiven.

39   Stengs: *Worshipping the Great Moderniser*, 61. An anderer Stelle gibt Chulalongkorn die folgenden Gründe an: »Zuerst, um zu sehen, wie das Leben in Europa ist; zweitens, zu erkunden, wie Wohlstand und Güter entstehen; drittens, ihre Stärken zu ergründen, für den Fall, dass sie uns angreifen; viertens, um mich auch zu amüsieren« und »mein Besuch könnte bedeutend für das Überleben unseres Landes sein«, siehe Peleggi: *Lords of Things*, 31.

40   Zit. in Stengs: *Worshipping the Great Moderniser*, 61.

41   Zit. in Palabıyık: »The Sultan, the Shah and the King in Europe«, 201.

42   Upton-Ward: »European-Ottoman Relations in the Nineteenth Century«, 458.

43 Anonym: »Visit of the Sultan to the City«, in: *The Times* (19. Juli 1867); und, für eine detailliertere Besprechung der Rede, Anonym: O.T., in: *The Times* (20. Juli 1867).

44 Zit. in Palabıyık: »The Sultan, the Shah and the King in Europe«, 213.

45 Armstrong: *Around the World with a King*, 6 und 18. Wernhart, *Der König von Hawaii in Wien*, 23–29, bespricht die Motive im Detail.

46 Eskandari-Qajar: »European Imperialism and the Qajar Court«. Thomas Grimm: »Vendredi 18 juillet 1873 – Les ancêtres du Shah«, in: *Le Petit Journal* (19. Juli 1873), behauptete, dass ›Persien sich gedemütigt gefühlt‹ habe von dem Besuch des Sultans und dass dieser zum Entschluss des Qajaren-Hofes geführt habe, eine ähnliche Reise zu organisieren.

47 Motadel: *The Shah's Grand Tour*, zu Mozaffar al-Din Schah; und Walter Ralph Durie Beckett an Sir Edward Grey, Bangkok, 1. November 1906, TNA, FO 371/133/3/51, zu Chulalongkorn.

48 Norbert Elias: *Über den Prozeß der Zivilisation. Soziogenetische und psychogenetische Untersuchungen*, 2 Bde., Basel 1939. Jeroen Duindam: *Myths of Power. Norbert Elias and the Early Modern European Court*, Amsterdam 1995, bietet gute kritische Überlegungen zu dem Werk.

49 Richard White: *The Middle Ground. Indians, Empires, and Republics in the Great Lakes Region, 1650–1815*, Cambridge 1991, zum ›middle ground‹; und Homi K. Bhaba: *The Location of Culture*, London 1994, zu kultureller Hybridität im Allgemeineren.

50 David Motadel: »Globaliser L'Europe«, in: *Annales 76*, 4 (2021), 645–667, zur Frage europäischer Grenzen. Stuart Hall: »The West and the Rest: Discourse and Power«, in: Ders. und Bram Gieben (Hg.): *Formations of Modernity*, Cambridge 1992, 275–332, zur diskursiven Konstruktion des Gegensatzes zwischen dem »Westen« und dem »Rest« der Welt und den (zumeist negativen) Konnotationen des »Rests«.

51 Adam Watson: »European International Society and its Expansion«, in Ders. und Hedley Bull (Hg.): *The Expansion of International Society*, Oxford 1984, 13–32; Hedley Bull: »The Emergence of a Universal International Society«, in: Ebd., 117–226; und Gerrit Gong: *The Standard of Civilization in International Society*, Oxford 1984, sind die einflussreichsten Studien, die die »Expansion der internationalen Gesellschaft« als eine Adaption der außereuropäischen Staaten eines europäischen »Standards der Zivilisation« untersuchten; Georg Schwarzenberger: ›The Standard of Civilization in International Law‹, in: *Current Legal Problems* 8 (1955), 212–234, ist eine frühe Untersuchung des Phänomens. Martti Koskenniemi: *The Gentle Civilizer of Nations. The Rise and Fall of International Law 1870–1960*, Cambridge 2001, 127–136; Antony Anghie: *Imperialism, Sovereignty and the Making of International Law*, Cambridge 2007, 32–114; und Jennifer Pitts: *Boundaries of the International. Law and Empire*, Cambridge, MA, 2018, bieten her-

vorragende rechtshistorische Studien der Evolution der globalen Staaten-Ordnung.

52 Tim Dunne und Christian Reus-Smit, »Introduction«, in: Ders. (Hg.), *The Globalization of International Society*, Oxford 2017, 3–17; und Ders.: »The Globalization of International Society«, in: Ebd., 18–40, üben Kritik an dieser Sicht, indem sie argumentieren, dass es eine »Globalisierung der internationalen Gesellschaft« gegeben habe, welche von Beginn an sowohl europäische als auch außereuropäische Staaten gleichermaßen betraf. Eine kritische Neubewertung des Konzepts der »Zivilisation« in der Evolution der internationalen Ordnung bietet Jacinta O'Hagan: »The Role of Civilization in the Globalization of International Society«, in: Ebd., 185–203. Christian Reus-Smit: *On Cultural Diversity. International Theory in a World of Difference*, Cambridge 2018 und die Beiträge in Andrew Phillips und Christian Reus-Smit (Hg.): *Culture and Order in World Politics*, Cambridge 2020, zeigen, dass sich die internationale Ordnung gewöhnlich in heterogenen kulturellen Umfeldern enwickelte. Im Allgemeineren kann diese Kritik als Teil der grundsätzlicheren Kritik des eurozentrischen Diffusionismus verstanden werden, wie sie etwa J.M. Blaut: *The Colonizer's Model of the World. Geographical Diffusionism and Eurocentric History*, New York 1993, 1–49, übte.

53 Dieter Langewiesche: »Monarchy – Global: Monarchical Self-Assertion in a Republican World«, in: *Journal of Modern European History* 15, 2 (2017), 280–307, untersucht die Krise, die Transformation und das Überleben der Monarchie in Europa und der kolonialen und postkolonialen Welt.

54 Die Literatur zur Geschichte der Monarchie ist umfangreich. Zu den einflussreichsten Studien, welche sowohl die Politik als auch das Ritual der Höfe untersuchen, zählen Richard S. Wortman: *Scenarios of Power. Myth and Ceremony in Russian Monarchy*, 2 Bde., Princeton, NJ, 1995–2000; Matthew Truesdell: *Spectacular Politics. Louis-Napoleon Bonaparte and the Fete Imperial, 1849–1870*, Oxford 1997; John C.G. Röhl: *Kaiser, Hof und Staat*, München, 2002; Barbara Stollberg-Rilinger: *Des Kaisers alte Kleider. Verfassungsgeschichte und Symbolsprache des Alten Reiches*, München, 2008; und die Beiträge in David Cannadine und Simon Price (Hg.): *Rituals of Royalty. Power and Ceremonial in Traditional Societies*, Cambridge 1987; Sean Wilentz (Hg.): *Rites of Power: Symbolism, Ritual and Politics Since the Middle Ages*, Philadelphia 1985; Janet Nelson und Frans Theuws (Hg.): *Rituals of Power. From Late Antiquity to the Early Middle Ages*, Leiden 2000; und Jörg Jochen Berns und Thomas Rahn (Hg.): *Zeremoniell als höfische Ästhetik in Spätmittelalter und Früher Neuzeit*, Tübingen 1995; und die Bücher der Reihe »Palgrave Studies in Modern Monarchy«. Selim Deringil: *The Well-Protected Domains. Ideology and the Legitimation of*

Power in the Ottoman Empire, 1876–1909, London 1998; Takashi Fujitani: *Splendid Monarchy. Power and Pageantry in Modern Japan,* Berkeley, CA, 1996; Edhem Eldem: *Pride and Privilege. A History of Ottoman Orders, Medals and Decorations,* Istanbul 2004; und Felix Konrad: *Der Hof des Khediven von Ägypten: Herrscherhaushalt, Hofgesellschaft und Hofhaltung 1840–1880,* Würzburg 2008, sind einige der wichtigsten Studien zur Geschichte der Monarchie außerhalb Europas.

55   Duindam: *Dynasties,* bietet eine globale komparative Studie der Monarchien im späten Mittelalter und der Frühen Neuzeit. Helen Watanabe-O'Kelly: *Projecting Imperial Power. New Nineteenth Century Emperors and the Public Sphere,* Oxford 2021, bietet, wenngleich mit Fokus auf die europäischen Dynastien, eine globale komparative Studie der Monarchien in der Neuzeit. Dominic Lieven: *In the Shadow of the Gods. The Emperor in World History,* London 2022, bietet ein breiteres Bild. Milinda Banerjee, Charlotte Backerra und Cathleen Sarti, »The Royal Nation in Global Perspective«, in: Banerjee, Backerra und Sarti (Hg.): *Transnational Histories of the »Royal Nation«,* 1–17, betrachtet vergleichend die Nationalisierung der Monarchie weltweit; während Langewiesche: »Monarchy – Global«, vergleichend die Krise der Monarchie in den Blick nimmt. Die klassischen Studien der Globalgeschichte des neunzehnten Jahrhunderts von C. A. Bayly: *The Birth of the Modern World, 1780–1914. Global Connections and Comparisons,* London 2004, 426–430; und Jürgen Osterhammel: *Die Verwandlung der Welt. Eine Geschichte des 19. Jahrhunderts,* München 2009, 718–720 und 828–848, werfen auch einen Blick auf die Monarchie.

56   Reinhard Bendix: *Kings or People. Power and the Mandate to Rule,* Berkeley, CA, 1978; und Clifford Geertz: »Centres, Kings and Charisma: Reflections on the Symbolics of Power«, in: Geertz: *Local Knowledge. Further Essays in Interpretative Anthropology,* New York 1983, 121–146.

57   Paulmann: *Pomp und Politik.* Wichtige Fallstudien sind Daniela Rosmus, *Die Schweiz als Bühne: Staatsbesuche und politische Kultur 1848–1990,* Zürich 1994; Roderick McLean: *Royalty and Diplomacy in Europe, 1890–1914,* Cambridge 2001, 186–210; Nicolas Moll: *Besuchspolitik. Staatsbesuche als Ritual und Werkzeug nationalstaatlicher Politik in Deutschland und Frankreich 1871–1969,* Freiburg 2002; Ian Radforth: *Royal Spectacle. The 1860 Visit of the Prince of Wales to Canada and the United States,* Toronto 2004; Matthew Glencross: *The State Visits of Edward VII. Reinventing Royal Diplomacy for the Twentieth Century,* London 2015; und Jan Hennings: *Russia and Courtly Europe. Ritual and the Culture of Diplomacy, 1648–1725,* Cambridge 2016. Die in Fußnote 12 zitierten Studien der royalen Begegnungen innerhalb der europäischen Kolonialreiche, insbesondere die Arbeiten von David Cannadine und die Beiträge in den von Robert Aldrich und Cindy McCreery

herausgegebenen Sammelbänden, sind hier ebenfalls wichtig. Zudem gibt es zahlreiche Einzelstudien der Begegnungen europäischer und außereuropäischer Monarchen, siehe Fußnote 17–32. Palabıyık: »The Sultan, the Shah and the King in Europe«, betrachtet die Motive, Organisation und die Reiseberichte, jedoch nicht die monarchischen Begegnungen selbst.

58   Hans-Ulrich Wehler: *Bismarck und der Imperialismus*, Köln 1969; und, für eine stringente Zusammenfassung, Ders.: »Bismarck's Imperialism 1862–1890«, in: *Past and Present* 48 (1970), 119–155, verband Sozialgeschichte und die Geschichte der Außenpolitik auf eine andere Weise, indem der Imperialismus als Instrument zur Herstellung des sozialen Friedens innerhalb einer europäischen Gesellschaft untersucht wird, das Phänomen des »Sozialimperialismus«. Keith Hamilton, *Servants of Diplomacy: A Domestic History of the Victorian Foreign Office* (London, 2021), eine Sozialgeschichte des britischen Außenministeriums, verband ebenfalls Sozialgeschichte und internationale Geschichte auf eine andere Art.

59   Jürgen Osterhammel: *Die Entzauberung Asiens. Europa und die asiatischen Reiche im 18. Jahrhundert*, München, 1998, 119, bietet einen Überblick der frühen Gesandtschaften aus Asien. Fatma Müge Göçek: *East Encounters West. France and the Ottoman Empire in the Eighteenth Century*, Oxford 1999, ist eine herausragende Studie der osmanischen Mission von 1720.

60   J.N. Hillgarth: *The Mirror of Spain, 1500–1700. The Formation of a Myth*, Ann Arbor, MI, 2000, 210–211; Nabil Matar: *In the Land of the Christians*, London 2003; J.A.O.C. Brown: »Anglo-Moroccan Relations and the Embassy of Ahmad Qardanash 1706–1708«, in: *Historical Journal* 51, 3 (2008), 599–620; und Jerry Brotton: *This Orient Isle. Elizabethan England and the Islamic World*, London 2016, 1–7, 11–13 und 268–275.

61   Kate Lowe: »›Representing‹ Africa. Ambassadors and Princes from Christian Africa to Renaissance Italy and Portugal, 1402–1608«, in: *Transactions of the Royal Historical Society* 17 (2007), 101–128.

62   Manich Jumsai: *King Mongkut and the British*, Bangkok 1991, 85, zu Siam; Manoutchehr Eskandari-Qajar: »Persian Ambassadors, their Circassians, and the Politics of Elizabethan and Regency England«, in: *Iranian Studies* 44, 2 (2011), 251–271, zu Persia; W.G. Beasley: *Japan Encounters the Barbarian. Japanese Travellers in America and Europe*, New Haven, CT, 1995; und die Kapitel in Nish (Hg.): *The Iwakura Mission to America and Europe*; und, für einen Bericht der letzteren Mission, Kume: *Japan Rising*, zu Japan; und E-tu Zen Sun: »The Chinese Constitutional Missions of 1905–1906«, in: *Journal of Modern History* 24 (1952), 251–268; Feng Chen: *Die Entdeckung des Westens. Chinas erste Botschafter in Europa 1866–1894*, Frankfurt a.M. 2001; und, für

Berichte der chinesischen Gesandtschaften, *The First Chinese Embassy to the West. The Journals of Kuo Sung-tao, Liu Hsi-hung and Chang Te-yi*, Oxford 1974; und Hsieh Fucheng: *The European Diary of Hsieh Fucheng, Envoy Extraordinary of Imperial China*, New York 1993, zu China, sind wichtige Fallstudien.

63 H.E. Chehabi und David Motadel: »Struggles for Sovereignty in the Age of Empire«, in: Dies. (Hg.), *Unconquered States*; und, im Hinblick auf die innere Situation der Länder, Jürgen Osterhammel: »Semi-Colonialism and Informal Empire in Twentieth-Century China. Towards a Framework of Analysis«, in: Ders. und Wolfgang J. Mommsen (Hg.): *Imperialism and After. Continuities and Discontinuities*, London 1986, 290–314.

64 Richard S. Horowitz: »International Law and State Transformation in China, Siam and the Ottoman Empire during the Nineteenth Century«, in: *Journal of World History* 15 (2005), 448–466, bietet einen vergleichenden Überblick. Weitere wichtige komparative Studien sind Turan Kayaoğlu: *Legal Imperialism, Sovereignty and Extraterritoriality in Japan, the Ottoman Empire, and China*, Cambridge 2010; und Par Kristoffer Cassel: *Grounds of Judgment. Extraterritoriality and Imperial Power in Nineteenth Century China and Japan*, Oxford 2012; und die Kapitel in Daniel S. Margolies, Umut Özsu, Maïa Pal und Ntina Tzouvala (Hg.): *The Extraterritoriality of Law. History, Theory, Politics*, London 2019. Wichtige Fallstudien sind Ahmad Matine-Daftary: *La suppression des capitulations en Perse*, Paris 1930; Nasim Sousa: *The Capitulatory Régime of Turkey. Its History, Origin, and Nature*, Baltimore, MD, 1933; Kouo Kin Yao: *La Chine et les capitulations*, Nancy 1938; G.W. Keeton: *The Development of Extraterritoriality in China*, New York 1969; und Michael Auslin: *Negotiating with Imperialism. The Unequal Treaties and the Culture of Japanese Diplomacy*, Cambridge, MA, 2006.

65 V.I. Lenin: *Der Imperialismus als höchstes Stadium des Kapitalismus*, Berlin 1966, 91, welches erstmals 1917 veröffentlicht wurde. V.I. Lenin, »Über die Losung der Vereinigten Staaten von Europa«, in: *Lenin Werke*, Bd. 21, Berlin 1972, 342–346, 343–344, welches zuerst erschien in *Sotsial-Demokrat* 44 (23. August 1915), führte im Bezug auf China, Persien und das Osmanische Reich den Begriff der »Halbkolonien« erstmals ein.

66 Edhem Eldem: »Ottoman Royal Uses of Western Symbolism and Pageantry in the Imperial Age«, in: Chehabi und Motadel (Hg.): *Unconquered States*, der Anonym: »Lettres de Flavio«, in: *La Liberté* (1. Juli 1867) zitiert.

67 Roderic H. Davison: »The ›Dosografa‹ Church in the Treaty of Küçük Kaynarca«, in: *Bulletin of the School of Oriental and African Studies* 42, 1 (1979), 46–52; und Roderic H. Davison: »›Russian Skill and

Turkish Imbecility‹. The Treaty of Kuchuk Kainardji Reconsidered«, in: *Slavic Review* 35, 3 (1976), 463–483.

68   Kayaoğlu: *Legal Imperialism*, 104–148; und, zur öknomischen Durchdringung, Şevket Pamuk: *The Ottoman Empire and European Capitalism, 1820–1913. Trade, Investment, and Production*, Cambridge 1987, 18–23; und V. Necla Geyikdağı: *Foreign Investment in the Ottoman Empire: International Trade and Relations 1854–1914*, London 2011, 18–28.

69   Upton-Ward: »European-Ottoman Relations in the Nineteenth Century«, 458; und Palabıyık: »The Sultan, the Shah and the King in Europe«, 210, 215, und 225, zur politischen Relevanz der Reise.

70   *Disraeli, Derby and the Conservative Party: Journals of Edward Henry, Lord Stanley, 1849–1869*, hg. von John Vincent, Hassocks 1978, 314 (21. Juli 1867).

71   Firoozeh Kashani-Sabet: *Frontier Fictions: Shaping the Iranian Nation, 1804–1946*, Princeton, NJ, 1999, 73.

72   Matine-Daftary: *La suppression des capitulations en Perse*, 67–70; und Hadi Khorassani: *Le régime douanier de l'Iran*, Paris 1937, 71–102.

73   David Motadel: *The Shah's Grand Tour*, zur politischen Relevanz der Reisen.

74   George N. Curzon: *Persia and the Persian Question*, 2 Bde., London 1892, Bd. 1, 480.

75   B.J. Terwiel: »The Bowring Treaty. Imperialism and the Indigenous Perspective«, in: *The Journal of the Siam Society* 79, 2 (1991), 40–47.

76   Junko Koizumi: »Between Tribute and Treaty. Sino-Siamese Relations from the Late Nineteenth Century to the Early Twentieth Century«, in: Anthony Reid und Zheng Yangwen (Hg.): *Negotiating Asymmetry. China's Place in Asia*, Singapur 2009, 47–72.

77   Thongchai Winichakul: »The Quest for ›Siwilai‹. A Geographical Discourse of Civilizational Thinking in the Late Nineteenth and Early Twentieth-Century Siam«, in: *The Journal of Asian Studies* 59, 3 (2000), 528–549, 533; und, allgemeiner, Ders.: *Siam Mapped. A History of the Geo-Body of a Nation*, Honolulu 1997.

78   Pensri Duke: *Les relations entre la France et la Thailande (Siam) au XIXe siècle d'après les archives des affaires étrangères*, Bangkok 1962; Chandran Jeshurun, *The Contest for Siam, 1889–1902: A Study in Diplomatic Rivalry*, Kuala Lumpur 1977; und Patrick J. Tuck: *The French Wolf and the Siamese Lamb. The French Threat to Siamese Independence, 1858–1907*, Bangkok 1995, untersuchen Frankreichs imperialistische Politik in Siam. Dieter Brötel: *Frankreich im Fernen Osten. Imperialistische Expansion in Siam und Malaya, Laos und China, 1880–1904*, Stuttgart 1996, behandelt den französischen Imperialismus in der Region allgemeiner. Nigel Brailey: »The Scramble for Concessions in 1880s

Siam«, in: *Modern Asian Studies* 55 (1999), 523–549; und Nigel Brailey, »Protection or Partition. Ernest Satow and the 1880s Crisis in Britain's Siam Policy«, in: *Journal of Southeast Asian Studies* 29 (1998) 63–85, untersucht den europäischen Imperialismus in Siam.

79 Chandran Jeshurun: »The Anglo-French Declaration of January 1896 and the Independence of Siam«, in: *Journal of the Siam Society* 58 (1970), 105–126.

80 Thamsook Nummonda: »The Anglo-Siamese Secret Convention of 1897«, in: *Journal of the Siam Society* 53 (1965), 45–60.

81 Petersson: »König Chulalongkorns Europareise 1897«; Palabıyık: »The Sultan, the Shah and the King in Europe«, 202, 210–211, 217–218 und 226; und Aldrich: »France and the King of Siam«, 225–236, zur politischen Relevanz der Reise.

82 Correspondent: »The Visit of the King of Siam«, in: *The Times* (29. Juli 1897).

83 Zit. in Petersson: »König Chulalongkorns Europareise 1897«, 311.

84 Zit. in Petersson: »König Chulalongkorns Europareise 1897«, 306.

85 Anonym: »The Tsar and the King of Siam«, in: *The Times* (8. Juli 1897).

86 Correspondent: »The King of Siam«, in: *The Times* (15. September 1897).

87 Zit. in Petersson: »König Chulalongkorns Europareise 1897«, 317.

88 Zit. in Petersson: »König Chulalongkorns Europareise 1897«, 312.

89 Philippe Marchat: *Jeune diplomate au Siam, 1894–1900. Lettres de mon grand-père Raphaël Réau* (Paris, 2013), 164 (12. Juni 1897), das erstmals 2009 erschien.

90 Correspondent, »The King of Siam«, in: *The Times* (13. September 1897).

91 Aldrich: »France and the King of Siam«, 236–237, zur politischen Relevanz der Reise.

92 David Keanu Sai: »Hawai'i's Sovereignty and Survival in the Age of Empire«, in: Chehabi und Motadel (Hg.), *Unconquered States*, bietet einen guten Überblick über Hawai'is Ringen um Erhalt der staatlichen Souveränität.

93 Haunani-Kay Trask: »Hawaii. Colonization and De-colonization«, in: Antony Hooper, Steve Britton, Ron Crocombe, Judith Huntsman und Cluny Macpherson (Hg.): *Class and Culture in the South Pacific*, Suva 1987, 154–174; und, zum größeren politischen Kontext, William Michael Morgan: »The Anti-Japanese Origins of the Hawaiian Annexation Treaty of 1897«, in: *Diplomatic History* 6, 1 (1982), 23–44.

94 Abdullah: »Sultan Abu Bakar's Foreign Guests and Travels Abroad, 1860–1895«, zur politischen Relevanz der Reisen. Carl A. Trocki: *Prince of Pirates. The Temenggongs and the Development of Johor and*

Singapore 1784–1885, Singapore 1979; und Nesalamar Nadarajah: *Johore and the Origins of British Control, 1895–1914*, Kuala Lumpur 2000, bieten Überblicke über Johors Ringen um Erhalt der staatlichen Souveränität.

95   Nurfadzilah Yahaya: »Class, White Women, and Elite Asian Men in British Courts during the Late Nineteenth Century«, in: *Journal of Women's History* 31, 2 (2019), 101–123, 101; Abdullah: »Sultan Abu Bakar's Foreign Guests and Travels Abroad, 1860–1895«, 19; und Iza Hussin: »Circulations of Law: Cosmopolitan Elites, Global Repertoires, Local Vernaculars«, in: *Law and History Review* 32, 4 (2014), 773–795, 783–784.

96   Anonym: »Mighell v the Sultan of Johore«, in: *Straits Times* (12. Dezember 1893).

97   Boris Monin: »The Visit of Rās Tafari in Europe (1924). Between Hopes of Independence and Colonial Realities«, in: *Annales d'Éthiopie* 28 (2013), 383–389; sowie Herbert P. Bix, *Hirohito and the Making of Modern Japan* (New York, 2000), 103–122; Elise K. Tipton, »Royal Symbolism: Crown Prince Hirohito's Tour to Europe in 1921«, in: Aldrich und McCreery (Hg.): *Royals on Tour*, 191–210; und Fujitani, »Imperialism and Japan's Monarchy«, in: Chehabi und Motadel (Hg.), *Unconquered States*.

98   Auslin: *Negotiating with Imperialism*, 1–24; und Kayaoğlu: *Legal Imperialism*, 66–103.

99   Best: *British Engagement with Japan, 1854–1922*; und die Beiträge in Peter Kornicki, Antony Best und Hugh Cortazzi (Hg.): *British and Japanese Royal and Imperial Relations, 1868–2018*.

100   Paulmann: *Pomp und Politik*, 195–198 und 410, und, für einen Habsburg-Text über das Zeremoniell eines Monarchenbesuchs aus dem Jahr 1855, 296–301, zu den zeremoniellen Regeln europäischer Monarchenbesuche. Ingrid Voss: *Herrschertreffen im frühen und hohen Mittelalter*, Köln 1987, betrachtet das Zeremoniell monarchischer Begegnungen im Europa des Mittelalters. Gotthardt Frühsorge: »Vom Hof des Kaisers zum ›Kaiserhof‹. Über das Ende des Ceremoniells als gesellschaftliches Ordnungsmuster«, in: *Euphorion* 78 (1984), 237–265; und Ders.: »Der Hof, der Raum, die Bewegung: Gedanken zur Neubewertung des europäischen Hofzeremoniells«, in: *Euphorion* 82 (1988), 424–429, betrachten das höfische Zeremoniell im Europa der Frühen Neuzeit. Julius Bernhard Rohr: *Einleitung zur Ceremoniel-Wissenschaft der Großen Herren*, Berlin 1729, ist ein bedeutendes frühneuzeitliches zeremonialwissenschaftliches Handbuch, das auch Einblicke in das frühneuzeitliche Protokoll von Monarchenbesuchen in Europa bietet.

101   *Disraeli, Derby and the Conservative Party*, 309 (19. Mai 1867).

102   Lyons an Moore, Konstantinopel, 19. Juni 1867, TNA, FO 78/2010.

103   Hammond an Cowley, London, 26. Juni 1867, TNA, FO 78/2010.

104 Ponsonby an Hammond, London, 30. Juni 1867, TNA, FO 78/2010.

105 Lyons an Hammond, Tarabya (Konstantinopel), 10. Juni 1867, TNA, FO 78/2010.

106 Upton-Ward: »European-Ottoman Relations in the Nineteenth Century«, 461.

107 Palabıyık: »The Sultan, the Shah and the King in Europe«, 214. Motadel, *The Shah's Grand Tour*, erörtert die Bedeutung des Besuches des Sultans als Präzedenzfall für den Besuch des Schahs.

108 Paulmann: *Pomp und Politik*, 301–308 und 351, zu zeremoniellen Verhandlungen vor europäischen Monarchenbesuchen, vor allem im Fall des Besuchs Queen Victorias in Frankreich 1855.

109 Cannadine: *Ornamentalism*, 6–10.

110 Sadiah Qureshi: *Peoples on Parade: Exhibitions, Empire, and Anthropology in Nineteenth-Century Britain*, Chicago, IL, 2011, zu Großbritannien; Olivier Razac: *L'Écran et le zoo. Spectacle et domestication des expositions coloniales à Loft Story*, Paris 2002, zu Frankreich; Hilke Thode-Arora: *Für fünfzig Pfennig um die Welt. Die Hagenbeckschen Völkerschauen*, Frankfurt a.M. 1989; Gabi Eißenberger: *Entführt, verspottet und gestorben. Lateinamerikanische Völkerschauen in deutschen Zoos*, Frankfurt a.M. 1996; und Anne Dreesbach: *Gezähmte Wilde. Die Zurschaustellung »exotischer« Menschen in Deutschland 1870–1940*, Frankfurt a.M. 2005, zu Deutschland; Werner Michael Schwarz: *Anthropologische Spektakel. Zur Schaustellung »exotischer« Menschen, Wien 1870–1910*, Wien 2001, zum Habsburger Reich; und Rea Brändle: *Wildfremd, hautnah. Völkerschauen und ihre Schauplätze in Zürich 1880–1960*, Zürich 1995, zur Schweiz. Die Kapitel in Nicolas Bancel, Pascal Blanchard, Gilles Boetsch, Éric Deroo und Sandrine Lemaire (Hg.): *Zoos humains. De la Vénus hottentote aux reality shows*, Paris 2004, bieten einen breiten Überblick.

111 Ernst H. Kantorowicz: *Die zwei Körper des Königs. Eine Studie zur politischen Theologie des Mittelalters*, München 1990, welches erstmals erschien als Ders.: *The King's Two Bodies. A Study in Medieval Political Theology*, Princeton, NJ, 1957. Otto Brunner: »Vom Gottesgnadentum zum monarchischen Prinzip. Der Weg der europäischen Monarchie seit dem hohen Mittelalter«, in: Theodor Mayer (Hg.): *Das Königtum. Seine geistigen und rechtlichen Grundlagen*, Lindau 1956, 279–305, untersucht die Evolution des monarchischen Prinzips in Europa in der Zeit nach dem Mittelalter.

112 Kantorowicz: *Die zwei Körper des Königs*, 21 (und anderswo) und 488 für die Zitate; und, für die Wurzeln in der Antike, 487–496.

113 Conrad Leyser: »Introduction to the Princeton Classics Edition«, in: Ernst H. Kantorowicz: *The King's Two Bodies. A Study in Medieval Political Theology*, Princeton, NJ, 2016, xxi, über die Bedeutung der Abwesenheit von Macht in Kantorowiczs Studie.

114   Queen Victoria's Journals (Princess Beatrice's Copies), Britisches Hofarchiv (Royal Archives), Windsor (RA), VIC/MAIN/QVJ (W), Bd. 54 (1. Dezember 1864–31. Dezember 1865), 330–331 (Montag, 27. November 1865).

115   Zit. in Christopher Hibbert: *Edward VII. A Portrait*, London 1976, 144.

116   Johannes Paulmann: »Searching for a ›Royal International‹. The Mechanics of Monarchical Relations in Nineteenth-Century Europe«, in: Martin H. Geyer und Johannes Paulmann (Hg.): *The Mechanics of Internationalism. Culture, Society and Politics from the 1840s to the First World War*, Oxford 2001, 145–176, 148 und 159; und, allgemeiner zum Niedergang der monarchischen Solidarität während des langen neunzehnten Jahrhunderts, Karl Otmar von Aretin: »Das Problem der monarchischen Solidarität an der Wende vom 19. zum 20. Jahrhundert«, in: Ders. und Fritz Klein (Hg.): *Europa um 1900. Texte eines Kolloquiums*, Berlin 1989, 163–169. Miranda Carter: *The Three Emperors. Three Cousins, Three Empires, and the Road to World War One*, London 2009, ist eine wunderbare Fallstudie der zunehmenden Schwäche dynastischer Bindungen im späten neunzehnten und frühen zwanzigsten Jahrhundert.

117   Jürgen Osterhammel: »Peoples without History' in British and German Historical Thought«, in: Benedikt Stuchtey und Peter Wende (Hg.): *British and German Historiography 1750–1950. Traditions, Perceptions, and Transfers*, Oxford 2000, 265–287, beleuchtet die Bedeutung der außereuropäischen Welt in europäischen historischen Schriften des imperialen Zeitalters.

118   Paulmann: *Pomp und Politik*, 372–373 und 380, zu alten und neuen Transportmitteln während europäischer Monarchenbesuche. David Cannadine: »The Context, Performance and Meaning of Ritual. The British Monarchy and the ›Invention of Tradition‹, c. 1820–1977«, in: Eric Hobsbawm und Terrence Ranger (Hg.): *The Invention of Tradition*, Cambridge 1983, 101–164, 123–124, zum »anachronistischen« Gebrauch der Kutsche als erfundene Tradition im europäischen monarchischen Zeremoniell. Paulmann: *Pomp und Politik*, 219–231, zum Zeremoniell der Ankunft und Abfahrt, und 231–249, zum Programm während europäischer Monarchenbesuche.

119   Upton-Ward: »European-Ottoman Relations in the Nineteenth Century«, 459.

120   Queen Victoria's Journals (Princess Beatrice's Copies), RA, VIC/MAIN/QVJ (W), Bd. 54 (1. Dezember 1864–31. Dezember 1865), 258–259 (Samstag, 9. September 1865).

121   Zit. in Kanahele: *Emma*, 200.

122   Queen Victoria's Journals (Princess Beatrice's Copies), RA, VIC/MAIN/QVJ (W), Bd. 54 (1. Dezember 1864–31. Dezember 1865), 330–331 (Montag, 27. November 1865); und Queen Victoria's Journals (Princess

Beatrice's Copies), RA, VIC/MAIN/QVJ (W), Bd. 54 (1. Dezember 1864 – 31. Dezember 1865), 331 (Dienstag, 28. November 1865).

123 Rhoda E. A. Hackler: »›My Dear Friend‹. Letters of Queen Victoria and Queen Emma«, in: *Hawaiian Journal of History* 22 (1988), 101–130.

124 Abdullah: »Sultan Abu Bakar's Foreign Guests and Travels Abroad, 1860–1895«, 11.

125 Zit. in Georgeon: *Abdulhamid II*, 33.

126 Phaladisai: *Sitthithankit, Phra borommarup song ma* (*Die große ehrwürdige Reiterstatue*), Bangkok 1994, 46. Eine englische Übersetzung bietet Stengs, *Worshipping the Great Moderniser*, 92. Zu der Fotografie, siehe Ebd., 92 und 266 (Fußnote 44); eine der Fotografien wurde am 12. September 1897 in *L'Illustration* gedruckt.

127 Zit. in Petersson: »König Chulalongkorns Europareise 1897«, 312.

128 David Cannadine: *The Decline and Fall of the British Aristocracy*, New Haven, CT, 1990; Dominic Lieven: *The Aristocracy of Europe, 1815–1914*, New York 1994; und die Beiträge in Armgard Reden-Dohna und Ralph Melville (Hg.): *Adel an der Schwelle des bürgerlichen Zeitalters 1780–1860*, Stuttgart 1988; Hans-Ulrich Wehler (Hg.): »Europäischer Adel 1750–1950«, in: *Geschichte und Gesellschaft*, Supplement 13 (1990); und Helmuth Feigl und Willibald Rosner (Hg.): *Adel im Wandel*, Wien 1991, bieten Einblicke in das kosmopolitische Milieu der europäischen Aristokratie. Ronald G. Asch: *Europäischer Adel in der Frühen Neuzeit*, Köln 2008, bietet Einblicke in die Aristokratie der Frühen Neuzeit.

129 Upton-Ward: »European-Ottoman Relations in the Nineteenth Century«, 460.

130 Upton-Ward: »European-Ottoman Relations in the Nineteenth Century«, 460.

131 Paulmann: *Pomp und Politik*, 334–336, zu diesen Bildern im Kontext europäischer Monarchenbesuche. Zwei von ihnen (Abbildung 5 und 6) sind in dem Buch und in William H. C. Smith: *Napoleon III. The Pursuit of Prestige*, London 1991, 18, abgebildet. Das dritte Bild (Abbildung 7) wurde auch in Siegfried Kracauer, *Jacques Offenbach und das Paris seiner Zeit*, Amsterdam 1937, 384, gedruckt. Matthew N. Truesdell: *Spectacular Politics. Louis-Napoleon Bonaparte and the Fete Imperial, 1849–1870*, Oxford 1997, 101–120, untersucht das monarchische Spektakel der Weltausstellung von 1867 allgemeiner.

132 Motadel: *The Shah's Grand Tour*.

133 Naser al-Din Schah: *Tagebuch* (1889), Bd. 2, 54 (Donnerstag, 5. Dhu l-Qa'da 1306 / 4. Juli 1889).

134 Lili'uokalani: *Hawaii's Story by Hawaii's Queen*, 171.

135 Hussin: »Circulations of Law«, 782.

136 Chulalongkorn: »*Glai Baan*«, 144–145 (142. Tag, Donnerstag, 15. August 1907), 144, ist ein Beispiel.

137 Malcolm Smith: *A Physician at the Court of Siam*, London 1947, 104–105.

138 Liliʻuokalani: *Hawaii's Story by Hawaii's Queen*, 141 und ähnlich 151.

139 Anonym, O.T., in: *The Times* (14. Juni 1887).

140 Chulalongkorn: »*Glai Baan*«, 117–121 (88. Nacht, Samstag, 22. Juni 1907), 118–119.

141 Motadel:»Qajar Shahs in Imperial Germany«, 209 und 224; und Ders., *The Shah's Grand Tour*.

142 Anonym, »La Troisième Journée du Shah«, in: *Le Petit Journal* (3. August 1889) und, für den zweiten Teil des Zitats, Anonym, »Le Shah de Perse à Paris«, in: *Le Petit Journal* (4. August 1889). Anonym, »Events in France«, in: *The Standard* (2. August 1889) ist ein weiterer Pressebericht über das Treffen.

143 Naser al-Din Schah: *Tagebuch* (1889), Bd. 2, 213 (Samstag, 6. Dhu l'Hajjah 1306 / 4. August 1889).

144 Prince Arfaʻ: *Memories of a Bygone Age. Qajar Persia and Imperial Russia, 1853–1902*, hg. von Michael Noël-Clark, London 2016, 57, das zuerst auf Persisch erschien als Arfaʻ al-Dowleh: *Katerat-e Perans Arfaʻ*, Teheran 1385/1965. Der Prinz selbst führte auch ein Tagebuch: Abd al-Samad Mirza ʻEzz al-Dowleh Salur: *Do safarnameh-ye beh Orupa, 1290 va 1300 (Zwei Europäische Reisetagebücher, 1873 und 1883)*, hg. von Masʻud Salur, Teheran, 1374/1995. Dabashi: *Reversing the Colonial Gaze*, 222–239, bespricht einige Aspekte der Schriften des persischen Prinzen.

145 Anonym: »Landsdowne House Reception«, in: *The Times* (5. Juli 1902).

146 Motadel: *The Shah's Grand Tour*, zum Antirepublikanismus in Naser al-Din Schahs Tagebuchnotizen während seiner Besuche in Frankreich.

147 Correspondent: »The Sultan in France«, in: *The Daily Telegraph* (6. Juli 1867).

148 Kracauer: *Jacques Offenbach und das Paris seiner Zeit*, 362.

149 Motadel: »Qajar Shahs in Imperial Germany«, 202–203; und Motadel, *The Shah's Grand Tour*.

150 Lyons an Stanley, Konstantinopel, 22. Mai 1867, TNA, FO 78/2010; und Lyons an Stanley, Tarabya (Konstantinopel), 4. Juni 1867, TNA, FO 78/2010.

151 Hammond an Biddulph, London, 3. Juli 1867, TNA, FO 78/2010.

152 Upton-Ward: »European-Ottoman Relations in the Nineteenth Century«, 463.

153 Petersson: »König Chulalongkorns Europareise 1897«.

154 Motadel: *The Shah's Grand Tour*.

155 Anonym, O.T., in: *The Times* (8. Juni 1887).

156 Abdullah: »Sultan Abu Bakar's Foreign Guests and Travels Abroad, 1860–1895«, 13.

157 Armstrong: *Around the World with a King*, 204–205.

158 Arthur H. Hardinge: *A Diplomatist in the East*, London 1928, 290.

159 Thomas Wide: »The Refuge of the World: Afghanistan and the Muslim Imagination, 1880–1922«, Unveröffentlichte Doktorarbeit, Oxford Universität, 2014, 36–63, bietet einen hervorragenden Überblick der Reise; und, zur Wahrnehmung des Gastes in der britischen Öffentlichkeit, Ludwig Adamec: »Mission of an Afghan Prince to London: Nasr Allah Khan's Visit to Britain as Reflected in the Press«, in: *Occasional Paper (Afghanistan Forum)* 33 (1994).

160 Brown: *The Tunisia of Ahmad Bey 1837–1855*, 326, zum abgesagten Besuch in England, und 331, zur Ablehnung des osmanischen Botschafters, die Gäste in Paris zu treffen.

161 Ponsonby an Hammond, London, 30. Juni 1867, TNA, FO 78/2010.

162 Stanley an Hammond, London, 30. Juni 1867, TNA, FO 78/2010.

163 Hammond an Ponsonby, London, 1. Juli 1867, TNA, FO 78/2010. Secombe an Lennox, 6. Juli 1867, TNA, FO 78/2010 und Field an Pasley, Portsmouth, 20. Juli 1867, TNA, FO 78/2010, bieten Einblicke zum zeremoniellen Empfang des Khediven in England.

164 Foreign Office an Adams, 3. Juli 1867, TNA, FO 78/2010; Adams an Hammond, Paris, 4. Juli 1867, TNA, FO 78/2010; und Hammond an Dudley, London, 4. Juli 1867, TNA, FO 78/2010. Hammond an Stanton, London, 25. Juni 1867, TNA, FO 78/2010; Foreign Office, Memorandum (»Memorandum for Colonel Edward Stanton«), London, o.D. (1867), TNA, FO 78/2010; und Claridge an Hammond, London, 1. Juli 1867, TNA, FO 78/2010, zu den anfänglichen Plänen, ihn im Claridge's Hotel unterzubringen.

165 Motadel: *The Shah's Grand Tour*.

166 Correspondent: »The King of Siam«, in: *The Times* (17. September 1897).

167 Correspondent: »The King of Siam«, in: *The Times* (13. September 1897).

168 Anonym: O.T., *Die Presse* (4. Juli 1873, Abendblatt), zum Besuch des Schahs; und Anonym: ›The King of Siam‹, in: *The Times* (13. September 1897), zum Besuch des Königs von Siam.

169 Motadel: »Qajar Shahs in Imperial Germany«, 220.

170 Chulalongkorn: »*Glai Baan*«, 125–129 (89. Nacht, Samstag, 23. Juni 1907), 125–126, zur Fasanenjagd; Zitat auf Seite 126.

171 Petersson: »König Chulalongkorns Europareise 1897«, 318–319.

172 Samuel Clark: *Distributing Status. The Evolution of State Honours in Western Europe*, Montreal 2016, ist eine allgemeine Studie der Politik der Orden in der europäischen Geschichte. Peter Duckers: *European Orders and Decorations to 1945*, Oxford 2008, bietet einen präzisen Überblick. Bruno Dumons und Gilles Pollet, *La Fabrique de l'honneur: les médailles et les décorations en France, XIXe–XXe siècles*, Rennes 2009, ist eine gute Fallstudie.

173 Cannadine: *Ornamentalism*, 85–100; und Robert Aldrich und Cindy McCreery, ›European Royals and their Colonial Realms. Honors and Decorations‹, in: Christina Jordan und Imke Polland (Hg.), *Realms of Royalty. New Directions in Researching Contemporary European Monarchies*, Bielefeld 2020, 63–88; und, für eine Fallstudie, Karen Fox: »Ornamentalism, Empire and Race. Indigenous Leaders and Honours in Australia and New Zealand«, in: *Journal of Imperial and Commonwealth History* 42, 3, (2014), 486–502, zur Bedeutung von Orden innerhalb der europäischen Kolonialreiche. Edward J. Emering: *Orders, Decorations, and Medals of the French Overseas and the Post-Colonial Periods*, San Ramon, CA, 2003, ist ein Katalog französischer kolonialer Orden.

174 Eldem: *Pride and Privilege*, zum Osmanischen Reich; und McCreery, »Orders from Disorder?«, zu Hawai'i, sind wichtige Fallstudien zur unabhängigen außereuropäischen Welt.

175 John Breen: ›Ornamental Diplomacy‹, in: Robert Hellyer und Harald Fuess (Hg.): *The Meiji Restoration Japan as a Global Nation*, Cambridge 2020, 232–248.

176 Motadel: »Qajar Shahs in Imperial Germany«, 218; und Motadel: *The Shah's Grand Tour.*

177 Yaḥyā Šahīdī: »Decorations«, in *Encyclopædia Iranica*, vol. 7/2, New York 1994, 197–202, bietet einen Überblick der Geschichte persischer Orden. Weitere wichtige Studien zu dem Thema sind Hyacinth Louis Rabino: *Les tribus du Louristan. Médailles des Qādjārs*, Paris 1916; Ders.: *Coins, Medals, and Seals of the Shâhs of Îrân, 1500–1941*, Hertford 1945; Mohammad Moshiri: »Neshanha va medalha-ye Iran az aghaz-e salṭanat-e Qajariyeh ta emruz«, in: *Barrasiha-ye tarikhi* 6, 6 (1972), 185–220; Ders.: »Neshanha va medalha-ye Iran dar dowreh-ye Qajar«, in: *Barrasiha-ye tarikhi* 9, 1 (1974), 175–240; Angelo M. Piemontese: »The Statutes of the Qājār Orders of Knighthood«, in: *East and West* 19, 3/4 (1969), 431–473; H.L. Rabino: »Neshanha-ye dowreh-ye Qajar«, in: *Yaghma* 18, 6 (1965), 318–323; und Eskandari-Qajar: »European Imperialism and the Qajar Court«.

178 A. Chekhonte (A.P. Chekhov): »Lev i solntse« (»Löwe und Sonne«), in: *Oskolki* 49 (5. Dezember 1887/17. Dezember 1887), 3–4, 4; und, für die deutsche Übersetzung, Anton Pavlovich Chekhov: »Der Löwen- und Sonnenorden«, in: Ders.: *Ein bekannter Herr. Humoristische Geschichten*, Leipzig 1901, 222–229, Zitat auf Seite 223.

179 Twain: *Europe and Elsewhere*, 31–86 (»O'Shah«), hier 46–57 (»Mark Twain Executes His Contract and Delivers the Shah in London«, London, 19. Juni 1873), 47.

180 Denis Wright: *The Persians amongst the English. Episodes in Anglo-Persian History*, London 1985, 172–184.

181 Best: »A Royal Alliance«, 79; und Best, *British Engagement with Japan, 1854–1922*, 111–112.

182 Upton-Ward: »European-Ottoman Relations in the Nineteenth Century«, 462 und 467; Eldem: *Pride and Privilege*, 210–211 zum Garter-Orden von Sultan Abdülmecid (1856) und 226–227, zum Garter-Orden von Abdülaziz (1867); und Ders.: »Ottoman Royal Uses of Western Symbolism and Pageantry in the Imperial Age«, in: Chehabi und Motadel (Hg.), *Unconquered States*.

183 Queen Victoria's Journals (Princess Beatrice's Copies), RA, VIC/MAIN/QVJ (W), Bd. 56 (1. Januar 1867–31. Dezember 1867), 183–186 (Mittwoch, 17. Juli 1867). Michael Ledger-Lomas, *Queen Victoria: This Thorny Crown* (Cambridge, 2021), untersucht Queen Victorias religiöse Welt im Allgemeinen.

184 Queen Victoria's Journals (Princess Beatrice's Copies), RA, VIC/MAIN/QVJ (W), vol. 56 (1. Januar 1867–31. Dezember 1867), 183–186 (Mittwoch, 17. Juli 1867).

185 Anonym: O.T., *The Daily Telegraph* (19. Juli 1867).

186 Upton-Ward: »European-Ottoman Relations in the Nineteenth Century«, 460.

187 Upton-Ward: »European-Ottoman Relations in the Nineteenth Century«, 463.

188 Upton-Ward: »European-Ottoman Relations in the Nineteenth Century«, 464.

189 Eldem: *Pride and Privilege*; und, für einen Überblick, Ders.: »Ottoman Royal Uses of Western Symbolism and Pageantry in the Imperial Age«.

190 Jory: »Siam's Monarchy and European Imperialism«, in: Chehabi und Motadel (Hg.): *Unconquered States*.

191 Correspondent: »The King of Siam«, in: *The Times* (14. September 1897).

192 McCreery: »Orders from Disorder?«, zur Bedeutung von Orden während Kalākauas Weltreise im Jahr 1881.

193 Armstrong: *Around the World with a King*, 18.

194 Kalākaua an Green, 6. April 1881, Shanghai, veröffentlicht in ›The Royal Tourist‹, 78–80, 79.

195 Kalākaua an Lili'uokalani, 10. August 1881, Paris, veröffentlicht in ›The Royal Tourist‹, 105–106, 105. Armstrong: *Around the World with a King*, 132, erwähnt ebenfalls, dass die Orden aus Paris kamen.

196 Kalākaua an Harris, 15. März 1881, Tokio, veröffentlicht in ›The Royal Tourist‹, 76–78, 77.

197 McCreery: »Orders from Disorder?«, 223–224; und, allgemeiner, Gordon Medcalf: *Hawaiian Royal Orders. Insignia, Classes, Regulations and Members*, Honolulu 1963.

198 Kalākaua an Liliʻuokalani, 24. Juli 1881, London, veröffentlicht in »The Royal Tourist«, 99–102, 100.

199 Armstrong: *Around the World with a King*, 242.

200 Abdullah: »Sultan Abu Bakar's Foreign Guests and Travels Abroad, 1860–1895«, 6.

201 Orlowska: »Abyssinia's Monarchy and European Imperial Domination«, zitierend Anonym: »Investiture by the King«, in: *Western Daily Press* (9. August 1902).

202 Anonym: »Court Circular«, in: *The Times* (23. November 1886); und Anonym: »The Prince of Wales«, in: *The Times* (8. Dezember 1886).

203 Anonym: »Japan«, in: *The Times* (30. September 1886).

204 Anonym: »Germany«, in: *The Times* (20. Januar 1887).

205 Anonym: »Court Circular«, in: *The Times* (7. Juli 1897).

206 Davidson an Lampson, 26. März 1907, Biarritz, TNA, FO 800/68/8.

207 Upton-Ward: »European-Ottoman Relations in the Nineteenth Century«, 464.

208 James G. Carrier: *Gifts and Commodities. Exchange and Western Capitalism since 1700*, London 1995; und, mit Bezug auf Frankreich, Natalie Zemon Davis: *The Gift in Sixteenth-Century France*, Madison, WI, 2000, untersucht den Austausch von Geschenken in Europa. Margarete Jarchow, *Hofgeschenke. Wilhelm II. zwischen Diplomatie und Dynastie, 1888–1914*, Hamburg, 1998, betrachtet mit Bezug auf Deutschland Geschenke am Hof. Die folgenden Fußnoten enthalten Literatur zur Geschichte des Austauschs von Geschenken in Gesellschaften außerhalb Europas.

209 Davis: *The Gift in Sixteenth-Century France*, 14.

210 Marcel Maus: *Die Gabe: Form und Funktion des Austauschs in archaischen Gesellschaften*, Frankfurt 1990, 17, welches erstmals erschien als Ders.: »Essai sur le don: Forme et raison de l'échange dans les sociétés archaïques«, *L'Année Sociologique*, Neue Serie, 1 (1923–1924), 30–186. Davis: *The Gift in Sixteenth-Century France*, 3–9, bietet einen Überblick der anthropologischen Literatur.

211 Zoltán Biedermann, Anne Gerritsen und Giorgio Riello: »Introduction: Global Gifts and the Material Culture of Diplomacy in Early Modern Eurasia«, in: Ders. (Hg.), *Global Gifts. The Material Culture of Diplomacy in Early Modern Eurasia*, Cambridge 2018, 1–33. Glyne Stone und T. G. Otte (Hg.): *Anglo-French Relations since the Late Eighteenth Century*, London 2008, das fünf Kapitel zum Austausch von Ge-

schenken in der Diplomatie enthält, und Sinem Arcak Casale: *Gifts in the Age of Empire. Ottoman-Safavid Cultural Exchange, 1500–1639*, Chicago 2023, sind wichtige Fallstudien zur Geschichte des Geschenks in der Geschichte der Diplomatie. Harry Liebersohn: *The Return of the Gift. European History of a Global Idea*, Cambridge 2010, bietet einen allgemeineren Überblick.

212 Rachel Peat (Hg.): *Japan. Courts and Culture*, London 2020, der Katalog einer Ausstellung zu Geschenken des japanischen Hofs an das englische Königshaus bietet hier faszinierende Einblicke.

213 Warinner: *A Royal Journey to London*, 43.

214 Mehmed Fuad Pasha an Kostaki Musurus Pasha, Konstantinopel, 15. August 1867, TNA, FO 78/2010.

215 Alan Mikhail: *The Animal in Ottoman Egypt*, Oxford 2014, 109–136, zur Megafauna in der frühneuzeitlichen Handels- und Geschenk-Kultur.

216 Christopher Markiewicz: »Languages of Diplomatic Gift-Giving at the Ottoman Court«, in: Ders. und Tracey A. Sowerby (Hg.): *Diplomatic Cultures at the Ottoman Court, c. 1500–1630*, New York 2021, 53–84; und Casale: *Gifts in the Age of Empire*. Zur islamischen Welt im Allgemeineren, siehe auch Franz Rosenthal: »Gifts and Bribes. The Muslim View«, in: *Proceedings of the American Philosophical Society* 108, 2 (1964), 135–144 und die Beiträge in Linda Komaroff und Sheila Blair (Hg.), *Gifts of the Sultan. The Arts of Giving at the Islamic Courts*, New Haven, CT, 2011.

217 Motadel: »Qajar Shahs in Imperial Germany«, 218.

218 Assef Ashraf: »The Politics of Gift Exchange in Early Qajar Iran, 1785–1834«, in: *Comparative Studies in Society and History* 58, 2 (2016), 550–576, vor allem 570–575 zu Geschenken in diplomatischen Beziehungen. Ahmad Guliyev: »›Giving What They Hold Dear‹. Safavid Diplomatic Gifts to Venice«, in: *Diplomatica* 5 (2023) 24–45; und Eskandari-Qajar: »European Imperialism and the Qajar Court«, behandeln ebenfalls diplomatische Geschenke. Ann K.S. Lambton: »Pīshkash: Present or Tribute?«, in: *Bulletin of the School of Oriental and African Studies* 57, 1 (1994), 145–158, bietet einen breiten Überblick. Casale: *Gifts in the Age of Empire*, behandelt die Prä-Qajaren-Zeit.

219 Iradj Amini: *Napoléon et la Perse. Les relations franco-persanes sous le Premier Empire dans les contexte des rivalités entre la France, l'Angleterre et la Russie*, Paris 1995, 132–133 und 138–139, zu den Briefen, und 169–170, zu den Geschenken; und, für eine englische Übersetzung, Ders.: *Napoleon and Persia. Franco-Persian Relations under the First Empire*, Washington, DC, 1999, 109 und 114, zu den Briefen, und 142–143, zu den Geschenken.

220 Correspondent: »The King of Siam«, in: *The Times* (20. September 1897).

221 Chulalongkorn: »*Glai Baan*«, 107–108 (23. Brief, 83. Nacht, Montag, 17. Juni 1907), 107; und auch *König Chulalongkorns Reisetagebuch*, 101 (23. Brief, 83. Nacht, Montag, 17. Juni 1907).

222 Chulalongkorn: »*Glai Baan*«, 141–142 (92. Nacht, Mittwoch, 26. Juni 1907), 142.

223 Anonym: »Spain and Japan«, in: *The Times* (2. November 1883).

224 Abdullah: »Sultan Abu Bakar's Foreign Guests and Travels Abroad, 1860–1895«, 5.

225 Petersson: »König Chulalongkorns Europareise 1897«, 312.

226 Chulalongkorn: »*Glai Baan*«, 125–129 (89, Nacht, Sonntag, 23. Juni 1907), 129. Chakrabongse, *Lords of Life*, 254–255, für eine leicht abweichende englische Übersetzung.

227 Paulmann: *Pomp und Politik*, 160–164 und 408, zur Rolle des Militärischen während europäischer Monarchenbesuche. Zur zunehmenden Bedeutung des Militärs (und des Militarismus) in europäischen Gesellschaften der Zeit im Allgemeinen siehe Volker R. Berghahn: *Militarismus. Die Geschichte einer internationalen Debatte*, Hamburg 1986, das erstmals erschien als Ders.: *Militarism. The History of an International Debate, 1861–1979*, Leamington Spa, 1981; Dietrich Beyrau: *Militär und Gesellschaft im vorrevolutionären Rußland*, Köln, 1984; William C. Fuller: *The Civil-Military Conflict in Imperial Russia, 1881–1914*, Princeton, NJ, 1985; J.W.M. Hichberger: *Images of the Army. The Military in British Art, 1815–1914*, Manchester 1988; Anne Summers: »Edwardian Militarism«, in: Raphael Samuel (Hg.): *Patriotism. The Making and Unmaking of British National Identity*, 3 Bde., London 1989; Bd. 1, 236–256; István Déak: *Der K. (u.) K. Offizier, 1848–1918*, Wien 1991, welches zuerst erschien als Ders.: *Beyond Nationalism. A Social and Political History oft he Habsburg Officer Corps, 1848–1918*, Oxford 1990; Jacob Vogel: *Nationen im Gleichschritt. Der Kult der »Nation in Waffen« in Deutschland und Frankreich 1871–1914*, Göttingen 1997; Jan Rüger: *The Great Naval Game. Britain and Germany in the Age of Empire*, Cambridge 2007; und die Kapitel in Ute Frevert (Hg.), *Militär und Gesellschaft im 19. und 20. Jahrhundert*, Stuttgart 1997; und Paul Kennedy und Anthony Nichols (Hg.): *Nationalist and Racialist Movements in Britain and Germany before 1914*, Oxford 1981. Nicholas Stargardt: *The German Idea of Militarism. Radical and Socialist Critics, 1866–1914*, Cambridge 1994, behandelt die Geschichte der Kritik an der Militarisierung der Gesellschaft.

228 Fujitani: *Splendid Monarchy*, 121–145, zum militärischen Spektakel im Fall von Meiji Japan.

229 Manalapanacharoen: »König Chulalongkorn und die Stadt Berlin«, 253; und Petersson: »König Chulalongkorns Europareise 1897«, 315.

230 Correspondent: »The King of Siam«, in: *The Times* (15. September 1897).

231 Anonym: »The King of Siam«, in: *The Times* (6. August 1897); und Anonym: »Court Circular«, in: *The Times* (13. August 1897).

232 Palabıyık: »The Sultan, the Shah and the King in Europe«, 219.

233 Correspondent: »The King of Siam«, *The Times* (10. September 1897).

234 Upton-Ward: »European-Ottoman Relations in the Nineteenth Century«, 460.

235 Upton-Ward: »European-Ottoman Relations in the Nineteenth Century«, 463.

236 Upton-Ward: »European-Ottoman Relations in the Nineteenth Century«, 464.

237 Palabıyık: »The Sultan, the Shah and the King in Europe«, 219.

238 Lyons an Stanley, Tarabya (Konstantinopel), 4. Juni 1867, TNA, FO 78/2010

239 Lyons an Hammond, Tarabya (Konstantinopel), 10. Juni 1867, TNA, FO 78/2010.

240 Motadel: »Qajar Shahs in Imperial Germany«, 218; und Ders.: *The Shah's Grand Tour.*

241 Anonym: O.T., in: *The Times* (5. August 1881); und Anonym: »King Kalakaua«, in: *The Daily Telegraph* (8. August 1881).

242 Anonym: O.T., in: *The Times* (1. Dezember 1886); und Anonym: »Foreign News«, in: *The Times* (15. März 1887).

243 Anonym: »Germany«, in: *The Times* (2. September 1887).

244 Anonym: »Germany«, in: *The Times* (2. September 1887).

245 Best, »A Royal Alliance«, 82.

246 Admiralty (Naval Intelligence Department), Memorandum (»Notes regarding H.I.H. Prince Fushimi and the Members of the Japanese Mission«), o.O. (London), 23. April 1907, TNA, SUPP 5/170; und Programm (»Programme & Description of the Royal Arsenal«), o.O. (London), o.D. (1907), TNA, SUPP 5/170.

247 Paulmann: *Pomp und Politik*, 210–212, zur Rolle der Kleidung während europäischer Monarchenbesuche. Die Entwicklung der Kleidung (und ihre soziale und politische Funktion) in der europäischen höfischen Sphäre untersucht Philip Mansel: ›Monarchy, Uniform and the Rise of the Frac 1760–1830‹, in: *Past and Present* 96 (1982), 103–132; und Martin Dinges: »Der ›feine Unterschied‹. Die soziale Funktion der Kleidung in der höfischen Gesellschaft«, in: *Zeitschrift für Historische Forschung* 19, 1 (1992), 49–76.

248 David Malitz: »The Monarchs' New Clothes. Transnational Flows and the Fashioning of the Modern Japanese and Siamese Monarchies«, in: Banerjee, Backerra und Sarti (Hg.): *Transnational Histories*, 155–175, zur Europäisierung der höfischen Kleidung außerhalb Europas. Philip Mansel: *Dressed to Rule: Royal and Court Costume from Louis XIV to Elizabeth II*, New Haven, CT, 2005, ist eine allgemeinere

Studie der Politik der Kleidung in der Geschichte der europäischen Höfe.

249 Eldem: »Ottoman Royal Uses of Western Symbolism and Pageantry in the Imperial Age«, zur Europäisierung der Kleidung im Osmanischen Reich. Fatma Koç und Emine Koca: »The Westernization Process in Ottoman Women's Garments. 18th Century-20th Century«, in: *Asian Journal of Women's Studies* 13, 4 (2007), 57–84, zur Veränderung osmanischer Frauenmode.

250 Lyons an Hammond, Tarabya (Konstantinopel), 10. Juni 1867, TNA, FO 78/2010.

251 Manoutchehr M. Eskandari-Qajar: »Qajar Imperial Attire. The Making of Persia's Lion and Sun King Fath Ali Shah Qajar«, in: *Qajar Studies. The Journal of the International Qajar Studies Association* 3 (2003), 70–93, vor allem 86–90; Ders.: »European Imperialism and the Qajar Court«; Houchang Chehabi: »Dress Codes for Men in Turkey and Iran«, in: Touraj Atabaki und Erik J. Zürcher (Hg.): *Men of Order: Authoritarian Modernization under Atatürk and Reza Shah*, London 2004, 209–237, 209–211; Layla S. Diba: »Clothing X. In the Safavid and Qajar periods«, in *Encyclopædia Iranica*, Bd. V/8, New York 1992, 785–808; und Amanat: *Pivot of the Universe*, 18, zur Einführung europäischer Kleidung im Persien der Qajaren.

252 Gonschor: *A Power in the World*, 83, zur Einführung europäischer Kleidung in Hawai'i.

253 Peleggi: *Lords of Things*, 45–62; Ders.: »Refashioning Civilization. Dress and Bodily Practice in Thai Nation-Building«, in: Mina Roces und Louise P. Edwards (Hg.): *The Politics of Dress in Asia and the Americas*, Eastbourne 2007, 65–80; und Jory: »Siam's Monarchy and European Imperialism«, zur Einführung europäischer Kleidung in Siam.

254 Zit. in Chonchirdsin: »The Ambivalent Attitudes of the Siamese Elite towards the West during the Reign of King Chulalongkorn, 1868–1910«, 435.

255 Chulalongkorn: »*Glai Baan*«, 117–121 (88. Nacht, Samstag, 22. Juni 1907), 120.

256 Chonchirdsin: »The Ambivalent Attitudes of the Siamese Elite towards the West during the Reign of King Chulalongkorn, 1868–1910«, 451.

257 Chonchirdsin: »The Ambivalent Attitudes of the Siamese Elite towards the West during the Reign of King Chulalongkorn, 1868–1910«, 447.

258 Audrey Yoshiko Seo: »Adoption, Adaptation, and Innovation. The Cultural and Aesthetic Transformations of Fashion in Modern Japan«, in: J. Thomas Rimer (Hg.): *Since Meiji. Perspectives on the Japanese Visual Arts, 1868–2000*, Honolulu 2012, 471–496; Yoshinori Osakabe: »Dressing Up during the Meiji Restoration. A Perspective on

Fukusei (Clothing Reform)«, in: Kyunghee Pyun und Aida Yuen Wong (Hg.): *Fashion, Identity, and Power in Modern Asia*, London 2018, 23–45; Ami Kobayashi: »From State Uniform to Fashion. Japanese Adaptation of Western Clothing since the late Nineteenth Century«, in: *International Journal of Fashion Studies* 6, 2 (2019), 201–216; und Fujitani, »Imperialism and Japan's Monarchy«, zur Einführung europäischer Kleidung in Japan. Sally A. Hastings: »The Empress' New Clothes and Japanese Women, 1868–1912«, in: *The Historian* 55, 4 (2007), 677–692; und Barbara Molony: »Gender, Citizenship, and Dress in Modernizing Japan«, in: Mina Roces und Louise P. Edwards (Hg.): *The Politics of Dress in Asia and the Americas*, Eastbourne 2007, 81–100, beleuchtet die Veränderung japanischer Frauenmode.

259   Anonym: »Their Sandwich Majesties«, in: *The Morning Chronicle* (25. Mai 1824). Der Artikel wurde am folgenden Tag im *The Derby Mercury* abgedruckt.

260   Anonym: »The Queen of the Sandwich Islands«, in: *The Times* (3. Juni 1887).

261   Correspondent: »The Sultan in France«, in: *The Daily Telegraph* (1. Juli 1867).

262   Anonym: »The Shah at Berlin«, in: *The Times* (3. Juni 1873)

263   Anonym: O.T., *Die Presse* (12. Juni 1878, Abendblatt).

264   Zit. in Peleggi: *Lords of Things*, 64.

265   Anonym: »Japan«, in: *The Times* (30. September 1886).

266   Paulmann: *Pomp und Politik*, 238–246, zur Bedeutung monarchischer Hymnen während europäischer Monarchenbesuche. Zu monarchischen Hymnen in Europa und deren Wandlung zu Nationalhymnen siehe etwa Percy A. Scholes: *God save the Queen! The History and Romance of the World's First National Anthem*, London 1954; und Elisabeth Fehrenbach: »Über die Bedeutung der politischen Symbole im Nationalstaat«, in: *Historische Zeitschrift* 213 (1971), 296–357, 315–320. Emil Bohn: *Die Nationalhymnen der europäischen Völker*, Breslau 1908, bietet einen Überblick.

267   Karl Signell: »The Modernisation Process in Two Oriental Music Cultures. Turkish and Japanese«, in: *Asian Music* 7, 2 (1976), 72–102, bietet einige allgemeine Überlegungen über Musik als Teil der Reform-Projekte in unabhängigen außereuropäischen Staaten im imperialen Zeitalter.

268   Evren Kutlay Baydar: »Osmanlıda Görevli İki İtalyan Müzisyen. Giuseppe Donizetti ve Callisto Guatelli«, in: *Zeitschrift für die Welt der Türken* 2, 1 (2010), 283–293.

269   Correspondent: »Return of the Sultan«, in: *The Daily Telegraph* (9. August 1867).

270   Correspondent: »Arrival of the Sultan«, in: *The Daily Telegraph* (13. Juli 1867).

271 Maryam Ekhtiar: »Harmony and Cacophony. Music Instruction at the Dar-al-Fonun«, in: Elton L. Daniel (Hg.): *Society and Culture in Qajar Iran. Studies in Honor of Hafez Farmayan*, Costa Mesa, CA, 2003, 45–67, 59; Mohsen Mohammadi: *Armaghan-e tarab. naghmeh negariha-ye musiqi-ye Iran as Safaviyan ta mashruteh (Musikalische Souvenirs: Europäische Transkriptionen persischer Musik (1600–1910))*, Teheran 1394/2015, 382; und Arezoo Adibeik: »The ›Sun‹ shinning upon the ›Ever-Lasting‹ Country. A Diachronic Analysis of Iranian National Anthems during the 20th Century«, in: *Text & Talk* 41, 4 (2021), 441–468, 450, wenngleich der letzte Autor fälschlicherweise behauptet, dass die Hymne nach der ersten Europareise Naser al-Din Schahs komponiert wurde. Es-kandari-Qajar: »European Imperialism and the Qajar Court«, bietet einen Überblick. H.E. Chehabi: »From Revolutionary *Taṣnīf* to Patriotic *Surūd*. Music and Nation-Building in Pre-World War II Iran«, in: *Iran* 37, 1 (1999), 143–154, zu Musik und Politik in Persien im Allgemeinen.

272 Alfred Jean Baptiste Lemaire: »Hymne National Persan«, in: *Le Voleur* 46, 836 (11. Juli 1873). Sie wurde nochmals am folgenden Tag ver-öffentlicht, zusammen mit dem Kadjars March, als (Alfred Jean Baptiste Lemaire): »Kadjars March (Marche Triomphale Persane)«, in: *Le Monde Illustré* (12. Juli 1873). Sie wurde auch zusammen mit anderen Stücken in Buchform veröffentlicht: Alfred Jean Baptiste Lemaire: *Hymne national persan suivis 20 airs populaires persans*, Paris 1873.

273 Mohammadi: *Armaghan-e tarab*, 382; Ders.: »Chef de Musique or Chef de Macaroni. The Twisted History of the European Military Music in Persia«, in: *Rivista Italiana di Musicologia* 51 (2016), 51–88, 76–77; und Ders.: ›Marche Triomphale. A Forgotten Musical Tract in Qajar-European Encounters‹, in: *Iranian Studies* 55, 3 (2022), 765–776.

274 Alfred Jean Baptiste Lemaire: »Kadjars March (Marche triom-phale persane)«, in *Le Monde illustré* (12. Juli 1873), welches auch das *Salam-e Shah* enthält.

275 Julius Heise: *Marche Triomphale, À Sa Majesté Impériale Nas-sir-Ed-Din Shah Kadjar de Perse*, Wien 1864.

276 Anonym: »Persischer Marsch«, in: *Strauß-Elementar-Verzeich-nis. Thematisch-Bibliographischer Katalog der Werke von Johann Strauß (Sohn)*, hg. vom Wiener Institut für Strauß-Forschung, Tutzing 1995, Bd. 6, A (Opera 251–300), 434–436 (Opus 290). Der Marsch sollte nicht mit dem Persischen Marsch von Elias Parish-Alvers verwechselt werden. Die Behauptung in Helmut Slaby: *Bindenschild und Sonnenlöwe. Die Geschichte der österreichisch-iranischen Beziehungen bis zur Gegenwart*, Graz 1982, 119, dass das Stück im Auftrag des Habsburger Hofes aus Anlass der Reise des Schahs im Jahr 1873 komponiert wurde, ist inkor-rekt; die Behauptung findet sich jedoch auch in der zeitgenössischen Presse, siehe Anonym: »Der Schah in Wien«, in: *Die Presse (Local-An-zeiger)* (7. Juli 1878).

277 Patrick Jory: »Siam's Monarchy and European Imperialism«.

278 Anonym: »Arrival of the King of Siam«, in: *The Times* (31. Juli 1897).

279 Emmerson C. Smith: »The History of Musical Development in Hawaii«, in: *Sixty-Fourth Annual Report of the Hawaiian Historical Society for the Year 1955* (Honolulu, 1956), 5–13, 8–10, der leicht abweichende Daten nennt; und Comeau: *Kamehameha V*, 88–92. Patrick D. Hennessey: *Henry Berger. From Prussian Army Musician to »Father of Hawaiian Music«. The Life and Legacy of Hawai'i's Bandmaster*, Tutzing 2013, bietet Einblicke in das Leben Henry Bergers.

280 Hermann Gottschewski: »*Hoiku shōka* and the melody of the Japanese national anthem *Kimi ga yo*«, in: *Journal of the Society for Research in Asiatic Music* 68 (2003), 1–24; und, zum größeren Kontext, Eta Harich-Schneider: *A History of Japanese Music*, London 1973, 534–540.

281 Lance Eccles und Xiaoqing Ye: »Anthem for a Dying Dynasty. The Qing National Anthem through the Eyes of a Court Musician«, in: *T'oung Pao* 93, 4 (2007), 433–458.

282 Pierre Nora: »General Introduction: Between Memory and History«, in: Ders. (Hg.), *Realms of Memory: Rethinking the French Past*, 3 Bde., New York 1996–1998, Bd. 1 (1998), 1–20. Eine bedeutende Untersuchung des Phänomens bieten für den Fall Frankreichs die Beiträge in Ders. (Hg.): *Les Lieux de mémoire*, 3 Bde., Paris 1984–1992, welche auch auf Englisch vorliegen, als Ders. (Hg.): *Realms of Memory* und auch als Ders. (Hg.), *Rethinking France. Les Lieux de mémoire*, 4 Bde., Chicago 1999–2010. Paulmann: *Pomp und Politik*, 308–318 und 413–414, zur Rolle historischer Orte während europäischer Monarchenbesuche, im Fall des Besuchs Queen Victorias in Frankreich 1855.

283 Reinhard Koselleck: »Historia Magistra Vitae. Über die Auflösung des Topos im Horizont neuzeitlich bewegter Geschichte«, in: Reinhard Koselleck: *Vergangene Zukunft. Zur Semantik geschichtlicher Zeiten*, Frankfurt a.M. 1979, 38–66 und, allgemeiner, Reinhard Koselleck: »›Erfahrungsraum‹ und ›Erwartungshorizont‹ – zwei historische Kategorien«, in: Koselleck: *Vergangene Zukunft*, 349–375.

284 Anonym: »The King of Siam«, in: *The Times* (3. August 1897).

285 Chulalongkorn: »*Glai Baan*«, 125–129 (89. Nacht, Sonntag, 23. Juni 1907), 127.

286 Chulalongkorn: »*Glai Baan*«, 158–160 (145. Tag, Sonntag, 18. August 1907), 158; und 165–168 (146. Tag, Montag, 19. August 1907), 167.

287 Zit. in Petersson: »König Chulalongkorns Europareise 1897«, 308.

288 Petersson: »König Chulalongkorns Europareise 1897«, 315. Chulalongkorn, »*Glai Baan*«, 125–129 (89. Nacht, Sonntag, 23. Juni 1907), 125, zum Beispiel, bietet einen Bericht über den Besuch der royalen Grabstätten in Frogmore.

289   Upton-Ward: »European-Ottoman Relations in the Nineteenth Century«, 460.

290   Amanat: *Pivot of the Universe*, 430–432, bietet eine hervorragende Betrachtung Naser al-Din Schahs Faszination (und Verständnis) von Geschichte. Juan R.I. Cole: »Marking Boundaries, Marking Time. The Iranian Past and the Construction of the Self by Qajar Thinkers«, in: *Iranian Studies* 29, 1/2 (1996), 35–56, ist eine Untersuchung persischer Schriften zur persischen Geschichte, die allgemeinere Einblicke in die Politik der Vergangenheit im Persien der Qajaren bietet.

291   Motadel: *The Shah's Grand Tour*.

292   Victoria an Vicky, 3. Juli 1873, Windsor Castle, RA, VIC/MAIN/Z/27. (Eine getippte Abschrift des Briefes der Queen an Vicky befindet sich in RA, VIC/ADDU32/1873); und auch in Victoria an Vicky, 3. Juli 1873, Windsor, in: *Darling Child. Private Correspondence of Queen Victoria and the Crown Princess of Prussia, 1871–1878*, hg. von Roger Fulford, London 1976, 99–100, 100.

293   Henry Ponsonby an Mary Ponsonby, Windsor Castle, 6. Juli 1873, RA, VIC/ADDA36.

294   Bayly: *The Birth of the Modern World, 1780–1914*.

295   Armstrong: *Around the World with a King*, 11.

296   Anonym: »Private Correspondence«, in: *The Times* (12. August 1836).

297   Martin Kirsch: *Monarch und Parlament im 19. Jahrhundert. Der monarchische Konsitutionalismus als europäischer Verfassungstyp – Frankreich im Vergleich*, Göttingen 1999.

298   Lyons an Hammond, Tarabya (Konstantinopel), 10. Juni 1867, TNA, FO 78/2010.

299   Chulalongkorn: »*Glai Baan*«, 117–121 (88. Nacht, Samstag, 22. Juni 1907), 121. Chakrabongse: *Lords of Life*, 254–255, für eine leicht abweichende englische Übersetzung. Chulalongkorn: »*Glai Baan*«, 132–133 (90. Nacht, Montag, 24. Juni 1907), 132–133, enthält ebenfalls Anmerkungen zur Informalität am englischen Hof.

300   Chulalongkorn: »*Glai Baan*«, 132–133 (90. Nacht, Montag, 24. Juni 1907), 132–133. Chakrabongse: *Lords of Life*, 254–255, für eine leicht abweichende englische Übersetzung.

301   Chulalongkorn: »*Glai Baan*«, 132–133 (90. Nacht, Montag, 24. Juni 1907), 132–133, 133.

302   Chonchirdsin: »The Ambivalent Attitudes of the Siamese Elite towards the West during the Reign of King Chulalongkorn, 1868–1910«, 454, zu den Monarchen Schwedens und Russlands, und 449, zur allgemeineren siamesischen Sicht auf das Verhältnis der europäischen Untertanen zu ihren Monarchien, und 437–439 und 451, zu Chulalongkorns Bedenken im Hinblick auf die Verwestlichung seiner Prinzen in Europa.

303   Kullada Kesboonchoo Mead: *The Rise and Decline of Thai Absolutism*, London 2004.

304   Motadel: *The Shah's Grand Tour*.

305   Fujitani: *Splendid Monarchy*, passim; und Ders.: »Imperialism and Japan's Monarchy«, sowie George Akita: *Foundations of constitutional government in modern Japan, 1868–1900*, Cambridge, MA, 1967.

306   Linda Colley: *The Gun, the Ship, and the Pen: Warfare, Constitutions, and the Making of the Modern World*, New York 2021, bietet eine ausgezeichnete Globalgeschichte der Konstitutionen. Kelly L. Grotke und Markus J. Prutsch: »Constitutionalism, Legitimacy, and Power: Nineteenth-Century Experiences«, in: Martti Koskenniemi und Bo Stråth (Hg.): *Europe 1815–1914. Crafting Community and Ordering the World*, Helsinki 2014, 136–147, bietet einen guten Überblick. Charles Kurzman, *Democracy Denied, 1905–1915. Intellectuals and the Fate of Democracy*, Cambridge, MA, 2008, ist eine Studie der Welle konstitutioneller Bewegungen im frühen zwanzigsten Jahrhundert.

307   Paulmann: *Pomp und Politik* (2000), 324, zum Ritual des Handschlags während europäischer Monarchenbesuche, im Fall des Besuchs Queen Victorias in Frankreich 1855.

308   Marc Bloch: *Les Rois thaumaturges. Étude sur le caractère supernaturel attribué à la puissance royale particulièrement en France et en Angleterre*, Paris 1924; und für die deutsche Übersetzung, Marc Bloch: *Die wundertätigen Könige*, München 1998; und jüngeren Datums, Stephen Brogan: *The Royal Touch in Early Modern England. Politics, Medicine and Sin*, Martlesham 2015, zum heilenden Handauflegen im mittelalterlichen und frühneuzeitlichen Europa, wobei Monarchen ihre Untertanen ungeachtet deren sozialen Status berührten.

309   Naser al-Din Schah: *Tagebücher* (1873, 1878, 1889), passim; und Mozaffar al-Din Schah, *Tagebücher* (1900, 1902), passim. Motadel: »Qajar Shahs in Imperial Germany«, 214–215; und Ders.: *The Shah's Grand Tour*, beleuchten dieses Phänomen.

310   Upton-Ward: »European-Ottoman Relations in the Nineteenth Century«, 464. Correspondent: »Arrival of the Sultan«, in: *The Daily Telegraph* (13. Juli 1867), behauptete, dass der Sultan es abgelehnt habe, Hände mit Nicht-Monarchen zu schütteln.

311   Upton-Ward: »European-Ottoman Relations in the Nineteenth Century«, 463.

312   Upton-Ward: »European-Ottoman Relations in the Nineteenth Century«, 461.

313   Chonchirdsin: »The Ambivalent Attitudes of the Siamese Elite towards the West during the Reign of King Chulalongkorn, 1868–1910«, 445.

314 Chonchirdsin: »The Ambivalent Attitudes of the Siamese Elite towards the West during the Reign of King Chulalongkorn, 1868–1910«, 453.

315 Dias: »Here Comes ›Kalakana‹«, 76. Armstrong: *Around the World with a King*, 271 berichtet ebenfalls über den Vorfall.

316 Lili'uokalani: *Hawaii's Story by Hawaii's Queen*, 146.

317 Paulmann: *Pomp und Politik*, 186, 232–238, 380–381 und 413, zum höfischen Fest, inkl. Abendessen und Toasts, während europäischer Monarchenbesuche. Zu den mittelalterlichen und frühneuzeitlichen Wurzeln des höfischen Festes siehe Richard Alewyn: *Das große Welttheater. Die Epoche der höfischen Feste in Dokument und Deutung*, München 1959, welches nach wie vor die klassische Standardstudie ist; sowie, zum Mittelalter, Joachim Bumke: *Höfische Kultur. Literatur und Gesellschaft im hohen Mittelalter*, 2 Bde., München 1986, Bd. 1, 247–252; und Gerd Althoff, »Der frieden-, bündnis- und gemeinschaftsstiftende Character des Mahles im Frühen Mittelalter«, in: Irmgard Bitsch, Trude Ehlert und Xenja v. Etzdorff (Hg.): *Essen und Trinken in Mittelalter und Neuzeit*, Sigmaringen 1987, 13–25; und, zur Frühen Neuzeit, Jörg Jochen Berns: »Die Festkultur der deutschen Höfe zwischen 1590 und 1730. Eine Problemskizze in typologischer Absicht«, in: *Germanisch-Romantische Monatsschrift* 65 (1984), 295–311; und, zur Frühen Neuzeit und Neuzeit, die Beiträge in Rudolf Braun und David Gugerli (Hg.): *Macht des Tanzes – Tanz der Mächtigen: Hoffeste und Herrschaftszermeoniell 1550–1914*, München 1993. Zu den Wurzeln der Tischreden und Toasts siehe Georg Braungart: *Hofberedsamkeit. Studien zur Praxis höfischer-politischer Rede im deutschen Territorialabsolutismus*, Tübingen 1988; und Georg Braungart: »Die höfische Rede im zeremoniellen Ablauf. Fremdkörper oder Kern?«, in: Berns und Rahn (Hg.): *Zeremoniell als höfische Ästhetik in Spätmittelalter und Früher Neuzeit*, 198–208.

318 Alma Helfrich-Dörner: *Messer Löffel Gabel seit wann?*, Schwäbisch Hall 1959; Gert von Paczensky und Anna Dünnebier: *Leere Töpfe, volle Töpfe. Die Kulturgeschichte des Essens und Trinkens*, München 1994; und Hasso Spode: »Von der Hand zur Gabel. Zur Geschichte der Esswerkzeuge«, in: Alexander Schuller und Jutta Anna Kleber (Hg.): *Verschlemmte Welt. Essen und Trinken historisch-anthropologisch*, Göttingen 1994, 20–46.

319 Chonchirdsin: »The Ambivalent Attitudes of the Siamese Elite towards the West during the Reign of King Chulalongkorn, 1868–1910«, 446. Chulalongkorn: »*Glai Baan*«, 117–121 (88. Nacht, Samstag, 22. Juni 1907), 117 und 120–121, sind andere Beispiele Chulalongkorns Faszination für europäisches Besteck und Tisch-Arrangements.

320 H. E. Chehabi: »The Westernization of Iranian Culinary Culture«, in: *Iranian Studies* 36, 1 (2003), 43–61, 49.

321   Jacob Eduard Polak: *Persien, das Land und seine Bewohner: Erster Teil*, Leipzig 1865, 133.

322   Jane Dieulafoy: *La Perse, la Chaldée et la Susiane 1881–1882*, Paris 1887, 145–149 (17. Juni 1881), 147–148; und für eine jüngere Ausgabe, Dies.: *Une amazone en Orient. Du Caucase à Persepolis 1881–1882*, Paris 1989, 132–137 (17. Juni 1881), 136.

323   Motadel: »Qajar Shahs in Imperial Germany«, 216; und Ders.: *The Shah's Grand Tour*.

324   Naser al-Din Schah: *Tagebuch* (1889), Bd. 2, 228 (Dienstag, 11. Shawwal 1306 / 11. Juni 1889).

325   Manalapanacharoen: »König Chulalongkorn und die Stadt Berlin«, 253–254. Correspondent: »The King of Siam«, in: *The Times* (30. August 1897), ist ein Presseartikel über den Toast.

326   Anonym: »The Tsar and the King of Siam«, in: *The Times* (8. Juli 1897).

327   Anonym: »Court Circular«, in: *The Times* (12. August 1897).

328   Palabıyık: »The Sultan, the Shah and the King in Europe«, 213.

329   Anonym: N.T., *The Times* (20. Juli 1867).

330   Anonym: »Visit of the Sultan to the City«, *The Times* (19. Juli 1867).

331   Armstrong: *Around the World with a King*, 236.

332   Zit. in Petersson: »König Chulalongkorns Europareise 1897«, 307.

333   Chonchirdsin: »The Ambivalent Attitudes of the Siamese Elite towards the West during the Reign of King Chulalongkorn, 1868–1910«, 453–455.

334   Naser al-Din Schah: Tagebuch (1873), 142 (Mittwoch, 23. Rabi' al-Thani [Korrekt: 22. Rabi' al-Thani] 1290 / 18. Juni 1873).

335   İsmail Zühdü: »Hâtırâtımdan«, in: *İkdam Gazetesi* (8. Jamadi al-Thani 1318 / 3. Oktober 1900).

336   Motadel: *The Shah's Grand Tour*.

337   Rudi Matthee: »The Ambiguities of Alcohol in Iranian History. Between Excess and Abstention«, in: Bert G. Fragner, Ralph Kauz und Florian Schwarz (Hg.): *Wine Culture in Iran and Beyond*, Wien 2014, 137–163, 149–158; und, allgemeiner, Rudi Matthee: *Angels Tapping at the Wine-Shop's Door. A History of Alcohol in the Islamic World*, London 2023.

338   Anonym: »Einiges über die Ankunft des Schah«, in: *Die Presse* (10. Juli 1873).

339   Anonym: »Inostrannye Izvestiia: Alkogolizm v Persii« (»Ausländische Nachrichten: Alkoholismus in Persien«), in: *Moskovskie Vedomosti* (23. Juni 1902/6. Juli 1902).

340   Lyons an Stanley, Tarabya (Konstantinopel), 4. Juni 1867, TNA, FO 78/2010; und Lyons an Hammond, Tarabya (Konstantinopel), 10. Juni 1867, TNA, FO 78/2010.

341   Eldem: »Ottoman Royal Uses of Western Symbolism and Pageantry in the Imperial Age«.

342   Abdullah: »Sultan Abu Bakar's Foreign Guests and Travels Abroad, 1860–1895«, 18–19.

343   Ute Daniel: *Hoftheater. Zur Geschichte des Theaters und der
Höfe im 18. und 19. Jahrhundert*, Stuttgart 1995, zum Theater an den
europäischen Höfen, in Bezug auf Deutschland.

344   Eskandari-Qajar: »European Imperialism and the Qajar Court«.

345   Ekhtiar: »Harmony and Cacophony«, 58–62.

346   Eldem: »Ottoman Royal Uses of Western Symbolism and Pageantry in the Imperial Age«.

347   Chonchirdsin: »The Ambivalent Attitudes of the Siamese Elite
towards the West during the Reign of King Chulalongkorn, 1868–1910«,
447–448.

348   Chulalongkorn: »*Glai Baan*«, 150–154 (143. Tag, Freitag, 16. August 1907), 153–154.

349   Paulmann: *Pomp und Politik*, 380, zur Rolle von Damen während europäischer Monarchenbesuche.

350   David Motadel: »The German Other: Shah Nasir al-Din's Perceptions of Difference and Gender during his Visits to Germany, 1873–
1889«, in: *Iranian Studies* 44, 4 (2011), 563–579, sowie Upton-Ward:
»European-Ottoman Relations in the Nineteenth Century«, 459; und
Eldem, »Ottoman Royal Uses of Western Symbolism and Pageantry in
the Imperial Age«. Afsaneh Najmabadi: *Women with Mustaches and
Men without Beards. Gender and Sexual Anxieties of Iranian Modernity*, Berkeley, CA, 2005, bietet Einblicke in die Gender-Ordnung im
Persien der Qajaren; und die Beiträge in Ebru Boyar und Kate Fleet
(Hg.): *Ottoman Women in Public Space*, Leiden 2016, zu Geschlechter-
beziehungen im Osmanischen Reich.

351   Anonym: »Distribution of Prizes at the Paris Exhibition«, in:
The Manchester Guardian (4. Juli 1867), einen Bericht aus *The Times* zitierend, zum Fall des Sultans und der französischen Kaiserin; und Motadel: »The German Other«, zum Schah von Persien.

352   Thomas Grimm: »Vendredi 18 juillet 1873 – Les ancêtres du
Shah«, in: *Le Petit Journal* (19. Juli 1873).

353   Nurfadzilah Yahaya: »Class, White Women, and Elite Asian Men
in British Courts during the Late Nineteenth Century«, in: *Journal of
Women's History* 31, 2 (2019), 101–123, zu europäischen Einstellungen
gegenüber Begegnungen und Beziehungen zwischen außereuropäischen
Aristokraten (und Nicht-Aristokraten) und europäischen Frauen im imperialen Zeitalter.

354   Anonym: »Visit of the Sultan to the City«, in: *The Times*
(19. Juli 1867).

355   Correspondent: »The Sultan in Austria«, in: *The Daily Telegraph* (2. August 1867).

356 Motadel: *The Shah's Grand Tour*.

357 Chonchirdsin: »The Ambivalent Attitudes of the Siamese Elite towards the West during the Reign of King Chulalongkorn, 1868–1910«, 448.

358 Chulalongkorn: »*Glai Baan*«, 117–121 (88. Nacht, Samstag, 22. Juni 1907), 120.

359 Eldem: »Ottoman Royal Uses of Western Symbolism and Pageantry in the Imperial Age«. Zur Geschichte des Osmanischen Harems, siehe Leslie P. Peirce: *The Imperial Harem. Women and Sovereignty in the Ottoman Empire*, Oxford 1993; Betül İpşirli Argit: *Life after the Harem. Female Palace Slaves, Patronage and the Imperial Ottoman Court*, Cambridge 2020; und, allgemeiner, Fanny Davis: *The Ottoman Lady. A Social History from 1718 to 1918*, London 1986.

360 Lyons an Stanley, Tarabya (Konstantinopel), 10. Juni 1867, TNA, FO 78/2010.

361 Lyons an Stanley, Konstantinopel, 10. Juni 1867, TNA, FO 78/2010; und, ähnlich, Lyons an Hammond, Tarabya (Konstantinopel), 10. Juni 1867, TNA, FO 78/2010; und, etwas früher, Lyons an Stanley, Tarabya (Konstantinopel), 4. Juni 1867, TNA, FO 78/2010.

362 Eldem: »Ottoman Royal Uses of Western Symbolism and Pageantry in the Imperial Age«.

363 Motadel, *The Shah's Grand Tour*.

364 Abdullah: »Sultan Abu Bakar's Foreign Guests and Travels Abroad, 1860–1895«, 19–20.

365 Jory: »Siam's Monarchy and European Imperialism«; und Tamara Loos: »Sex in the Inner City. The Fidelity between Sex and Politics in Siam«, in: *The Journal of Asian Studies* 64, 4 (2005), 881–909.

366 Jory: »Siam's Monarchy and European Imperialism«.

367 Fujitani: *Splendid Monarchy*, 171–192, zu Gender und der Meiji-Monarchie und zur Sichtbarkeit von Frauen in der höfischen Sphäre.

368 Chonchirdsin: »The Ambivalent Attitudes of the Siamese Elite towards the West during the Reign of King Chulalongkorn, 1868–1910«, 442.

369 Zit. In Petersson: »König Chulalongkorns Europareise 1897«, 308. Chonchirdsin, »The Ambivalent Attitudes of the Siamese Elite towards the West during the Reign of King Chulalongkorn, 1868–1910«, 450, betont, dass Chulalongkorn gleichzeitig versuchte zu vermeiden, zu verwestlicht zu wirken.

370 Motadel: *The Shah's Grand Tour*.

371 Motadel: »Qajar Shahs in Imperial Germany«, 235; und Ders., *The Shah's Grand Tour*.

372 Queen Victoria's Journals (Princess Beatrice's Copies), RA, VIC/MAIN/QVJ (W), Bd. 74 (1. Januar 1881–9. August 1881), 261–262 (Montag, 11. Juli 1881).

373   Kalākaua an Liliʻuokalani, London, 24. Juli 1881, veröffentlicht in ›The Royal Tourist‹, 99–102, 101.

374   Armstrong: *Around the World with a King*, 12.

375   Lyons an Hammond, Tarabya (Konstantinopel), 10. Juni 1867, TNA, FO 78/2010.

376   Zit. in Andreas Stoffers, *Im Lande des weißen Elefanten*, Bonn 1995, 90.

377   Zit. in Petersson, »König Chulalongkorns Europareise 1897«, 319.

378   Motadel: „Qajar Shahs in Imperial Germany", 226-228; und Ders.: The Shah's Grand Tour.

379   Grey an Derby, Balmoral, 9. Juni 1867, veröffentlicht in *The Letters of Queen Victoria*, Zweite Serie (1862–1878), 2 Bde. (1862–1869), Bd. 1, hg. von George Earle Buckle, London 1926, 430–431.

380   *Disraeli, Derby and the Conservative Party*, 314 (21. Juli 1867).

381   Lyons to Stanley, Tarabya (Konstantinopel), 4. Juni 1867, TNA, FO 78/2010.

382   Kalākaua an Liliʻuokalani, London, 12. Juli 1881, veröffentlicht in ›The Royal Tourist‹, 93–96, 95.

383   Armstrong: *Around the World with a King*, 225.

384   Armstrong: *Around the World with a King*, 216 und, ähnlich, 251.

385   Armstrong: *Around the World with a King*, 251.

386   Chakrabongse: *Lords of Life*, 254.

387   Correspondent: »The King of Siam«, in: *The Times* (13. September 1897).

388   Chulalongkorn: »*Glai Baan*«, 91–92 (23. Brief, 79. Nacht, Donnerstag, 13. Juni 1907), 91, und auch *König Chulalongkorns Reisetagebuch*, 90 (23. Brief, 79. Nacht, Donnerstag, 13. Juni 1907).

389   Abdullah, »Sultan Abu Bakar's Foreign Guests and Travels Abroad, 1860–1895«, 16.

390   Paulmann: *Pomp und Politik*, 301–308, zur Zeitplanung während europäischer Monarchenbesuche, im Fall des Besuchs Queen Victorias in Frankreich 1855.

391   Armstrong: *Around the World with a King*, 216.

392   *King Kalakaua's Tour Round the World*, hg. von Pacific Commercial Advertiser Company, 6.

393   Korn: *The Victorian Visitors*, 203–205; und Kanahele, *Emma*, 191.

394   Zit. in Petersson: »König Chulalongkorns Europareise 1897«, 320.

395   Richard Lyons an Edmund Hammond, Tarabya (Konstantinopel), 10. Juni 1867, TNA, FO 78/2010.

396   Correspondent: »The Sultan in Austria«, in: *The Daily Telegraph* (2. August 1867).

397   Anonym: »Distribution of Prizes at the Paris Exhibition«, in: *The Manchester Guardian* (4. Juli 1867), einen Bericht aus *The Times* zitierend.

398   Motadel: *The Shah's Grand Tour.*

399   Zit. in Petersson: »König Chulalongkorns Europareise 1897«, 309.

400   Correspondent: »The King of Siam«, *The Times* (25. Oktober 1897).

401   Zit. in Petersson: »König Chulalongkorns Europareise 1897«, 314.

402   Correspondent: »Return of the Sultan«, *The Daily Telegraph* (9. August 1867).

403   Correspondent: »Arrival of the Sultan«, *The Daily Telegraph* (13. Juli 1867).

404   Correspondent: »Arrival of the Sultan«, *The Daily Telegraph* (13. Juli 1867).

405   Motadel: *The Shah's Grand Tour.*

406   Chonchirdsin: »The Ambivalent Attitudes of the Siamese Elite towards the West during the Reign of King Chulalongkorn, 1868–1910«, 443.

407   Chonchirdsin: »The Ambivalent Attitudes of the Siamese Elite towards the West during the Reign of King Chulalongkorn, 1868–1910«, 449.

408   Timothy Mitchell: »The World as Exhibition«, in: *Comparative Studies in Society and History* 31, 2 (1989), 217–236, beleuchtet die Exotisierung außereuropäischer Besucher im Europa des imperialen Zeitalters im Allgemeinen.

409   Correspondent: »The Sultan in France«, in: *The Daily Telegraph* (2. Juli 1867).

410   Correspondent: »The Sultan in Austria«, in: *The Daily Telegraph* (2. August 1867).

411   Correspondent: »The Sultan in Austria«, in: *The Daily Telegraph* (2. August 1867).

412   Hammond an Biddulph, London, 3. Juli 1867, TNA, FO 78/2010.

413   Motadel: »Qajar Shahs in Imperial Germany«, 231–232; und Ders.: *The Shah's Grand Tour.*

414   Best: »A Royal Alliance«, 82.

415   Motadel: »Qajar Shahs in Imperial Germany«, 230–231; und Ders.: *The Shah's Grand Tour.*

416   Kornicki: »First Encounters«, 50. Anonym: O.T., in: *The Times* (11. Dezember 1886), ist eine Zeitungsnotiz zu der Veranstaltung.

417   Best: »A Royal Alliance«, 89; und Best, *British Engagement with Japan, 1854–1922*, 155.

418   Mitchell, »The World as Exhibition«, 220.

419   Zit. in Korn: *The Victorian Visitors*, 241; und Kanahele: *Emma*, 200.

420 Armstrong: *Around the World with a King*, 231.

421 Armstrong: *Around the World with a King*, 226.

422 Chonchirdsin: »The Ambivalent Attitudes of the Siamese Elite towards the West during the Reign of King Chulalongkorn, 1868–1910«, 441.

423 *Ruznameh-ye khaterat-e E'temad al-Saltaneh, vazir-e enteba'at dar avakher-e dowreh-ye Naseri (Die Memoiren von E'temad al- Saltaneh, Minister für Publikationen in der späten Naseri-Periode)*, Teheran 1389/1969, 650 (Dienstag, 3. Dhu l-Qa'da 1306/2. Juli 1889). Dies war während des Besuches im Jahr 1873 noch anders, beobachtete er.

424 Marilyn Lake: *Drawing the Global Color Line. White Men's Countries and the International Challenge of Racial Equality*, Cambridge 2008, zum Einfluss rassistischen Denkens auf die globalen politischen Beziehungen. Hansjoachim W. Koch: *Der Sozialdarwinismus. Seine Genese und sein Einfluß auf das imperialistische Denken*, München, 1973, untersucht die Bedeutung des Sozialdarwinismus im europäischen imperialistischen Denken. Rassistische Diskriminierung beeinflusste die Beziehungen der europäischen Großmächte und der uneroberten außereuropäischen Staaten bis zum Ende des imperialen Zeitalters, siehe zum Beispiel zu den Debatten nach dem Ersten Weltkrieg, Naoko Shimazu: *Japan, Race, and Equality. The Racial Equality Proposal of 1919*, London 2001. Zur Geschichte des Rassismus im Allgemeinen siehe George M. Frederick: *Racism. A Short History*, Princeton, NJ, 2002; und Francisco Bethencourt: *Racisms. From the Crusades to the Twentieth Century*, Princeton, NJ, 2014, die konzise Überblicke bieten; und George L. Mosse: *Die Geschichte des Rassismus in Europa*, Frankfurt a.M., 1990, welches erstmals auf Englisch erschien als Ders.: *Toward the Final Solution. A History of European Racism*, New York 1978, und das nach wie vor eine der besten Geschichten des rassistischen Denkens in Europa ist.

425 Hammond an Biddulph, London, 3. Juli 1867, TNA, FO 78/2010.

426 Adams an Hammond, Paris, 4. Juli 1867, TNA, FO 78/2010.

427 Fuad an Musurus, Konstantinopel, 15. August 1867, TNA, FO 78/2010.

428 Chonchirdsin: »The Ambivalent Attitudes of the Siamese Elite towards the West during the Reign of King Chulalongkorn, 1868–1910«, 441.

429 Chonchirdsin: »The Ambivalent Attitudes of the Siamese Elite towards the West during the Reign of King Chulalongkorn, 1868–1910«, 434.

430 Chonchirdsin: »The Ambivalent Attitudes of the Siamese Elite towards the West during the Reign of King Chulalongkorn, 1868–1910«, 442.

431 Pankaj Mishra: *Aus den Ruinen des Empires. Die Revolte gegen den Westen und der Wiederaufstieg Asiens*, Frankfurt a.M. 2013, das erst-

mals erschien als Ders.: *From the Ruins of Empire. The Revolt against the West and the Remaking of Asia*, London 2012, bietet Einblicke in außereuropäische intellektuelle Reaktionen auf die europäische globale Hegemonie im Zeitalter des Imperialismus.

432   Anonym: »Visit of the Sultan to the City«, in: *The Times* (19. Juli 1867); und Anonym, O.T., in: *The Daily Telegraph* (12. Juli 1867).

433   Correspondent: »The Sultan in Austria«, in: *The Daily Telegraph* (2. August 1867).

434   Motadel: *The Shah's Grand Tour*.

435   Petersson: »König Chulalongkorns Europareise 1897«, 308.

436   Chonchirdsin: »The Ambivalent Attitudes of the Siamese Elite towards the West during the Reign of King Chulalongkorn, 1868–1910«, 450.

437   Anonym: »Banquet at the Mansion House«, in: *The Daily Telegraph* (24. Oktober 1865).

438   Wyllie an Russell, Honolulu, 2. Mai 1864, TNA, FO 331/140.

439   Anonym: O.T., *The Times* (27. Juni 1887).

440   Motadel: *The Shah's Grand Tour*.

441   Lyons an Stanley, Tarabya (Konstantinopel), 4. Juni 1867, TNA, FO 78/2010

442   Paulmann: *Pomp und Politik*, 264–273, 287–294, 304–305, 344, 363–400 und 411–413, zur Rolle der Öffentlichkeit während europäischer Monarchenbesuche. Hubertus Büschel: *Untertanenliebe. Der Kult um deutsche Monarchen 1770–1830*, Göttingen 2006, ist eine hervorragende Studie zur wachsenden Macht der Gesellschaft in der monarchischen Welt. Jürgen Habermas: *Strukturwandel und Öffentlichkeit. Untersuchungen zu einer Kategorie der bürgerlichen Gesellschaft*, Neuwied 1962, zur Entwicklung der Öffentlichkeit im Allgemeinen.

443   Iver B. Neumann: *Uses of the Other. ›The East‹ in European Identity Formation*, Manchester 1999, zur europäischen Wahrnehmung der Welt im Allgemeinen.

444   Anonym: O.T., in: *The Times* (23. Juli 1881).

445   Motadel: *The Shah's Grand Tour*.

446   Correspondent, »The King of Siam«, in: *The Times* (25. Oktober 1897).

447   Thomas Grimm: »Le Shah de Perse«, in: *Le Petit Journal* (17. Juni 1873).

448   Twain: *Europe and Elsewhere*, 31–86 (»O'Shah«), 78–86 (»Mark Twain Gives the Royal Persian A ›Send-Off‹«, London, 30. Juni 1873), 81.

449   Anonym: »Inostrannye Izvestiia« (»Ausländische Nachrichten«), in: *Moskovskie Vedomosti* (4. Mai 1889/16. Mai 1889).

450   Correspondent: »The Visit of the King of Siam«, in: *The Times* (29. Juli 1897).

451   Anonym: »De Koning van Siam«, in: *Het Nieuws van den Dag* (7. September 1897). Eine englische Übersetzung bietet Stengs: *Worshipping the Great Moderniser*, 56.

452   Anonym: »A Travers Paris«, *Le Figaro* (23. Juli 1897). Eine englische Übersetzung bieetet Aldrich, »France and the King of Siam«, 234.

453   Anonym: »Le Voyage du Shah de Perse«, in: *Journal de Rome* (4. Juni 1873, Abendausgabe).

454   Laurence Kelly: *Diplomacy and Murder in Tehran. Alexander Griboyedov and Imperial Russia's Mission to the Shah of Persia*, London 2002. George A. Bournoutian: *From Tabriz to St. Petersburg. Iran's Mission of Apology to Russia in 1829*, Costa Mesa, CA, 2014, bietet einen dokumentarischen Überblick. Firuza I. Melville, »Khosrow Mirza's mission to St Petersburg in 1829«, in: Stephanie Cronin (Hg.): *Iranian-Russian Encounters: Empires and Revolutions since 1800*, New York, 2013, 69–94, bietet einen hervorragenden Überblick.

455   Nikolai V. Gogol: »Nos« (»Die Nase«), in: *Sovremennik 3* (1836), 54–93, 88; und, für die deutsche Übersetzung, Ders: *Die Nase*, Ditzingen 1997, 67.

456   Stefanie Hetze: »Feindbild und Exotik. Prinz Chun zur ›Sühnemission‹ in Berlin«, in: Kuo Heng-yü (Hg.): *Berlin und China. Dreihundert Jahre wechselvolle Beziehungen*, Berlin 1987, 79–88; Herbert Butz: »Kniefall und Geschenke. Die Sühnemission des Prinzen Chun II. in Deutschland«, in: Hans-Martin Hinz und Christoph Lind (Hg.): *Tsingtau. Ein Kapitel deutscher Kolonialgeschichte in China 1897–1914*, Berlin 1998, 173–189; Thoralf Klein: »Sühnegeschenke. Der Boxerkrieg«, in: Heyden und Zeller (Hg.): *Macht und Anteil an der Weltherrschaft*, 208–214; Klaus Mühlhahn: »Kotau vor dem deutschen Kaiser? Die Sühnemission des Prinzen Chun«, in: Mühlhahn und Mechthild Leutner (Hg.): *Kolonialkrieg in China. Die Niederschlagung der Boxerbewegung 1900–1901*, Berlin 2007, 204–211; und, zum Vertrag, der zu der Mission führte, Ders.: »Zwischen Sühne und nationaler Schande. Die Sühnebestimmungen des Boxerprotokolls 1901 und der Aufstieg des chinesischen Nationalismus«, in: Susanne Kuß und Bernd Martin (Hg.): *Das Deutsche Reich und der Boxeraufstand*, München 2002, 245–270. Die Akten zu der Mission befinden sich im Politischen Archiv des Auswärtigen Amts, R18506 und R18507. Der wichtigste chinesische (nichtmonarchische) Repräsentant, der Europa vor Prinz Chun besuchte, war der Staatsmann Li Hongzhang im Jahr 1896, siehe Kuo Heng-yü: »Li Hongzhangs Besuch in Berlin 1896«, in: Ders. (Hg.): *Berlin und China*, 71–78.

457   Zit. in Mühlhahn: »Kotau vor dem deutschen Kaiser?«, 204; und in: Ute Frevert: *Gefühle in der Geschichte*, Göttingen 2021, 276.

458   Alain Peyrefitte: *L'Empire immobile ou le choc des mondes*, Paris 1989; und die Quellen-Sammlung, Alain Peyrefitte: *Un choc de cul-*

tures. Le regard des Anglais, Paris 1998, bieten einen Überblick der Macartney Mission. Weitere wichtige Werke sind James Hevia: *Cherishing Men from Afar. Qing Guest Ritual and the Macartney Embassy of 1793*, Durham, NC, 1995; Audrey Singer: *The Lion and the Dragon. The Story of the First British Embassy to the Court of the Emperor Qianlong in Peking, 1792–1794*, London 1992; und die Beiträge in Robert A. Bickers (Hg.): *Ritual and Diplomacy. The Macartney Mission to China 1792– 1794*, London 1993. Henrietta Harrison: *The Perils of Interpreting: The Extraordinary Lives of Two Translators between Qin China and the British Empire*, Princeton, NJ, 2021, betrachtet die Geschichte der Mission aus Sicht zweier Übersetzer. Eine faszinierende europäische Quelle zu den Begegnungen ist Lord Macartney: *An Embassy to China*, hg. von J.L. Cranmer-Byng, London 1962. Tseng-Tsai Wang: »The Audience Question. Foreign Representatives and the Emperor of China, 1858– 1873«, in: *The Historical Journal* 14, 3 (1971), 617–626, behandelt die spätere Periode.

459   Zit. in Mühlhahn: »Kotau vor dem deutschen Kaiser?«, 205.

460   Klein: »Sühnegeschenke«, 213, zur Geschenk-Frage.

461   Upton-Ward: »European-Ottoman Relations in the Nineteenth Century«, 459, zum Sultan; und Motadel, »Qajar Shahs in Imperial Germany«, 209; und Ders., *The Shah's Grand Tour*, zum Schah.

462   Wernhart: *Der König von Hawaii in Wien 1881*, insbesondere, für einen Überblick, 142–143.

463   *Disraeli, Derby and the Conservative Party*, 309 (21. Mai 1867).

464   Hammond an Cowley, London, 25. Juni 1867, TNA, FO519/193.

465   Grey an Derby, Balmoral, 9. Juni 1867, veröffentlicht in *The Letters of Queen Victoria*, Zweite Serie (1862–1878), 2 Bde. (1862–1869), Bd. 1, 430–431.

466   Derby an Victoria, London, 3. Juli 1867, veröffentlicht in *The Letters of Queen Victoria*, Zweite Serie (1862–1878), 2 Bde. (1862–1869), Bd. 1, 441–442, 441.

467   Victoria to Derby, Windsor, 4. Juli 1867, veröffentlicht in *The Letters of Queen Victoria*, Zweite Serie (1862–1878), 2 Bde. (1862–1869), Bd. 1, 442–444, 442–443.

468   Candilio und Bressan: »Sultan Abu Bakar of Johore's Visit to the Italian King and the Pope in 1885«; und Abdullah: »Sultan Abu Bakar's Foreign Guests and Travels Abroad, 1860–1895«, 9.

469   Volker Barth: *Inkognito: Geschichte eines Zeremoniells*, München, 2013, zur Geschichte des *Incognito* als zeremonielle Form des Reisens. Paulmann: *Pomp und Politik*, 299–300, zur Schwierigkeit, klar zwischen privatem und offiziellem Besuch zu trennen, und 187, zum *Incognito* während europäischer Monarchenbesuche.

470   Vincent O'Malley: »Kingitanga and Crown: New Zealand's Maori King Movement and its Relationship with the British Monarchy«, in

Aldrich und McCreery (Hg.): *Crowns and Colonies*, 163–176, 168– 169; und Michael Belgrave: *Dancing with the King. The Rise and Fall of the King Country, 1864–1885*, Auckland 2017, 294–338.

471 Neil Parsons: *King Khama, Emperor Joe, and the Great White Queen: Victorian Britain through African Eyes*, Chicago 1998.

472 A.C. Wood: »The English Embassy at Constantinople, 1660– 1762«, in: *English Historical Review* 40, 160 (1925), 533–561; Wang: »The Audience Question: Foreign Representatives and the Emperor of China, 1858–1873«; John Breen: »The Rituals of Anglo-Japanese Diplomacy: Imperial Audiences in Early Meiji Japan«, in: Gordon Daniels und Chihiro Tsuzuki (Hg.): *The History of Anglo-Japanese Relations*, Bd. 5 (*The Social and Cultural Perspectives, 1600–2000*), New York 2002, 60–76; Sabine Mangold, »Oriental Slowness? Friedrich Rosen's Expedition to the Sultan of Morocco's Court in 1906«, in: Markus Mösslang und Torsten Riotte (Hg.): *The Diplomats' World: The Cultural History of Diplomacy, 1815–1914*, Oxford 2008, 255–283; Antony Best, »The Role of Diplomatic Practice and Court Protocol in Anglo-Japanese Relations, 1867–1900«, in: Mösslang und Riotte (Hg.): *The Diplomats' World*, 231–253, und die in Fußnote 458 zitierten Arbeiten zur Macartney Mission, und Studien der Besuche europäischer Diplomaten an den Höfen unabhängiger außereuropäischer Länder.

473 Friedrich Scherer: *Adler und Halbmond. Bismarck und der Orient, 1878–1890*, Paderborn 2001, 319–332, zu Wilhelms II. erstem Besuch; Jan Stefan Richter: *Die Orientreise Kaiser Wilhelms II. 1898. Eine Studie zur deutschen Aussenpolitik an der Wende zum 20. Jahrhundert*, Hamburg 1997; Alex Carmel und Ejal Jakob Eisler: *Der Kaiser reist ins Heilige Land. Die Palästinareise Wilhelms II., 1898*, Stuttgart 1999; und, für konzise Überblicke, Horst Gründer: »Die Kaiserfahrt Wilhelms II. ins Heilige Land 1898. Aspekte deutscher Palästinapolitik im Zeitalter des Imperialismus«, in: Heinz Dollinger, Horst Gründer und Alwin Hanschmidt (Hg.): *Weltpolitik – Europagedanke – Regionalismus*, Münster 1982, 363–388; Klaus Jaschinski: »Kaiser Wilhelm II. auf Pilgerfahrt im Heiligen Land«, in: Heyden und Zeller (Hg.): *Macht und Anteil an der Weltherrschaft*, 29–36; Matthew P. Fitzpatrick: »Performing Monarchy. The Kaiser and Kaiserin's Voyage to the Levant, 1898«, in: Aldrich und McCreery (Hg.): *Royals on Tour*, 110–124; und die Kapitel in Klaus Jaschinski und Julius Waldschmidt (Hg.): *Des Kaisers Reise in den Orient, 1898* (Berlin, 2002), zu Wilhelms II. zweitem Besuch; und Serpil Kırel und Oya Kasap Ortaklan: »Alman İmparatoru II. Wilhelm'in Osmanlı İmparatorluğu'nu Son Ziyareti (1917)« (»Der letzte Besuch Kaiser Wilhelms II. im Osmanischen Reich (1917)«), in: *Sinecine* 9, 1 (2018), 113–158, zu Wilhelms II. letztem Besuch. Bernhard Kronegger: »Imperial Pilgrimage to Jerusalem. The Journeys of Franz Joseph I. and Wilhelm II. between Religious Tradition and Political Calculation«, in: *Römische*

Historische Mitteilungen 61 (2019), 117–134; und Lukas Hofmann: »Der Staatsbesuch Kaiser Karls I. in Konstantinopel und die Beziehungen zwischen Österreich-Ungarn und dem Osmanischen Reich im Ersten Weltkrieg«, Diplomarbeit, Universität Wien, 2012, zu den Habsburger Besuchen. Koçunyan und Kuneralp (Hg.): *Un sultan à Paris, Paris, une impératrice à Constantinople*, wunderbar bebildert, zu Eugénies Besuch.

474 Dana Bentley-Cranch: *Edward VII. Image of an Era 1841–1910*, London 1992, 40–42, zu Prince Albert Edwards Reise. Warinner: *A Royal Journey to London*, 42–43; Keene: *Emperor of Japan*, 183–187; und Kornicki: »First Encounters«, 13–29: und, für einen Zeitzeugenbericht, Lili'uokalani: *Hawaii's Story by Hawaii's Queen*, 30–34, zu Prinz Alfreds Reise. Keene: *Emperor of Japan*, 350–351; und Kornicki: »First Encounters«, 35–43 und 55, zu den Reisen von Prinz George und Prinz Albert Victor. Keene: *Emperor of Japan*, 632–636 und 711; Kornicki: »First Encounters«, 43–44; und Best: »A Royal Alliance«, 83–87 und 93–94, zu Arthur von Connaughts Reise. Keene: *Emperor of Japan*, 321; und Kornicki, »First Encounters«, 52, zu Prinz Heinrichs Reise. Keene: *Emperor of Japan*, 224; und Kornicki, »First Encounters«, 27, zu Großfürst Alexei Aleksandrovichs Reise. Keene: *Emperor of Japan*, 445–453; und Kornicki, »First Encounters«, 51–52 und 55, zu Kronprinz Nikolaus' Reise. Keene, *Emperor of Japan*, 321; und Kornicki, »First Encounters«, 52, zu Prinz Tommasos Reise. Chakrabongse: *Lords of Life*, 235, zu Prinz Waldemars Reise. Miriam Magdalena Schneider: *The ›Sailor Prince‹ in the Age of Empire. Creating a Monarchical Brand in Nineteenth-Century Europe*, London 2017, untersucht das Phänomen de »Sailor Prince« vergleichend.

475 Eldem: »Ottoman Royal Uses of Western Symbolism and Pageantry in the Imperial Age«.

476 Peleggi: *Lords of Things*, 19; und Abdullah, »Sultan Abu Bakar's Foreign Guests and Travels Abroad, 1860–1895«, 10.

477 Florence Caddy: *To Siam and Malaya in the Duke of Sutherland's Yacht ›Sans peur‹*, London 1889, 114.

478 Literatur in den Fußnoten 18, 23 und 25; und außerdem Abdullah bin Muhammad, »The Travels of Abu Bakar, Maharajah of Johor to the Far East«, in: *Malaysia in History* 14, 1 (1971), 1–9; und Abdullah, »Sultan Abu Bakar's Foreign Guests and Travels Abroad, 1860–1895«, 11–12, zu den Besuchen des Sultans von Johor zu Höfen außerhalb Europas; und İsmail Hakkı Kadı und A.C.S. Peacock: *Ottoman-Southeast Asian Relations. Sources from the Ottoman Archives*, Leiden 2019, 328–417, zu den Reisen des siamesischen Prinzen und von Abu Bakar von Johor ins Osmanische Reich; Imtip Pattajoti Suharto: *Journeys to Java by a Siamese King*, Bandung 2001, zu Chulalongkorns Besuch auf Java; und Fujitani, »Imperialism and Japan's Monarchy«, zum Besuch des japanischen Kronprinzen in Korea.

479   Armstrong: *Around the World with a King*, 27–87, zu Japan, und 114–135, zu Siam; und Thomson an Ponsonby, 22. August 1873, Konstantinopel, RA, VIC/MAIN/Q/18, zum Osmanischen Reich, sind Beispiele.

480   Gonschor: *A Power in the World*, 76. *King Kalakaua's Tour Round the World*, hg. von Pacific Commercial Advertiser Company, ist der Bericht.

481   Clifford Geertz: *The Interpretation of Cultures*, New York 1973; und Clifford Geertz: *Negara. The Theatre-State in Nineteenth-Century Bali*, Princeton, NJ, 1981, untersuchen diese Mechanismen. Edward P. Thompson: *Die Entstehung der englischen Arbeiterklasse*, 2 Bde., Frankfurt a. M. 1987, welches zunächst erschien als E. P. Thompson: *The Making of the English Working Class*, London 1963, hat die kulturellen Prozesse, die zur Entstehung einer Klasse führten, vorbildhaft untersucht.

482   Pierre Bourdieu: *La Distinction: Critique sociale du jugement*, Paris 1979; und, für die deutsche Übersetzung, Ders.: *Die feinen Unterschiede. Kritik der gesellschaftlichen Urteilskraft* (Frankfurt a.M., 1982), sowie Ders.: *Raisons pratiques: Sur la théorie de l'action*, Paris 1994; und, für die deutsche Übersetzung, Ders.: *Praktische Vernunft. Zur Theorie des Handelns*, Frankfurt a. M., 1994, zum symbolischen Kapital.

483   Paul Kennedy: *Aufstieg und Fall der großen Mächte: Ökonomischer Wandel und militärischer Konflikt von 1500 bis 2000*, Frankfurt a. M., 1989, welches zunächst auf Englisch erschien als Ders.: *The Rise and Fall of the Great Powers*, New York 1987.

484   Charles Kurzman: »Weaving Iran into the Tree of Nations«, in: *International Journal of Middle East Studies* 37, 2 (2005), 137–166, zum persischen Teppich von 1907 in Abbildung 18.

485   Reinhard Lebe: *Ein Königreich als Mitgift. Heiratspolitik in der Geschichte*, Stuttgart 1998, bietet einen breiten Überblick. Wichtige Fallstudien zur Geschichte der Politik dynastischer Ehen in Europa (und konfessionellen Grenzen) sind Patricia H. Fleming: »The Politics of Marriage among Non-Catholic European Royalty«, in: *Current Anthropology* 14, 3 (1973), 231–249; Heinz Duchhardt: »Die dynastische Heirat als politisches Signal«, in: Mirosława Czarnecka und Jolanta Szafarz (Hg.): *Hochzeit als Ritus und Casus. Zu interkulturellen und multimedialen Präsentationsformen im Barock*, Wrocław 2001, 67–70; Christine Roll: »Dynastie und dynastische Politik im Zarenreich. Befunde und Überlegungen zur Heiratspolitik der Romanovs im 17. und 18. Jahrhundert«, in: *Jahrbuch für Europäische Geschichte* 8 (2007), 77–102; und Thomas Nicklas: »Von der Regionalität zum europäischen Konnubium: Sachsen-Coburgs Heiratspolitik zwischen Früher Neuzeit und 19. Jahrhundert«, in: *Jahrbuch für Europäische Geschichte* 8 (2007), 103–119; Daniel Schönpflug: *Die Heiraten der Hohenzollern. Verwandtschaft, Politik und Ritual in Europa 1640–1918*, Göttingen 2013; und Ders.:

»One European Family? A Quantitative Approach to Royal Marriage Circles, 1700–1918«, in: Karina Urbach (Hg.): *Royal Kinship. Anglo-German Family Networks 1815–1918*, München 2008, 25–34. Catherine Radziwill: *The Royal Marriage Market of Europe*, New York 1915, für einen zeitgenössischen Blick.

486 Chonchirdsin: »The Ambivalent Attitudes of the Siamese Elite towards the West during the Reign of King Chulalongkorn, 1868–1910«, 443–444, zeigt beispielsweise, dass Chulalongkorn Ehen zwischen Männern der siamischen adeligen Elite und europäischen Frauen verurteilte. Chulalongkorn hatte zudem kein Verständnis für die Trennung von Dynastie und Nation in Europa: »Ich bin ziemlich erstaunt über die Beziehungen zwischen dem König und der Regierung und zwischen dem König und dem Land. Es ist ziemlich seltsam, dass England seit jeher von Monarchen regiert wurde, die aus fremden Ländern kamen.«, siehe Chulalongkorn: »*Glai Baan*«, 132–133 (90. Nacht, Montag, 24. Juni 1907), 132.

487 J. Calvitt Clarke III: *Alliance of the Colored Peoples. Ethiopia and Japan before World War II*, Woodbridge 2011, 83–91, zum Vorschlag eines äthiopisch-japanischen Ehebündnisses.

488 Fujitani: »Imperialism and Japan's Monarchy«, zum japanisch-koreanischen Ehebündnis; und Abbas Milani: *The Shah* (New York, 2011), 62–65, zum persisch-ägyptischen Ehebündnis.